"粮改饲"种植结构调整对中国饲料粮供需结构冲击研究

胡向东　周　慧　崔奇峰　石自忠　著

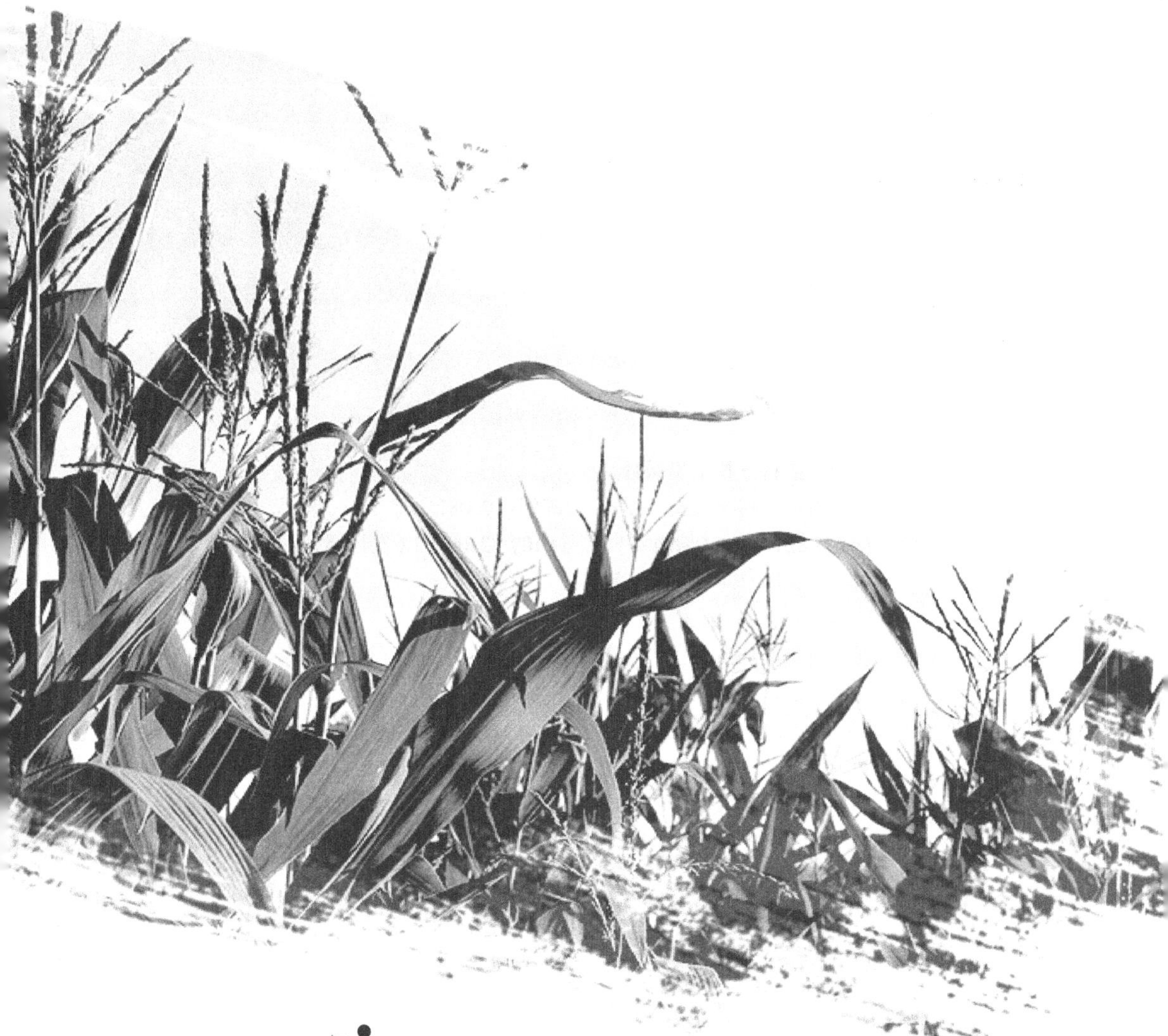

中国农业科学技术出版社

图书在版编目(CIP)数据

"粮改饲"种植结构调整对中国饲料粮供需结构冲击研究 / 胡向东等著. --北京:中国农业科学技术出版社,2022.11
ISBN 978-7-5116-5373-4

Ⅰ.①粮… Ⅱ.①胡… Ⅲ.①饲料作物-种植业结构-结构调整-影响-市场需求分析-中国 Ⅳ.①F326.1

中国版本图书馆 CIP 数据核字(2021)第 113011 号

责任编辑	李冠桥
责任校对	贾海霞
责任印制	姜义伟 王思文

出 版 者	中国农业科学技术出版社
	北京市中关村南大街 12 号　邮编:100081
电　　话	(010) 82109705 (编辑室)　(010) 82109702 (发行部)
	(010) 82109709 (读者服务部)
网　　址	https://castp.caas.cn
经 销 者	各地新华书店
印 刷 者	北京建宏印刷有限公司
开　　本	170 mm×240 mm　1/16
印　　张	13　彩插 16 面
字　　数	251 千字
版　　次	2022 年 11 月第 1 版　2022 年 11 月第 1 次印刷
定　　价	80.00 元

◀ 版权所有·翻印必究 ▶

前　言

近年来，我国城乡居民畜禽产品的需求日益增长，带动畜牧业快速发展，饲料粮的需求量相应增加，饲料粮的进口量也快速增长，饲料粮供应问题逐渐成为我国未来粮食安全的主要问题。国家层面始终高度关注饲料粮供应问题，2015年中央一号文件提出种植结构调整，由"粮经"二元种植结构调整为"粮经饲"三元种植结构，饲草料的重要性突显出来。"粮改饲"的目的主要是优化我国种植业结构，推进农牧结合，并推动形成粮食作物、经济作物和饲料作物的种植业三元结构；"十三五"期间要发展500个县的饲料作物种植地，要调整5 500万亩（1亩约为667米^2）土地种植业。2015年，农业部（现称农业农村部）在全国10个省的30个县部署开展"粮改饲"，发展草食畜牧业试点，大力推进农牧结合，提升种养业综合效益，鼓励每个县收储约300万亩玉米直接青贮，满足该县的畜牧业饲料储备。

本研究基于"粮改饲"政策，重点在以下方面开展研究：中国饲料粮供需现状分析；"粮改饲"对饲料粮供给影响分析；"粮改饲"对饲料粮需求影响分析；"粮改饲"试点的政策扶持效果评价；"饲料粮+畜禽产品"局部均衡模型模拟政策冲击；典型农户饲料粮生产的国际比较；最后提出"粮改饲"的政策建议。

通过研究发现：

（1）随着我国畜牧业的快速发展，饲料粮的需求逐年增加，生猪仍然是耗粮最大的畜种，草食家畜的饲料粮消耗占比较小。目前，我国饲料粮的缺口日益显著，需要调节畜牧业饲养结构，提升草食家畜的占比。

（2）在"粮改饲"政策补贴的推动下，青贮玉米的播种和收获面积大幅度提高。但是如果没有补贴支持，农户进行种植业结构调整的意愿并不高。无论是青贮玉米还是籽粒玉米，生产效率总体呈上升趋势。随着籽粒玉米价格的提升，农民种植青贮玉米的意愿会随之降低。

（3）"粮改饲"政策给养殖户带来实惠，降低了养殖成本，但并不十分显著。奶牛养殖户（场）对青贮玉米等青饲料的接受和使用程度略高于肉牛养殖户（场），肉牛的青饲料使用潜力还有待进一步挖掘。

（4）"粮改饲"政策的执行对种植户没有显著的影响，因为各地补贴对象是收储企业，种植户对政策的直观感受不强烈。

（5）从模型冲击的结果来看，"粮改饲"政策所产生的效果在提升养殖效率方面尚不显著，但是该政策在调减非优势产区籽粒玉米、调整种植业结构方面起到了良好作用。从不同政策来看，未来中国饲料粮供需总体呈现出增长态势。预计到 2025 年中国饲料粮供给量将达到 3.30 亿吨，其中国内产量 2.25 亿吨，进口量 1.05 亿吨；从而推动畜禽养殖呈现出增长态势，预计 2025 年畜禽养殖量达到 40.71 亿个羊单位，畜禽养殖饲料粮消费需求达到 3.00 亿吨。"粮改饲"政策效应明显，但未来饲料粮调减面积应保持在适度规模。"粮改饲"政策的进一步实施助推饲料粮产量下滑，但畜禽养殖呈现出持续增长态势，致使饲料粮进口增长而出口呈现出下滑态势，同时推动着饲料粮价格上涨。比较不同"粮改饲"政策调减方案效果，若以畜禽养殖规模增长为政策目标，"十四五"时期保持每年 500 万亩左右的"粮改饲"调减规模更合适；若将适度降低饲料粮进口依赖度定为政策目标，"十四五"时期延续"十三五"时期每年 1 000 万亩左右的调减规模可行，但每年继续调减 1 000 万亩左右的饲料粮面积对畜禽养殖规模增长的政策作用小。

（6）通过典型农户的国际比较发现，我国"典型农户"在生产层面与发达国家和地区相比差距表现为：单产水平不高；劳动投入过高，机械投入不足；生产机会成本过高等。说明我国在技术进步、提升劳动效率等方面还有较大潜力可以挖掘。

胡向东　周慧

2020 年 12 月

目 录

1 绪论 ··· 1
  1.1 研究背景 ··· 1
  1.2 文献综述 ··· 2
    1.2.1 国内研究现状 ·· 2
    1.2.2 国外研究现状 ·· 4
    1.2.3 研究评述 ·· 6
  1.3 研究内容 ··· 6
  1.4 研究目标及拟解决问题 ··· 8
    1.4.1 本研究的研究目标 ·· 8
    1.4.2 拟解决的关键问题 ·· 8
  1.5 研究方法 ··· 9
    1.5.1 "饲料粮+畜禽产品"局部均衡模型理论框架 ·············· 9
    1.5.2 农户生产行为模拟模型分析法 ··························· 10
    1.5.3 DID 模型分析法 ··· 10
    1.5.4 精饲料价格边际效应模型构建 ··························· 11
    1.5.5 主要技术路线 ··· 12
    1.5.6 数据来源 ··· 12
  1.6 创新之处 ·· 14
    1.6.1 内容方面 ··· 14
    1.6.2 方法方面 ··· 15
    1.6.3 研究特色方面 ··· 15

2 中国饲料粮供需现状分析 ·· 16
  2.1 我国畜牧业发展变化 ·· 16
    2.1.1 畜产品需求不断增加 ····································· 16

  2.1.2 畜牧业生产不断提高 ………………………………………… 16
  2.1.3 "粮改饲"政策的提出与沿革 ………………………………… 17
 2.2 饲料粮定义 …………………………………………………………… 19
 2.3 饲料粮供给现状 ……………………………………………………… 20
  2.3.1 主要饲料粮的供给情况 ……………………………………… 20
  2.3.2 影响饲料粮供给的因素分析 ………………………………… 23
  2.3.3 主要饲料粮的供给现状及预期 ……………………………… 23
 2.4 饲料粮需求现状 ……………………………………………………… 24
 2.5 小结 …………………………………………………………………… 28

3 "粮改饲"对饲料粮供给影响分析 ……………………………………… 30
 3.1 引言 …………………………………………………………………… 30
 3.2 成本收益情况 ………………………………………………………… 30
  3.2.1 籽粒玉米与青贮玉米成本收益比较 ………………………… 30
  3.2.2 不同省（区）成本收益比较 ………………………………… 32
 3.3 生产效率情况 ………………………………………………………… 34
  3.3.1 模型构建 ……………………………………………………… 34
  3.3.2 模型结果 ……………………………………………………… 37
 3.4 种植意愿调整 ………………………………………………………… 42
  3.4.1 播种面积变化情况 …………………………………………… 42
  3.4.2 种植意愿及影响因素 ………………………………………… 43
 3.5 小结 …………………………………………………………………… 44

4 "粮改饲"对饲料粮需求影响分析 ……………………………………… 45
 4.1 不同地区和不同养殖模式下的饲料结构及消耗量分析 ………… 45
  4.1.1 肉牛养殖模式 ………………………………………………… 46
  4.1.2 奶牛养殖模式 ………………………………………………… 48
 4.2 "粮改饲"对饲料粮需求的现实影响分析 ………………………… 50
  4.2.1 养殖户对全株青贮玉米的饲喂效果满意度高 ……………… 50
  4.2.2 "粮改饲"补贴政策很受欢迎 ……………………………… 52
  4.2.3 "粮改饲"补贴对不同地区、不同品种的改革效果有明
     显不同 ………………………………………………………… 54
  4.2.4 "粮改饲"补贴对不同主体的政策效果存在很大差异 …… 58
 4.3 "粮改饲"对饲料粮未来需求趋势影响的研判 …………………… 60

        4.3.1 需求数量继续增加 ………………………………………… 60
        4.3.2 奶牛养殖户更加重视全株青贮玉米的质量 …………… 62
    4.4 小结 ………………………………………………………………… 63
5 "粮改饲"试点的政策扶持效果评价 ………………………………… 64
    5.1 "粮改饲"政策对种植业实施效果分析 ………………………… 64
        5.1.1 数据来源 ……………………………………………………… 65
        5.1.2 "粮改饲"政策对种植业的影响 …………………………… 65
        5.1.3 结果分析 ……………………………………………………… 71
    5.2 "粮改饲"补贴政策对养殖户实施效果的微观模拟 ……………… 71
        5.2.1 理论分析与假设 ……………………………………………… 72
        5.2.2 模型构建 ……………………………………………………… 74
        5.2.3 数据来源与"典型养殖户"构建 …………………………… 76
        5.2.4 政策模拟分析与结果 ………………………………………… 78
    5.3 小结 ………………………………………………………………… 83
6 饲料粮供需及"粮改饲"政策效应 …………………………………… 85
    6.1 研究方法与数据说明 ……………………………………………… 85
        6.1.1 研究方法 ……………………………………………………… 85
        6.1.2 数据来源与说明 ……………………………………………… 87
    6.2 实证结果与分析 …………………………………………………… 89
        6.2.1 模型估计结果 ………………………………………………… 89
        6.2.2 供需预测结果 ………………………………………………… 90
        6.2.3 "粮改饲"政策效应 ………………………………………… 92
    6.3 关于"粮改饲"政策效应的进步讨论 …………………………… 96
        6.3.1 "粮改饲"对中国粮食供给的影响 ………………………… 96
        6.3.2 "粮改饲"对畜牧业的影响 ………………………………… 97
    6.4 小结 ………………………………………………………………… 98
7 国内外典型农户饲料粮生产比较 ……………………………………… 100
    7.1 数据来源与说明 …………………………………………………… 100
        7.1.1 数据来源 ……………………………………………………… 100
        7.1.2 指标说明 ……………………………………………………… 100
    7.2 典型农户主要饲料粮生产成本与收益 …………………………… 101
        7.2.1 玉米生产成本收益比较 ……………………………………… 101

  7.2.2 大豆生产成本收益比较 …………………………… 106
  7.2.3 小麦生产成本收益比较 …………………………… 109
  7.2.4 水稻生产成本收益比较 …………………………… 113
  7.2.5 我国饲料粮生产成本收益特点 …………………… 117
 7.3 国内外典型农户主要饲草料生产成本与收益 ………… 118
  7.3.1 苜蓿生产成本收益比较 …………………………… 118
  7.3.2 青贮玉米生产成本收益比较 ……………………… 120
 7.4 国外典型农户生产决策的政策因素 …………………… 122
 7.5 小结 ……………………………………………………… 125

8 研究结论与政策建议 ……………………………………… 126
 8.1 主要结论 ………………………………………………… 126
 8.2 政策建议 ………………………………………………… 129

参考文献 ……………………………………………………………… 133

附录1 调研报告 …………………………………………………… 141
 云南省"粮改饲"调研报告 ……………………………………… 141
 河北省"粮改饲"调研报告 ……………………………………… 150
 新疆维吾尔自治区"粮改饲"调研报告 ………………………… 160
 黑龙江省"粮改饲"调研报告 …………………………………… 169

附录2 调查问卷 …………………………………………………… 177
 种植调查表 ………………………………………………………… 177
 肉牛养殖调查问卷 ………………………………………………… 182
 奶牛养殖调查问卷 ………………………………………………… 188

致谢 …………………………………………………………………… 196

表目录

表 1.1　调研数据分布 ·· 14
表 2.1　2010 年以来我国肉蛋奶产量 ································· 17
表 2.2　2015—2019 年国家"粮改饲"政策梳理 ················· 18
表 2.3　主要文献对饲料粮的定义及范围 ··························· 19
表 2.4　我国 2010—2018 年间饲料粮分品种可供给量 ········ 20
表 2.5　主要畜禽的饲料转化率研究（粮肉比）··················· 25
表 2.6　近年来主要畜禽的饲料转化率 ······························ 26
表 2.7　主要畜禽及水产品饲料需求量 ······························ 26
表 3.1　四省（区）玉米播种面积及净收益变化情况 ············ 32
表 3.2　四省（区）玉米产量及销售收入情况 ····················· 34
表 3.3　玉米生产情况分布 ··· 37
表 3.4　四省（区）籽粒玉米生产效率情况 ························· 39
表 3.5　四省（区）青贮玉米生产效率情况 ························· 41
表 3.6　四省（区）玉米播种面积变化情况 ························· 43
表 4.1　不同养殖模式饲料粮结构比较 ······························ 46
表 4.2　全株青贮玉米对肉牛生长性能的影响 ····················· 52
表 4.3　单位全株青贮玉米补贴额 ····································· 53
表 4.4　云南省样本区"粮改饲"及肉牛养殖特点 ··············· 54
表 4.5　云南省曲靖市（试点区）全株玉米青贮窖建设情况 ·· 56
表 4.6　新疆样本区肉牛青贮玉米饲喂数量及结构变化情况 ·· 57
表 4.7　样本区"粮改饲"政策实施前后青贮玉米饲喂量变化情况 ··· 58
表 4.8　不同养殖主体对于全株青贮玉米最佳干物质含量的观点 ··· 58
表 4.9　不同成熟期普通玉米植株化学组成（干物质基础）··· 59
表 4.10　样本区对全株青贮玉米是否达到最优配比的感受 ·········· 60

表 4.11　样本区养殖户对肉牛养殖的扩群意向 …………………… 61
表 4.12　样本区对全株青贮玉米是否达到最优配比的感受 ……… 62
表 5.1　试点县和非试点县种植户家庭基本特征 ………………… 66
表 5.2　试点县和非试点县政策实施前后收入情况 ……………… 67
表 5.3　"粮改饲"政策实施对种植户收入的影响………………… 70
表 5.4　"典型养殖户"育肥牛主要成本结构 ……………………… 77
表 5.5　"典型养殖户"日粮构成 …………………………………… 78
表 5.6　情景设计及说明 …………………………………………… 80
表 5.7　不同情景下"典型养殖户"育肥牛最优日粮结构与产出 …… 81
表 6.1　局部均衡模型变量说明 …………………………………… 86
表 6.2　畜产品产量表 ……………………………………………… 88
表 6.3　局部均衡模型估计结果 …………………………………… 89
表 6.4　主要变量预测结果 ………………………………………… 90
表 6.5　饲料粮供需平衡表 ………………………………………… 91
表 6.6　"粮改饲"政策情景方案设计 ……………………………… 92
表 6.7　"粮改饲"政策效应模拟结果 ……………………………… 93
表 7.1　主要国家及代码 …………………………………………… 102

图目录

图 1.1	技术路线	13
图 2.1	2010 年以来主要饲料粮总量	21
图 2.2	2010 年以来主要饲料粮供给占比情况	22
图 2.3	2018 年饲料供给情况	22
图 2.4	我国近年来主要畜产品饲料粮需求情况	27
图 2.5	我国近年来不同养殖业消耗饲料粮情况对比	28
图 3.1	籽粒玉米和青贮玉米成本收益变化情况	32
图 3.2	四省（区）玉米市场价格变化情况	33
图 3.3	四省（区）玉米亩均成本情况	35
图 4.1	奶牛养殖户全株玉米饲喂效果评价	51
图 4.2	肉牛养殖户全株玉米饲喂效果评价	52
图 4.3	"粮改饲"补贴对全株青贮玉米成本的节约程度	53
图 4.4	云南省试点区与非试点区肉牛养殖场成年牛日粮结构	56
图 5.1	"粮改饲"补贴政策下养殖户生产决策机理	73
图 5.2	试点区"典型养殖户"肉牛生产模式	77
图 6.1	"粮改饲"调减面积与饲料粮进口量及畜禽养殖量增幅关系	95
图 7.1	典型农户玉米生产水平和收入	102
图 7.2	玉米生产物质投入结构	103
图 7.3	玉米生产动力投入结构	104
图 7.4	典型农户玉米成本收益结构	105
图 7.5	大豆产量水平和收入	106
图 7.6	大豆生产物质投入	107
图 7.7	大豆生产动力投入结构	108

图 7.8 典型农户大豆成本收益结构 …………………………… 109
图 7.9 小麦单产水平和收入 …………………………………… 110
图 7.10 小麦生产物质投入 ……………………………………… 111
图 7.11 小麦生产动力投入结构 ………………………………… 112
图 7.12 典型农户小麦成本收益结构 …………………………… 113
图 7.13 水稻单产量及收入 ……………………………………… 114
图 7.14 水稻生产物质投入 ……………………………………… 115
图 7.15 水稻生产动力投入结构 ………………………………… 116
图 7.16 典型农户水稻成本收益结构 …………………………… 117
图 7.17 苜蓿单产量及收入 ……………………………………… 119
图 7.18 苜蓿生产物质和动力投入 ……………………………… 119
图 7.19 苜蓿生产成本结构和收益 ……………………………… 120
图 7.20 青贮玉米产量及收入 …………………………………… 121
图 7.21 青贮玉米生产主要成本结构 …………………………… 122

1 绪 论

1.1 研究背景

我国城乡居民畜禽产品的需求日益增长，畜牧业快速发展，带动饲料粮的需求量不断增加，饲料粮的进口也呈现快速增长，饲料粮供应问题成为我国未来粮食安全的主要问题。国家层面也开始关注饲料粮供应问题，2015年中央一号文件提出种植结构调整，由"粮经"二元种植结构调整为"粮经饲"三元种植结构，饲草料的重要性突显出来。鉴于该背景，农业部开展"粮改饲"发展草食畜牧业试点工作，大力推进农牧结合，提升种养业综合效益。2015年农业部在10个省30个县实施了"粮改饲"试点，政府鼓励每个县的企业收储约300万亩玉米直接青贮，满足该县的畜牧业饲料储备。"粮改饲"的目的主要是推动我国种植业结构的调整，推动农牧结合，并推动农业结构形成粮食作物、经济作物和饲料作物的种植业三元结构；"十三五"期间要发展500个县的饲料作物种植地，要调整5 500万亩土地种植业（农业部，2016）。"粮改饲"试点对饲料粮供给压力缓解情况如何？养殖户和种植户的调整意愿及收益情况怎么样？本研究将采取微观和宏观相结合的分析方法。微观层面主要分析种植户和养殖户的产出效应和收益效应变化，具体为种植户种植结构调整意愿和方向，养殖户的饲料粮需求结构的变化（如饲草料替代部分饲料粮等）。宏观层面通过构建"饲料粮+畜禽产品"的局部均衡模型评估"粮改饲"对饲料粮供需平衡的影响。通过上述研究评估"粮改饲"缓解饲料粮供给压力的作用，以及提高种养农户收益的效果，剖析现行"粮改饲"相关政策存在的问题，为我国科学调整种植结构、维持饲料粮供需平衡和饲料粮市场稳定提供理论依据。

1.2 文献综述

1.2.1 国内研究现状

改革开放以前,我国长期粮食供应不足,保障粮食自给成为农业生产主要目标。20世纪80年代后粮食连年丰收,畜牧业也得以快速发展,学者开始关注饲料用粮。20世纪90年代,梅方权(1996)就提出了我国人均直接消费口粮在逐步下降,预计到2030年前我国粮食消费增加主要在饲料粮方面。还有学者预计到2010年前后饲料用粮将会超过生活用粮,成为粮食消费的首位(张笑涓等,1997)。从进出口量来说,我国粮食的进口结构从1995年起就已开始由以口粮为主转向以饲料粮为主(徐贤权,1996)。粮食结构性问题同样可以造成粮食供求失衡,而且通常的粮食结构性失衡具有一定的惯性。从20世纪80年代以来,粮食的结构性问题相对于总量问题日益突出,粮食的结构性问题已经替代了粮食总量问题成为突出矛盾(陈香玉,2014)。部分现行农业政策已经难以为继,要求对我国农业发展战略和政策进行新的调整(仇焕广,2015)。"粮改饲"试点的提出就是国家为了缓解饲料粮供需矛盾出台的调结构政策。"粮改饲"是"新常态"下的经济突破点,是破解我国粮食安全问题的有效途径,是缓解农民就业压力的重要手段,具有重要的战略意义(陈曦,2015)。

一是饲料粮供需矛盾突显。由于我国人口的增加及收入水平的提高,对动物食品的需求总量不断扩大,对饲料粮的需求也随之增加,粮食增产的压力增大(吕新业,2010)。不同学者运用不同方法推算饲料粮需求量,推算方法主要有趋势推算法(林毅夫,1995;杨万江,1999;胡小平,2010;李国祥,2014)和模型计算法(廖永松,2004;IFPRI,2010;杨艳涛,2014),无论哪种方法,学者都认为饲料粮的需求量大,对饲料粮的有效供给需要引起重视。

二是饲料粮供给结构问题。我国粮食供给结构已经由"南粮北调"变为"北粮南下",其实质是"北饲南下",主要是玉米等饲料粮流向华南、西南等区域,粮食供求地区不平衡造成了经济发展不平衡(黄佩民,1997)。饲料粮供给不但在区域上失衡,在结构上也存在问题,运用粮食使用情况计算饲料粮供给量得出我国饲料中蛋白质含量不足,能量饲料与蛋白质饲料失衡,影响饲料转化率;而造成我国大豆和玉米持续大量长期进口的主要原因也是畜牧业发展所致(程国强,1997;黄季焜,2013)。

三是饲料粮供需矛盾对国家粮食安全的影响。未来中国粮食需求的增长主要是由饲料粮需求的增长推动。持续的人口增长和高收入将导致动物产品的消费量持续增加,而土地和水资源的短缺将限制粮食生产的扩大,导致粮食进口增长的压力越来越大(Tian,1999)。饲料用粮已经成为我国粮食需求的主要动因,饲料粮需求刚性增长已经形成饲料粮供需缺口,玉米及其加工残渣玉米酒糟全部呈净进口状态(韩昕儒,2014)。饲料作物供给是否安全对国内的口粮安全有着重要的影响,粮食安全的问题本质上是在口粮绝对安全的前提下解决饲料粮的问题(孔祥智,2016)。然而国内主要用于饲料作物的玉米和大豆生产成本高,国内外粮食价格倒挂,造成国内粮食库存积压的同时大量进口国外粮食,形成"三高"问题,国家财政压力巨大,对我国粮食安全有不利的影响。因此探索有效的饲料粮供给方式对我国未来粮食安全有重要的现实意义。

四是缓解饲料粮供需矛盾的途径。由于我国耕地面积不断减少是一个不可逆转的趋势,粮食增产有一定的限度,用作草食家畜饲养的饲料资源和土地资源还有很大的空间(储燕涛,2003)。因此如何发展草地农业将是保障中国粮食安全的一个独辟蹊径的有效模式(任继周,2009)。梅方权(1995)建议种植饲料作物,提高复种指数,充分利用南方冬闲田和华北地区改种饲料作物。一些学者根据不同动物饲料转化率不同,提出可以发展奶牛、肉羊、肉牛等节粮型畜牧业减轻粮食种植的压力(张明华,1996)。还有学者提出多种种养结合模型,通过扩大种植饲用玉米、青贮玉米,提高秸秆饲料化利用水平实现"粮改饲"。目前,在我国不断重视发展生态型、循环型农业的契机下,国家推动饲草料的发展不仅可以满足畜牧业的需求,还对减少国内玉米库存,解决秸秆焚烧污染问题等有重要作用(刘加文,2009)。王明利(2011)等进一步提出构建"粮+经+饲+草"的四元结构,其认为我国"粮+经+饲"三元结构调整已到位,但饲草面积占农作物比例较低,可以在一些地区用饲草代替玉米种植,提高经济效益。

五是局部均衡模型的政策模拟研究。我国农产品供求问题一直是学术界重点研究的课题之一,因而有关我国农产品供求的学术文献也较多。但是基于饲料粮和畜禽产品的供求均衡政策冲击的文献比较欠缺。目前，比较有影响和系统的研究主要是黄季焜等（2003）构建的CAPSiM模型（中国农业政策分析和预测模型）对整个农产品均衡的研究，Dong等（2015）用该模型模拟了饮食结构变化背景下中国饲料供给和需求。陈永福（2008）运用局部均衡的计量经济方法和计算机仿真模拟的方法，构建了杂粮供求模型进行结构分析，对未来中国杂粮供求进行了4个方案的情景模拟。陆文聪和黄祖辉（2004）构建多产品、多区域市场均衡模型分析国内粮食产需缺口将维持在目前的3 500万吨左右，其中小麦占3/5，玉米将从目前基本平衡转变为净进口。

1.2.2 国外研究现状

国外普遍关注我国的饲料粮需求。Frank（2002）提出随着中国肉类需求的增长，谁来养活中国的生猪。Hansen和Gale（2014）预测中国在未来10年饲料进口会激增，中国将在2020年成为世界上第一大玉米进口国，2023—2024年玉米进口量预计约为2 200万吨，玉米和豆粕饲料需求总量从目前的2亿吨上升到2023—2024年的3亿吨。

国际饲料粮的供求状况研究。Keyzer（2005）通过分析人类膳食变化对谷物需求的影响，发现国际预测肉类和饲料需求可能低估了未来的消费结构的变化，在假定的人均收入增长率情况下，未来30年里，世界谷物饲料需求比预计的更高，未来饲料的需求量大到超乎想象。满足饲料的需求的组合是多样性的，Siwa（2014）将畜牧业饲料和生产系统整合到农业的多市场模型中，发现饲料和畜牧业生产的相互适应情况，以及会有不同的饲料组合适应畜牧业的生产，饲料粮间可以实现相互替代满足饲料粮的需求。Wisner等（2012）可能将继续影响饲料、畜牧业的因素主要有：一是粮食和畜牧业生产效率；二是未来的生物能源生产；三是对外经济快速增长，尤其是东亚地区饮食变化的影响；四是长期的挑战，包括全球人口增长、日益增加的国外畜产品消费、耕地约束、气候变化及相关问题。

农业政策对饲料粮供求调整影响。Ballou等（1989）认为美国联邦政府实行的饲料谷物计划的政策目标矛盾。一方面提高饲料谷物市场价格补贴农民收入，另一方面限制饲料谷物的生产，造成国家负担很重，同时市场不断扭曲。尤其是采用商品贷款计划对价格支持的政策不仅没有使玉米生产面积下降，反而上升，政策效果与政策目标相违背。Worley等

(1990) 对美国和加拿大自由贸易区饲料粮和牲畜生产和消费建立自由贸易模型，发现美国和加拿大的饲料粮生产有比较优势的地区会盈利而其他地区会亏损。Jose (1995) 研究如果美国和墨西哥经济一体化后墨西哥畜产品及饲料粮生产情况，其认为贸易自由化对墨西哥畜产品及饲料粮都有益，因为由此产生的对牲畜需求的增加促使对饲料需求增加，足以超过饲料进口增加所产生的负面影响。

种植业和畜牧业相结合方面的尝试。Aaron (2005) 尝试分析美国缅因州采用综合种植业和畜牧业系统的潜力和盈利能力，得出马铃薯与奶牛养殖相结合在短期内可以提高土壤肥力并使马铃薯增产，种植的饲料会比买的饲料便宜得多，农业的可持续性也会提高。但是即便这种结合的形式在短期和长期的经济效益都很好，然而在缅因州也并不适用，其原因是必须解决饲料粮生产区域与养殖区域间的距离，如何建立和维持合理关系，如何有效管理，以及基础设施配套等是应该重点考虑的问题。

农业政策冲击模拟的局部均衡模型。国外通过使用局部均衡模型研究农业政策冲击比较多，主要模型包括 AGLINK、European Simulation Model (ESIM)、FAPRI、FAO World Model、General Agricultural Policy Simulation (GAPsi)、MISS、Static World Policy Simulation (SWOPSIM) 和 World Agricultural Trade Simulation Modeling System (WATSIM)，这些模型不仅各自的设计有所不同，而且包括的商品也不一样，与此同时，各个模型适应的取向也不尽相同。FAPRI 主要集中研究美国的情况和包括和美国相联系的国家；ESIM 主要集中研究欧盟的情况；MISS 主要研究欧美相联系的局部均衡。模型包括的范围从 MISS 模型中的 1 个国家和 3 个地区到 FAO World Model 的 147 个国家和 1 个地区。部门数也从 FAO World Model 和 General Agricultural Policy Simulation (GAPsi) 的 13 个部门到 World Agricultural Trade Simulation Modeling System (WATSIM) 29 个部门 (Van Tongeren et al., 2001)。其中具体针对产业的局部均衡模型，比如 Roningen 等 (1997) 建立的"问题导向型"的 Static World Policy Simulation (SWOPSIM)，该模型最早用来分析国际农业政策改革。随着应用的深入，原有的简单的局部均衡模型开始拓展到两个地区。受欧盟委员会第六框架计划资助，欧盟 27 国共同开发了 AGMEMOD (Agricultural Member State Modelling) 用于研究欧盟农产品的市场模型，这一项目于 2007 年 6 月完成，协调研究机构是法国国家农业科学研究院 (INRA, Rennes, France)。

1.2.3 研究评述

国内学者针对饲料粮的研究较多，分别从饲料粮的供给、需求等方面做了定性定量的研究。针对现今和未来饲料粮供需矛盾，也进行了探索性分析，提出一些解决方案，但是缺乏深入定量分析缓解饲料粮供需矛盾的可行方案。2015年提出和实施的"粮改饲"作为解决畜牧业饲料问题的重大种植业结构调整战略，目前只有一些政策解读文章，而以"粮改饲"为主题深入定量研究的文献非常少，"粮改饲"究竟如何实施，在什么地方实施，该种植结构调整对饲料粮供应的影响，"粮改饲"后对饲料粮的替代作用如何，种养户实施"粮改饲"的收益、意愿及可能调整方向等问题尚缺乏定量分析。

国外学者针对中国饲料粮的研究主要集中在中国巨大的饲料粮需求测算，悲观地认为中国饲料粮供给很难满足需求，但是没有进一步研究如何缓解中国饲料粮供需矛盾的方案。国际上对其他国家（如美国、加拿大等）饲料粮种植及畜禽养殖方面进行了较多研究，普遍认为畜禽养殖对饲料粮的需求会持续快速增长。对相关种植结构调整政策方案进行定量分析，研究结果显示相关种植结构调整政策在推广应用时存在着许多的问题，尤其是不同的条件下不同区域政策效果迥异。

本研究将梳理我国饲料粮供需平衡表，详细测定饲料粮供需缺口，重点阐述饲料粮结构性短缺问题。同时，通过经济学和计量经济学的研究方法，深入分析"粮改饲"政策对饲料粮供求的影响和"粮改饲"政策扶持的效果等问题。通过借鉴国外的相关定量化研究方法，吸取相关经验教训，对我国"粮改饲"进行定量化分析，并提出适合我国国情及区域化特点的种植结构调整方案。该研究将对现行"粮改饲"及未来一段时间内相关种植业结构调整政策的推行和改进有着重要的意义。

1.3 研究内容

本研究拟在以下7个方面进行重点分析。

（1）中国饲料粮供需现状分析。借助历史资料和相关研究文献，分别从我国饲料粮的生产历程变迁、地区分布与饲料粮构成等角度分析饲料粮供给现状。根据不同饲养规模下畜禽料肉比和存出栏情况估算饲料粮需求量，分析我国饲料粮需求的数量、结构状况。梳理出我国饲料粮供需平衡现状，详细测定饲料粮供需缺口，重点研究饲料粮结构性短缺问题。

（2）"粮改饲"对饲料粮供给影响分析。测算农户的饲料粮生产成本收益，对"粮改饲"调整后农户种植成本收益变动进行分析；拟构建农户线性规划模型模拟"粮改饲"对农户层面种植业结构的影响；结合"粮改饲"实施面积估算饲料粮供应量及结构变动。

（3）"粮改饲"对饲料粮需求影响分析。采用典型养殖户调研方式，整理出不同养殖模式和不同规模的畜禽养殖场饲料粮构成及消耗量；拟采用价格边际效应模型剖析各畜禽品种消耗饲料粮资源间的替代效应；从养殖户层面分析"粮改饲"引起的养殖效率和耗粮量变动；测算和预测畜牧业饲料粮总消耗量和结构的变动。

（4）"粮改饲"试点的政策扶持效果评价。针对实施"粮改饲"试点地区的相关政策措施，拟采用DID（自然实验评估方法）模型等计量经济手段，分析农户在实施"粮改饲"试点措施前后种植业结构和畜牧业养殖方式调整的决策行为，评估试点政策的效果。为设计切实有效的农业转方式调结构方案奠定基础。

（5）"饲料粮+畜禽产品"局部均衡模型模拟政策冲击。编制饲料粮及畜禽产品的供需平衡表；构建饲料粮和畜禽产品两部门的局部均衡模型，包括饲料粮和畜禽产品的生产、消费及贸易各详细指标的计量方程。通过GAMS软件线性优化计量方程系统，实现市场出清。运用该模型模拟"粮改饲"（或未来其他饲料粮和畜牧业政策）对饲料粮及畜牧业的宏观影响。

（6）典型农户饲料粮生产的国际比较。鉴于我国饲料粮进口量激增，国内外饲料粮价格倒挂，有必要在农户层面对国际饲料粮进行对比分析。采用Agri Benchmark的典型农户调查数据及方法（2007年至今追踪调查数据），对世界上饲料粮主要生产国和地区的典型农户生产系统、种植方式、种养结合模式和经济效益情况进行比较分析；重点从国外农户层面经验分析我国的农户作物种植结构的优劣势和调整方向。

（7）"粮改饲"的对策建议。设计"粮改饲"具体方案及改进措施，提出口粮、饲料粮和畜牧业协调发展的农业供给侧结构性改革对策建议。

1.4 研究目标及拟解决问题

1.4.1 本研究的研究目标

（1）梳理出中国饲料粮供需平衡表，分析其历史阶段及特点。详细测定现阶段饲料粮供需缺口，重点研究饲料粮结构性短缺问题。

（2）从种植户和养殖户层面分别测算"粮改饲"对饲料粮供需结构和消耗量的影响。评估"粮改饲"试点的政策效果。

（3）构建"饲料粮+畜禽产品"局部均衡模型，模拟"粮改饲"对畜牧业和饲料粮产业的冲击；每年发布未来10年期饲料粮及畜禽产品供求展望。

（4）国际典型农户的饲料粮生产成本收益比较；同时研究欧美对种植业结构调整的具体做法；分析我国饲料粮生产的优劣势和种植业结构调整方向。

（5）设计"粮改饲"具体方案及改进措施，为有关部门制定宏观决策提供依据。

1.4.2 拟解决的关键问题

（1）"粮改饲"背景下，种养农户的具体成本收益及意愿；我国饲料粮供需平衡的新变化；口粮、饲料粮和畜牧业协调发展的方案设计。

（2）构建"饲料粮+畜禽产品"局部均衡模型是本研究的一个关键技术问题，决定着对"粮改饲"（或现有农业转方式调结构）系列政策冲击模拟的准确性和对未来发布的饲料粮和畜禽产品展望的可信度。

（3）构建农户的生产行为规划模型，设定种植户和养殖户层面的种植结构调整情景分析，这也是一个关键问题，决定着种植结构调整的影响分析的准确性。

（4）采用DID模型测定"粮改饲"的效果是其中另一个关键技术问题，决定着对现有"粮改饲"效应评估的准确性。

1.5 研究方法

1.5.1 "饲料粮+畜禽产品"局部均衡模型理论框架

该模型是两个子模型的综合,其中,畜禽产品模型包括畜禽产品的产量、进口量,畜禽产品国内消费量及出口量,以及市场出清方程;畜牧业模型中的畜禽产品生产的饲料粮需求与饲料粮子模型进行链接。

畜禽产品子模型框架:

$$TPM = SI \times CW$$
$$PDM = TDM / Pop$$
$$PDM = PDM\ (RPM, RPS, PI, etc)$$
$$TPM + MM = TDM + XM$$

式中,TPM 为总的肉类产量;SI 为畜禽的出栏量;CW 为畜禽平均胴体重;TDM 为畜禽产品总需求量;Pop 为代表人口数;PDM 为代表人均畜禽产品需求量;RPM 为畜禽产品的价格;RPS 为替代产品的价格;PI 为人均收入;MM 和 XM 分别为畜禽产品进口量和出口量。

饲料粮子模型框架:

$$AP = AP\ (AP_{t-1}, PF_{t-1}, Z)$$
$$AH = AH\ (AP)$$
$$TPF = AH \times CY$$
$$PSM = CDSB \times SMY$$
$$FD = FD\ (GCA, PF, PFs)$$
$$CDSB = CDSB\ (PSB, PSM, SSB, CC)$$
$$MF + TFP = FD + NFD + XF$$

式中,AP 为饲料粮作物种植面积;PF 为饲料粮价格;Z 代表其他外生变量;AH 为收获面积;TPF 为饲料粮总产量;CY 为单位面积作物产量;PSM 为豆粕产量;$CDSB$ 为大豆产量和进口量;SMY 为豆粕生产率;GCA 为畜牧业饲料粮需求;PF 为饲料粮价格;PFs 为替代饲料价格;PSB 为大豆价格;PSM 为豆粕价格;SSB 为大豆供给;CC 为压榨能力;MF 和 XF 分别代表饲料粮进口量和出口量;NFD 为非饲料粮需求。

1.5.2 农户生产行为模拟模型分析法

$$MaxU(W_F) = E(W_F) - 1/2\delta_{W_F}^2 AV_F$$

各种目标函数都适用,如产量和收益等。此处采用的目标函数是农户收益的最大化。另外要重点考虑各种风险因素,如疫病风险、气候风险和市场风险等。W_F 代表 F 养殖户或饲料粮种植户的收益,$\delta_{W_F}^2$ 是相关期望方差,AV_F 是风险规避系数。

$$E(W_F) = \sum_a [A_{F,a} \times E(P_a) + subsidy_a]$$

$$\delta_{WF}^2 = \sum_a [\delta_a \times E(P_a) \times A_{F,a}]^2 + \sum_a [E(subsidy_a) \times \delta_a]^2$$

式中,$A_{F,a}$ 代表养殖场或饲料粮种植户 F 的出栏或生产 a 类型产品的量和副产品;$subsidy_a$ 为 a 类型的政策扶持;$E(P_a)$ 为各种产出的期望价格;$E(W_F)$ 为期望收益;$E(subsidy_a)$ 为期望补贴;δ_a 代表 a 类型收益的方差。

基于"粮改饲"政策对养殖户和种植户生产行为的影响,构建适合我国养殖户和种植户特点的农户生产行为模型,模拟"粮改饲"政策对种植业结构调整、养殖业饲料粮投入等方面的影响。

1.5.3 DID 模型分析法

本研究借用自然实验评估方法 Difference-In-Difference Model,简称"DID 模型"。该模型的基本思路是将研究对象分为两组,一组是政策作用对象,即"处理组",另一组未受政策变化影响,即"对照组"(伍德里奇,2007)。根据处理组和对照组同一指标在政策实施前后的变化量,计算上述两个变量的差值(即 DID 估计量,又叫双重差分估计量),从而反映政策对处理组的净影响(薛凤蕊,2011)。

在"粮改饲"试点的效果评估中,将研究地区分为政策执行区和非政策执行区。令变量 P 为衡量地区是否属于政策执行区的虚拟变量,若是,则 P 为 1,否则 P 为 0。令 T 为代表样本数据是否来自政策实施后各个年份的虚拟变量,若是,则 T 为 1,否则 T 为 0。假设 ε 为扰动项,代表其他无法观测的影响产业发展的因素。则建立以下简单的 DID 模型。

$$Y = \alpha_0 + \alpha_1 T + \alpha_2 P + \delta TP + \varepsilon \tag{1.1}$$

由式(1.1),可以得到政策执行区和非政策执行区各自畜禽产品和饲料粮产量表达式如下。

对于政策执行区，$P=1$，则表达式为：
$$Y=\alpha_0+\alpha_1 T+\alpha_2+\delta T+\varepsilon \quad (1.2)$$

在政策实施前后，政策执行区畜禽产品和饲料粮产量期望值分别为：
$$E(Y)=\begin{cases}\alpha_0+\alpha_2, & \text{当 } T=0,\text{政策实施前}\\ \alpha_0+\alpha_1+\alpha_2+\delta, & \text{当 } T=1,\text{政策实施后}\end{cases}$$

因此，政策实施前后，政策执行区的畜禽产品和饲料粮产量平均变动为：
$$dif1=(\alpha_0+\alpha_1+\alpha_2+\delta)-(\alpha_0+\alpha_2)=\alpha_1+\delta$$

对于非政策执行区，$P=0$，则式（1.1）简化为：
$$Y=\alpha_0+\alpha_1 T+\varepsilon \quad (1.3)$$

在政策实施前后，非政策执行区畜禽产品和饲料粮产量期望值分别为：
$$E(Y)=\begin{cases}\alpha_0, & \text{当 } T=0,\text{政策实施前}\\ \alpha_0+\alpha_1, & \text{当 } T=1,\text{政策实施后}\end{cases}$$

因此，政策实施前后，在非政策执行区的畜禽产品和饲料粮产量平均变动为：
$$dif2=\alpha_0+\alpha_1-\alpha_0=\alpha_1 \quad (1.4)$$

剔除政策执行区域和非政策执行区域之间的系统差异，假如政策执行区不执行政策，其畜禽产品和饲料粮产量变动应该与非政策执行区畜禽产品和饲料粮产量变动相当，平均变动α_1。但实际上政策执行区在政策实施前后的畜禽产品和饲料粮产量变动平均为$\alpha_1+\delta$，因此政策的执行对政策执行区的净影响为：
$$dif=dif1-dif2=\alpha_1+\delta-\alpha_1=\delta \quad (1.5)$$

可以看出，式（1.1）中 TP 的参数 δ 代表了"粮改饲"产业政策对政策执行区的净影响。

1.5.4 精饲料价格边际效应模型构建

本研究采用 Schmit 等（2009）使用的半对数函数形式模拟精饲料价格和其各成分价格关系，模型形式表述为：
$$FC_t=\beta_0+\sum_{j=1}^{J}\beta_j Ln(p_{j,t-\tau})+\sum_{j=1}^{J}\sum_{k=2}^{J-1}\alpha_{i,j,k}Ln(p_{j,t-\tau})Ln(p_{k,t-\tau})+$$

$$\delta_i TR_{t-\tau} + \varepsilon_{i,t} \forall j \neq k \qquad (1.6)$$

式中，FC 代表各畜种精饲料的价格；p_j 代表精饲料中成分 j 的价格；TR 代表的时间趋势。本研究的半对数模型设定如下：

$$FC_t = \alpha + \beta_{1p}Ln(1p_t) + \beta_{2p}Ln(2p_t) + \beta_{trend}TR + \varepsilon_t$$

$$\frac{dFC(1p)}{d1p} = \frac{\beta_{1p}}{1p} + r_{1p\&2p} \times \frac{\beta_{2p}}{1p} \qquad (1.7)$$

式中，FC 代表各畜种精饲料的价格；$1p$ 代表某种饲料粮价格；$2p$ 代表另一种饲料粮价格；TR 为时间趋势项；ε 为残差；α 和 β 为对应的系数，为 $1p$ 的边际效应；$r_{1p\&2p}$ 为两种饲料价格的相关系数，同理可以计算畜禽养殖饲料中各种饲料价格边际效应。该模型适合于分析饲料中某种成分价格变动引起饲料生产商和养殖户对饲料成分进行调整。假设饲料中某种成分价格上涨，饲料生产商和养殖户会选择相对便宜的饲料成分代替，对饲料上涨的幅度有一定的缓冲，相应的能模拟出来养殖户对饲料粮互相替代的比例。

1.5.5 主要技术路线

本研究将在基本理论阐述和定性分析的基础上，首先对饲料粮种植户、养殖户进行深入的问卷调查。根据调查数据和现有统计数据对我国"粮改饲"政策背景下分析饲料粮种植户、各畜种养殖户的成本收益变化。通过农户优化模型对饲料粮种植结构调整和养殖户饲料粮投入结构变动进行分析。构建 DID 模型分析"粮改饲"对种植户、养殖户的决策行为影响和政策效果。鉴于我国饲料粮进口量激增，国内外饲料粮价格倒挂，采用 Agri Benchmark 国际典型农户数据对国际饲料粮农户层面生产成本收益及生产系统进行对比分析。通过构建"饲料粮+畜禽产品"局部均衡模型模拟"粮改饲"等一系列农业转方式调结构政策对饲料粮供需和畜牧业生产的宏观影响。为我国未来农业转方式调结构政策提供可行的对策建议。具体技术路线见图1.1。

1.5.6 数据来源

为了获取翔实的一手数据，课题组于 2017 年在吉林、河北和四川三地开展玉米生产专项调研。为了更好地了解和分析"粮改饲"政策对种

1 绪 论

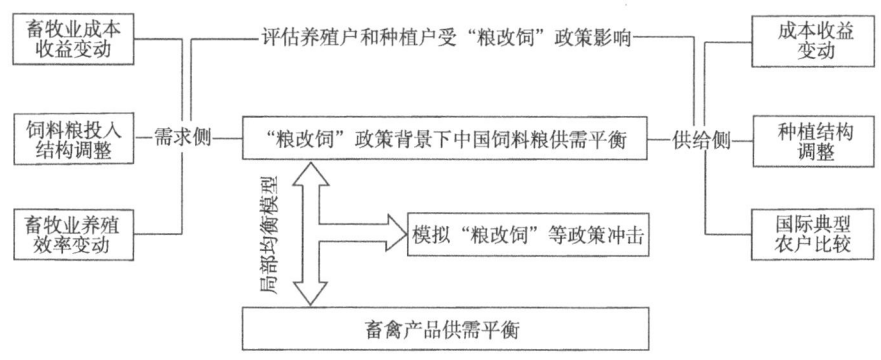

图 1.1 技术路线

植业、养殖业的影响，课题组于 2019 年分别赴黑龙江、河北、云南、新疆四省（区）开展"粮改饲"集中调研，本研究中主要数据来自此次集中调研。种植结构调整调研主要是指全株青贮玉米，养殖调查主要涉及肉牛、肉羊、奶等草食畜牧业，本研究对"粮改饲"政策效果评价集中于种植结构调整中全株青贮玉米的效果，以及试点地区肉牛、肉羊、奶牛规模和效益等评价。

本研究使用的数据调查涉及的乡、村和户都按照随机抽样的原则选取。调研地区中黑龙江省包括哈尔滨市双城区、齐齐哈尔市昂昂溪区和齐齐哈尔市龙江县，新疆维吾尔自治区包括伊犁哈萨克自治州伊宁县、昌吉回族自治州呼图壁县、昌吉回族自治州木垒县，云南省包括曲靖市沾益区、玉溪市峨山彝族自治县，河北省包括石家庄市行唐县、保定市望都县、保定市唐县、唐山市滦南县、邢台市柏乡县。其中，哈尔滨市双城区、齐齐哈尔市龙江县、伊犁哈萨克自治州伊宁县、呼图壁种牛场、曲靖市沾益区、石家庄市行唐县、保定市望都县、保定市唐县、唐山市滦南县为试点区；齐齐哈尔市昂昂溪区、昌吉回族自治州木垒县、玉溪市峨山彝族自治县、邢台市柏乡县为非试点区。调查员通过与农户进行一对一的调查，对调查问卷中的内容逐项询问并填写，共收获问卷 582 份，其中种植问卷 444 份，养殖问卷 138 份；其中试点县收获问卷 425 份，种植问卷 317 份，养殖问卷 108 份；非试点县收获问卷 157 份，种植问卷 127 份，养殖问卷 30 份表 1.1。

表 1.1 调研数据分布

地区	试点		非试点		共计
	种植户	养殖户	种植户	养殖户	
云南	56	4	44	11	115
新疆	61	43	27	10	141
黑龙江	76	36	26	6	144
河北	124	25	30	3	182
合计	317	108	127	30	582

此次调查信息包括种植户、养殖户的家庭、生产、收入等信息，包括详细的投入产出数据，可以计算出"粮改饲"政策实施后的机会成本，研究政策成本的有效性。同时，调查不仅涵盖"粮改饲"政策实施试点县与非试点县，同时也调查"粮改饲"政策实施前一年和政策实施后各地区种植户、养殖户的投入产出等指标，构成了跨时独立混合截面数据集，为评价政策对农户收入及结构转化等效应提供了数据基础。

1.6 创新之处

1.6.1 内容方面

以往饲料粮供需均衡研究只停留在对供需数量的估算上，缺乏政策调整引起的种植业结构调整对饲料粮供需均衡的影响，特别是缺乏饲料粮种植户的种植结构调整和养殖户饲料粮饲喂结构改变的农户层面定量分析。本研究将综合考察饲料粮供需现状，并对其影响因素进行定量研究；剖析"粮改饲"对饲料粮种植户和养殖户的种植结构及饲料粮饲喂结构的影响，分析种植结构及饲料粮饲喂结构调整的方向和程度。构建局部均衡部门模型模拟"粮改饲"等相关的政策冲击，每年发布未来 10 年期饲料粮及畜禽产品展望。研究国外典型农户与我国农户的比较和国外政府种植结构调整的做法，为我国制定"粮改饲"等政策提供依据。

1.6.2 方法方面

在吸收借鉴国外分析方法的基础上，采用线性规划和相关计量经济学模型分析等方法，使研究更具规范性和科学性。使用农户线性规划模型进行模拟和情景分析。运用 DID 模型测算"粮改饲"政策的实施效果，以评估现有"粮改饲"对农户收入的绩效情况。构建"饲料粮+畜禽产品"局部均衡模型模拟政策冲击情况，研究分析政府出台相关政策所要达到的宏观效果。

1.6.3 研究特色方面

充分考虑"粮改饲"对饲料粮供需影响的同时，还重点关注"粮改饲"农户层面对政策的影响。重点分析了农户在种植结构调整及养殖中饲料粮投入变化前后成本收益比较。通过局部均衡宏观模型，研究分析在综合考虑饲料粮和畜禽产品有效供给的情况下，调整种植结构对畜禽产业和饲料粮产业的影响。另外，最具研究特色的是借助于 2007—2015 年 Agri Benchmark 典型农户数据（20 多个国家的 110 个种植农户连续 9 年追踪数据）进行比较优势分析，总结国外农户层面种养经验及典型做法；梳理出国外政府对种养结构的调控经验；以便为我国农户与政府在农业结构调整提供参照。

2 中国饲料粮供需现状分析

本章借助历史资料和相关研究文献,从我国饲料粮的构成分析饲料粮供给现状,再根据不同饲养规模下畜禽饲料转化率和存出栏情况估算饲料粮的需求量,分析我国饲料粮需求的数量、结构状况。梳理出我国饲料粮供需平衡现状,详细测定饲料粮供需缺口,重点研究饲料粮结构性短缺问题。

2.1 我国畜牧业发展变化

2.1.1 畜产品需求不断增加

随着我国城镇化进程的加快以及人民收入水平的提高,城乡居民的食物消费结构也正在发生变化,谷物的直接消费不断减少,动物产品消费不断增加。国家统计局报告显示,2018年城镇居民人均粮食消费量110.0千克,比1956年下降36.6%;人均猪肉消费量22.7千克,比1956年增长2.9倍;人均牛羊肉消费量4.2千克,比1956年增长1.6倍;人均蛋类消费量10.8千克,比1956年增长2.2倍;人均奶类消费量16.5千克,比1985年增长6.5倍。2018年农村居民人均粮食消费量148.5千克,比1954年下降33.0%;人均猪肉消费量23千克,比1954年增长5.2倍;人均牛羊肉消费量2.2千克,比1954年增长1.4倍;人均蛋类消费量8.4千克,比1954年增长9.5倍;人均奶类消费量6.9千克,比1983年增长8.9倍(国家统计局住户办,2019)。

2.1.2 畜牧业生产不断提高

人们对畜产品的需求不断扩大促进了畜牧业的快速发展。2018年我国肉类、牛奶及禽蛋产量分别从2000年的6 013.90万吨、717.60万吨和2 182.00万吨上涨到2018年的8 624.63万吨、3 074.56万吨和3 128.28万吨，增长分别超过43.41%、328.45%和43.35%（表2.1）。

表2.1 2010年以来我国肉蛋奶产量　　　　　　　　　单位：万吨

年份	肉类	猪肉	禽肉	牛肉	羊肉	其他肉类	禽蛋	牛奶
2000	6 013.90	3 966.00	1 208	513.10	264.10	62.71	2 182.00	717.60
2005	6 938.90	4 555.30	1 464	568.10	350.10	1.42	2 438.10	2 753.40
2010	7 993.61	5 138.44	1 698	629.07	406.02	122.08	2 776.88	3 038.93
2011	8 022.98	5 131.65	1 756	610.71	397.96	126.66	2 830.36	3 109.93
2012	8 471.1	5 443.55	1 823	614.75	404.50	185.34	2 885.39	3 174.93
2013	8 632.77	5 618.6	1 798	613.09	409.90	193.18	2 905.55	3 000.83
2014	8 817.9	5 820.8	1 751	615.72	427.63	202.75	2 930.31	3 159.88
2015	8 749.52	5 645.41	1 826	616.89	439.93	221.29	3 046.13	3 179.83
2016	8 628.33	5 425.49	1 888	616.91	460.25	237.68	3 160.54	3 064.03
2017	8 654.43	5 451.8	1 897	634.62	471.07	199.94	3 096.29	3 038.62
2018	8 624.63	5 403.74	1 994	644.06	475.07	107.76	3 128.28	3 074.56

数据来源：国家统计局历年数据整理计算获得（申秋红，2007）。

近年来，我国城乡居民对动物产品的需求日益增长，带动畜牧业快速发展，对饲料粮的需求量相应增加，饲料粮的进口量也呈快速增长趋势，饲料粮能否有效、及时、充足供给逐渐成为我国未来粮食安全的主要问题。饲料用粮已经成为我国粮食需求的主要动因，饲料粮需求刚性增长已经形成饲料粮供需缺口，玉米及其加工残渣玉米酒糟全部呈净进口状态（韩昕儒，2014）。饲料作物供给是否安全对国内的口粮安全有着重要的影响，粮食安全的问题本质上是在口粮绝对安全的前提下解决饲料粮的问题（孔祥智，2015）。

2.1.3 "粮改饲"政策的提出与沿革

国家始终高度关注饲料粮的供给问题。2015年中央一号文件提出种植结构调整，由"粮经"二元种植结构调整为"粮经饲"三元种植结构，饲草料的重要性突显出来。鉴于该背景，农业部开展"粮改饲"发展草食畜牧业试点工作，大力推进农牧结合，提升种养业综合效益。"粮改饲"政策是在玉米阶段性供过于求的形势下推进农业供给侧结构性改革的一项重要举措。2015年5月，农业部印发了《关于促进草食畜牧业加快发展的指导意见》，明确到2020年，饲草料供应体系和抗灾保畜体系基本建立，青贮玉米收获面积达到3 500万亩以上，要完善农牧结合的养殖模式，在传统农区优化调整农业结构，发展青贮玉米和优质饲草种植。2016年4月，农业部印发的《全国种植业结构调整规划（2016—2020年）》，对青贮玉米种植面积目标做出了调整，提出到2020年，青贮玉米面积达到2 500万亩。2016年5月，农业部、财政部联合印发了《关于做好2016年农业结构调整试点工作的通知》，要求在17个省（区）选择玉米种植面积大、牛羊饲养基础好、种植结构调整意愿强的县为试点县，继续实施"粮改饲"试点，试点面积600万亩（表2.2）。

表2.2 2015—2019年国家"粮改饲"政策梳理

年份	中央财政补贴金额（亿元）	试点地区	试点县个数（个）	目标任务（万亩）	实际完成（万亩）	玉米种植累计调减面积（万亩）
2015	3	河北、山西、内蒙古、辽宁、吉林、黑龙江、陕西、甘肃、宁夏和青海等10省（区）	30	150	286	
2016	10.1	17省份（增加安徽、山东、河南、广西、贵州、云南、新疆）	121	600	678	3 000
2017	20	17省份和黑龙江省农垦总局	431	1 000	1 334	4 000
2018	20	17省份和黑龙江省农垦总局	—	1 200	1 432	4 500
2019	20	17省份和黑龙江省农垦总局	629	1 200	500	5 000

资料来源：根据农业农村部相关统计数据整理。

自2015年实施"粮改饲"政策以来，中央财政已累计投入了73亿元，支持牛羊养殖场（户）和专业服务组织，收贮利用青贮玉米等优质饲草，大力发展草食畜牧业，实施范围从最初的10省（区）30个县，扩大到2019年的17省（区）629个县；完成面积从286万亩扩大到2018

年的1 432万亩。各地实践表明,"粮改饲"有效促进了种养双赢,种植环节累计增收超过130亿元,牛羊养殖累计节本增效近300亿元。

2.2 饲料粮定义

要理清饲料粮的供需情况,就需要对饲料粮的定义进行界定(表2.3)。美国农业部对饲料粮进行了范围界定,包括玉米、高粱、大麦和燕麦,其中玉米是美国首要饲料粮,占全部饲料粮生产和使用的95%。目前我国没有饲料粮的官方定义,不同的学者对饲料粮的定义各有不同,饲料粮的定义有狭义和广义之分。狭义的饲料粮只包括直接用作饲料的粮食,不包含粮食副产品(杨艳涛等,2017;王明华,2012);广义的饲料粮既包括粮食又包括粮食的加工附属产品(如麦麸、粕类等)(田维明等,2007;蓝海涛,2008;韩昕儒,2014)。随着农产品加工业的发展,麦麸、粕类、酒糟等粮食加工副产品也成为饲料的新来源,糠麸是我国饲料粮的重要补充,糠麸主要包括小麦麸和米糠(蓝海涛,2008;胡向东,2015)。尽管有研究提到饲料粮中应该包含薯类,但是在具体研究中,并没有将薯类考虑进去。

表2.3 主要文献对饲料粮的定义及范围

文献来源	采用的定义	对饲料粮的定义或范围
美国农业部(2019)	不适用	主要的饲料粮包括玉米、高粱、大麦和燕麦,其中玉米是美国首要饲料粮,占全部饲料粮生产和使用的95%
杨艳涛,秦富(2017)	狭义	采用狭义的饲料粮定义,即饲料粮是指以原粮形式被直接用作饲料所消耗的粮食,主要为玉米、稻谷、小麦、高粱、大麦及薯类,不包括米糠、麦麸等粮食副产品
韩昕儒等(2014)	广义	既包含粮食又包含了糠麸、饼粕等粮食加工副产品
王明华(2012)	狭义	是指以原粮形式被直接用作饲料所消耗的粮食,不包括米糠、麦麸等粮食副产品折粮
田维明,周章跃等(2007)	广义	在我国,饲料粮主要指各种粗粮,包括玉米、高粱、大麦、燕麦等

资料来源:作者根据现有文献整理获得。

为了全面、准确测算我国饲料粮的供给与需求,更好地对接饲料粮需求与供给平衡表,本章采用广义的饲料粮定义进行界定,既包含用于饲料的粮食作物,也包含米糠、麦麸等副产品。具体包括玉米、小麦、稻谷、燕麦、高粱等粮食作物及米糠、麦麸、豆粕及其他杂粕等副产品。

2.3 饲料粮供给现状

根据已有研究分析发现，目前饲料粮的测算方法分别从供给和需求两端进行测算，其中供给法是：当年饲料粮可供给量=当年粮食总产量+进口量+库存变化-口粮消费-工业消费-其他消费；需求法是根据畜产品产量以及各畜禽的饲料转化率（或料肉比）推算出当年饲料粮需求量。

2.3.1 主要饲料粮的供给情况

本研究通过供给法推算饲料粮可供给量，其中计算玉米、小麦、高粱、大麦、燕麦等谷物的种子、食物、工业消费量（FSI消费量）数据，豆粕及其他杂粕的饲用数据来自 USDA（美国农业部）的数据库，稻谷的饲用可供给量则根据郭金花等（2018）的估算结果测算获得，主要谷物产量数据来源于《中国统计年鉴》，粮食副产品中估计我国小麦的出麸率为23%，稻谷出米糠率为10%（胡向东，2015），据统计分析，糠麸总产量占口粮消费原粮量的21%，其中62%可用作饲料（程国强等，1997）。由此推算出各年份饲料粮国内可供给量（表2.4、图2.1）。

表 2.4 我国 2010—2018 年间饲料粮分品种可供给量　　　　单位：万吨

年份	玉米	稻谷	小麦	高粱、大麦、燕麦、DDGS（酒糟及其残液干燥物）等	副产物（米糠及麦麸）	豆粕	饲料粮合计
2010	14 900	1 482.50	1 400	346.0	2 878.963	5 238.2	26 245.66
2011	14 700	1 525.03	2 500	267.0	2 949.468	4 650.9	26 395.40
2012	15 100	1 552.46	2 600	370.0	3 027.918	4 918.1	27 316.48
2013	15 300	1 550.61	1 700	1 107.0	3 043.080	5 161.2	27 461.89
2014	14 700	1 575.59	1 700	2 348.0	3 129.432	5 648.7	28 560.72
2015	16 500	1 594.63	1 600	1 927.0	3 206.716	6 166.3	30 312.64
2016	17 600	1 586.75	1 700	1 402.0	3 209.221	6 759.6	31 950.57
2017	17 900	1 598.64	1 750	1 094.1	3 234.192	6 900.5	32 438.33
2018	18 400	1 594.53	2 000	568.0	3 189.392	6 521.5	32 260.42

资料来源：《中国统计年鉴》、USDA 数据库及作者计算。

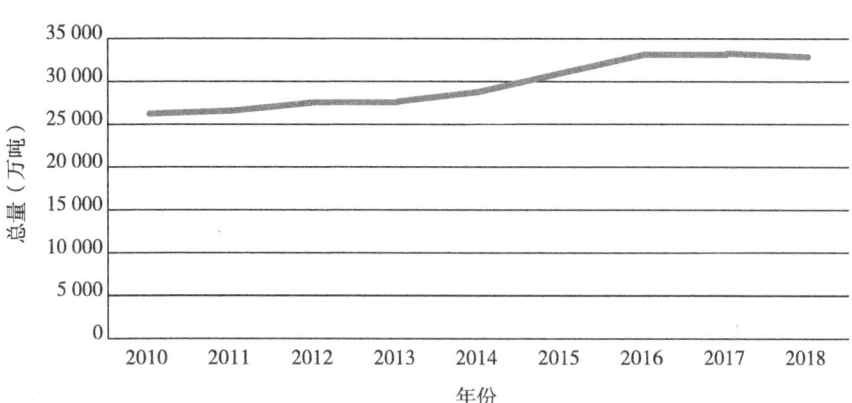

图 2.1　2010 年以来主要饲料粮总量
资料来源：《中国统计年鉴》、USDA 数据库及作者计算。

根据广义饲料粮的定义以及供给法进行推算，到 2015 年，我国的饲料粮供给量已经超过 3 亿吨，此后还在进一步提高，其中玉米是占比最大的饲料粮，也是最主要的能量饲料，大约占饲料粮可供给量的 60%，其次是豆粕，豆粕是最主要的蛋白饲料；稻谷和小麦是主要的口粮，饲用比例始终比较低，而随着畜牧业发展，高粱、大麦、燕麦以及玉米酒糟等粮食副产品作为玉米的替代品，饲用量正在逐年提高（图 2.2）。

玉米的饲用比例占到玉米总产量的 70% 左右，这与田维明（2007）认为玉米产量的 80% 用于饲料及仇焕广（2015）认为 65% 的玉米用于饲料的结论比较接近，结论相对可靠。从数量上看，稻谷和小麦都是重要的口粮，其中很少的一部分用作饲料，其中稻谷的饲用比例不足稻谷总产量的 9%，小麦的饲用比例约占小麦总产量的 15%。在南方地区，有农户用劣质稻谷，特别是口感较差的早籼稻用作饲料（田维明，2007），在一些小麦主产省份（如山东），农户也将劣质小麦用作饲料（USDA，2000）（图 2.3）。

20 世纪 90 年代，我国的粮食生产大约有 1/3 用于饲料（农业部发展计划司，2002），2005 年饲料粮占粮食总产量的比例可达到 42.5%（田维明等，2007）。根据本研究的测算，截至 2018 年，饲料粮可供给量大约占粮食总供给量的 50%。

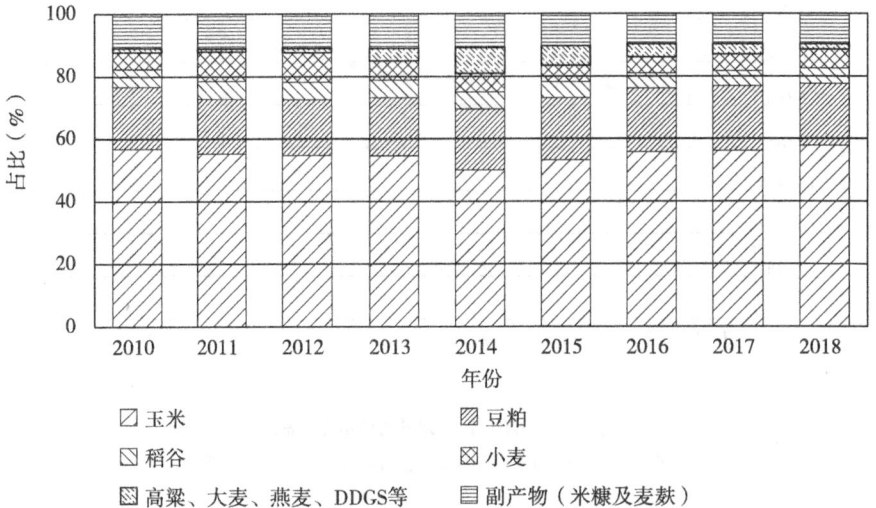

图 2.2 2010 年以来主要饲料粮供给占比情况（见书后彩图）

资料来源：《中国统计年鉴》、USDA 数据库及作者计算。

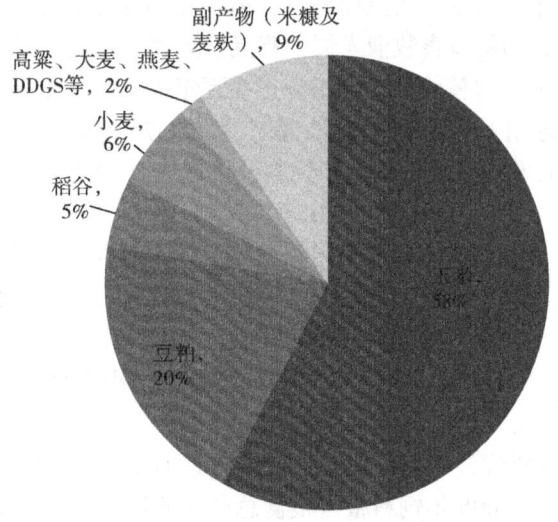

图 2.3 2018 年饲料供给情况（见书后彩图）

资料来源：《中国统计年鉴》、USDA 数据库及作者计算。

2.3.2 影响饲料粮供给的因素分析

影响饲料粮供给的因素主要是播种面积和单产。影响播种面积的因素有饲料粮市场价格波动、与竞争品成本收益比较、国家种植结构调整政策等因素。影响单产的因素则有技术进步、自然灾害等。影响可供给量的因素还要考虑其他消费，种子用量在不断下降，食用消费较稳定，工业消费增长较快，为了保障粮食安全，我国对部分工业消费有所控制。因此，影响国内饲料粮供给的最主要影响因素就是种植户基于价格预期的种植选择。

从国内供给角度看，我国玉米的播种面积、单位产量均不断提高，玉米总产量在2004年后迅速上升，并在2015年达到顶峰26 499.2万吨，说明农户预期非常稳定，因此玉米在不断替代其他作物，成为我国粮食作物中的第一大作物。产量达到顶峰的同时，玉米的国内库存水平也达到了高点，我国玉米的库存消费比2015年高达111.93%。随着"粮改饲"政策的不断推进、种植业结构不断调整，玉米的播种面积和产量分别有所下降，库存高企的情况得到缓解。

2.3.3 主要饲料粮的供给现状及预期

玉米供需缺口进一步加大，玉米替代品进口逐年下降，能量饲料供给偏紧。一是玉米供需缺口加大。供给方面，玉米播种面积从2015年的6.75亿亩降低到2019年的6.19亿亩，减少5 526.6万亩，降幅达到8.2%，年均降幅2%，产量也从2015年的26 499.2万吨，减少到2019年的26 070.85万吨，减少428.35万吨，2019年玉米单产达到421千克/亩，单产大幅度提高成为玉米生产的稳定器。考虑到2020年草地贪夜蛾对玉米种植可能产生影响，加之种植玉米的净利润连续四年为负，初步预计2020年玉米播种面积仍将下降2%，单产提高难度较大，较2019年水平持平，预计2020年玉米产量较2019年降2%，为25 548.6万吨，饲用玉米可供给量为16 606.59万吨。需求方面，随着生猪产能的逐步恢复，居民对肉蛋奶需求扩大，玉米饲用需求刚性增长也是必然趋势。若按照正常年份生猪生产进行推算，生猪对玉米的需求将接近12 000万吨，占到玉米饲用消费的70%以上，留给其他畜禽仅剩不足30%，不足以支撑其他动物产品的生产，更有可能影响到生猪产能的正常恢复。二是玉米替代物进口量减少，加剧畜牧业对玉米需求，导致玉米进口大幅度增加。由于产量下滑、国际市场价格高企等原因、大麦、高粱、木薯、玉米酒糟（DDGS）等玉米替代物的进口量正在逐年下降，增加了国内市场对玉米的需求。其中玉米进口为479.3万吨，同比增长36%大麦、高粱、木薯和玉米酒糟2019年进口分别为592.9万吨、83.2万吨、283.8万吨和14.1万吨，分别同比减少13.0%、77.2%、40.9%和4.9%。

大豆进口依赖度高，贸易市场风险因素不断集聚。一方面，我国大豆市场对外依赖度极高，长期维持在80%以上。作为重要的蛋白饲料来源，我国大豆供需缺口巨大，2019年，国内大豆产量为1 810万吨，大豆进口量达到8 851万吨，豆粕产量为6 732万吨，基本与进口大豆所能产出的豆粕相当。由于国内大豆种植效益始终较低，农民种植积极性差，提高大豆的国内产量难度较大。另一方面，我国大豆进口来源国高度集中，新冠肺炎疫情在全球加速蔓延加剧了贸易市场风险。2019年我国从巴西、美国和阿根廷三国进口的大豆占大豆进口总量的94.32%，其中仅从巴西进口的大豆就高达5 676.63万吨，占65.16%，从美国进口大豆1 701.46万吨，占19.22%。目前大豆主要出口国的美国已是全球新冠肺炎疫情的"震中"，巴西、阿根廷等国新冠肺炎疫情形势日趋严峻。为控制疫情，各国都采取了较为强硬的管制措施。如果巴西对大豆出口作了限制，中国大豆将会出现严重的短缺的局面。2020年由于气候问题，巴西连日降雨，阻碍了大豆的收割和产量。由于新冠肺炎疫情，巴西最大的大豆产区马托格罗索州，于3月24日宣布全州进入为期90天的紧急状态，城市间交通可能因此中断，农产品贸易严重受阻。这都对正在上市的南美大豆产生不利影响，进而影响我国第二季度的豆粕生产，有可能造成蛋白饲料不足，不利于生猪产能恢复。

2.4 饲料粮需求现状

饲料粮的需求是一种引致需求[①]，其他条件不变，畜产品生产规模越

---

① 引致需求（Derived demand）是由阿弗里德·马歇尔在其《经济学原理》一书中首次提出的经济概念，是指对生产要素的需求，意味着它是由对该要素参与生产的产品的需求派生出来的，又称"派生需求"。

大，饲料粮需求就越多，畜产品产量一定，对饲料粮的需求量与饲料转化率呈正相关（田维明等，2007）。

影响饲料转化率的因素包括养殖规模、饲养方式以及技术进步等。目前认为农户家庭散养与规模养殖场的饲料转化率还存在差异，但一般认为规模化饲养程度越高饲料转化率就越好（田维明，2007）。目前中国畜牧业的规模正在逐年扩大（Rae，2008），因此认为单位畜产品的产出所消耗的饲料粮会减少。而随着技术进步，饲养水平的提高，单位畜产品产出所消耗的饲料粮也会随之逐年减少。通过历年的研究也可以证明，近年的单位畜产品的产出所消耗的饲料粮较20世纪90年代已经降低（表2.5）。

表2.5 主要畜禽的饲料转化率研究（粮肉比）

项目	生猪	禽蛋	禽肉	肉牛	肉羊	奶牛	水产品
程国强（1997）	3.5	3.0	2.1	3.2	3.2	1.84	—
USDA（1997）	3.48	2.78	2.09	0.4	0.36	0.5	0.35
辛贤等（2003）	2.32 2.77	1.69 2.45	1.63 2.32	1.04 1.59	0.65 1.38	0.39 0.44	—
陈永福（2004）	2.92	3.32	2.07	1.8	1.58	0.56	
Aubert（2008）	3.30	2.4	2.5	—	—	0.55	
贾伟（2013）	3	2.2	2	2.8	2.8		
韩昕儒等（2014）	2.51 2.79 2.87	1.67 1.62 1.62	2.09 2.02 2.13	1.80 1.71 1.71	1.53 1.58 1.53	0.55 0.56 0.53	0.44 0.44 0.45
胡向东（2015）	3.26 3.309	—	—	—	—		
最大值	3.5	3.32	2.5	3.2	3.2	1.84	0.45
最小值	2.51	1.62	2.1	0.4	0.36	0.5	0.3

资料来源：USDA（1997）数据引自 Qu W, 1999. A comparison framework of seven China agriculture models. China in the Global Economy Agriculture in China and OECD Countries: Past Policies and Future Challenges（OECD Proceedings）：250。

饲料粮的需求部分基于需求法进行测算，通过畜产品产量和饲料转化率算出饲料粮的需求量。其中畜产品产量数据来源于历年《中国统计年鉴》数据，饲料转化率则通过对历年《全国农产品成本收益资料汇报》中主产品产量和每单位耗粮数量的进行折算获得（表2.6）。由于《全国农产品成本收益资料汇报》中主产品产量的肉类产量是活体重,为了与《中国统计年鉴》上的肉类产量进行衔接,计算饲料粮转化率时,按照活重的75%比例折为胴体重,折肉率为胴体重的90%计算(Claude,2007)。其中2018年的饲料转化率是根据2010—2017年数据的平均数计算获得,水产品的饲料转化率则根据文献中数据获得。

表2.6 近年来主要畜禽的饲料转化率

年份	生猪	禽蛋	禽肉	肉牛	肉羊	奶牛
2010	2.881 204	1.664 261	2.201 341	1.895 708	1.798 408	0.380 51
2011	2.930 577	1.699 859	2.181 761	1.926 802	1.974 362	0.364 419
2012	2.957 63	1.673 366	2.092 711	2.038 628	2.013 371	0.3780 09
2013	2.990 738	1.687 628	2.152 103	1.951 468	1.971 257	0.376 547
2014	3.009 279	1.704 583	2.142 811	2.047 106	2.040 398	0.381 782
2015	3.012 913	1.715 391	2.198 476	2.022 346	1.995 644	0.377 469
2016	3.041 114	1.674 734	2.157 506	2.055 896	2.043 274	0.371 503
2017	3.059 459	1.665 039	2.272 495	2.082 682	2.009 185	0.374 435
2018	2.985 364	1.685 607	2.174 9	2.002 58	1.994 487	0.375 584

数据来源:根据历年《全国农产品成本收益资料汇编》调整、计算获得。

与现有研究相比,本研究采用的饲料转化率除奶牛测算数值较低之外,其他品种的饲料转化率均在现有研究的最大值和最小值之间,差距不大。2010年以来饲料转化率并没有显著变化,保持基本稳定(表2.7)。

表2.7 主要畜禽及水产品饲料需求量　　　　　单位:万吨

年份	饲料需求量	生猪	肉牛	肉羊	奶牛	禽蛋	禽肉	水产品
2010	26 385.56	13 104.41	931.09	657.17	1 156.34	4 621.45	3 550.98	2 364.12
2011	26 650.53	13 234.83	899.57	707.15	1 133.32	4 570.65	3 639.61	2 465.41
2012	27 327.38	13 790.01	972.15	732.97	1 200.15	4 586.90	3 624.26	2 420.94
2013	27 538.5	13 872.38	947.17	727.22	1 129.95	4 658.31	3 676.01	2 527.46
2014	28 522.7	14 423.10	1 157.42	785.28	1 206.24	4 745.21	3 564.46	2 640.84
2015	30 388.35	15 659.59	1 247.56	770.35	1 200.29	4 964.04	3 813.70	2 732.83
2016	31 950.89	16 524.51	1 268.30	846.38	1 138.30	5 293.06	4 073.37	2 806.97

(续表)

年份	饲料需求量	生猪	肉牛	肉羊	奶牛	禽蛋	禽肉	水产品
2017	32 427.15	16 813.54	1 321.71	851.82	1 137.77	5 155.44	4 310.92	2 835.95
2018	32 508.7	16 538.74	1 289.78	947.52	1 151.22	5 208.71	4 531.36	2 841.37

数据来源：根据历年《全国农产品成本收益资料汇编》调整、计算获得。

本节通过采用需求法，根据当前畜产品产量和测算的饲料转化率，计算出近年来我国广义的饲料粮需求量（图 2.4），从 2010 年到 2018 年，饲料粮的需求量从 26 618 万吨，增长到 32 908 万吨，其中峰值出现在 2017 年，达到 33 127 万吨。仅生猪所需要的饲料粮就高达近 17 000 万吨以上，占饲料粮总需求的一半左右，其中生猪、禽蛋、禽肉等以消耗饲料粮为主的畜牧业消耗的饲料粮占饲料粮消耗的近 90%，且这个比例还在不断增加，而节粮的草食畜牧业（如肉牛、奶牛、肉羊）所占比例仍然较低。

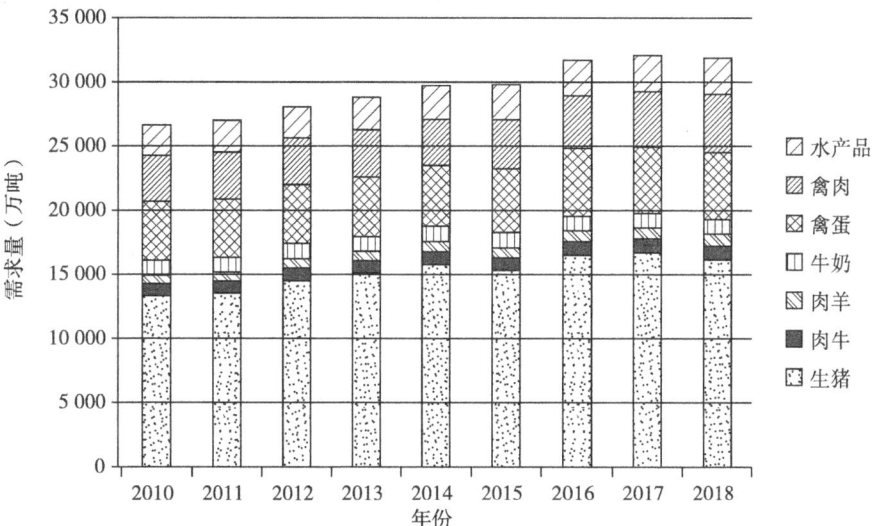

图 2.4 我国近年来主要畜产品饲料粮需求情况（见书后彩图）

数据来源：根据历年《全国农产品成本收益资料汇编》调整、计算获得。

从饲料粮的需求角度看，中国养殖业在总体仍然是以生猪、肉鸡和蛋鸡等耗粮型畜牧业为主导，其中仅生猪所消耗的饲料粮就占饲料粮需求的

50%以上（图2.5），占据饲料粮消耗前三位的畜禽种类分别是生猪、蛋禽和蛋鸡，占比约在80%，而草食家畜的占比仅为10%左右。这与中国居民畜产品消费习惯有较高的相关性。

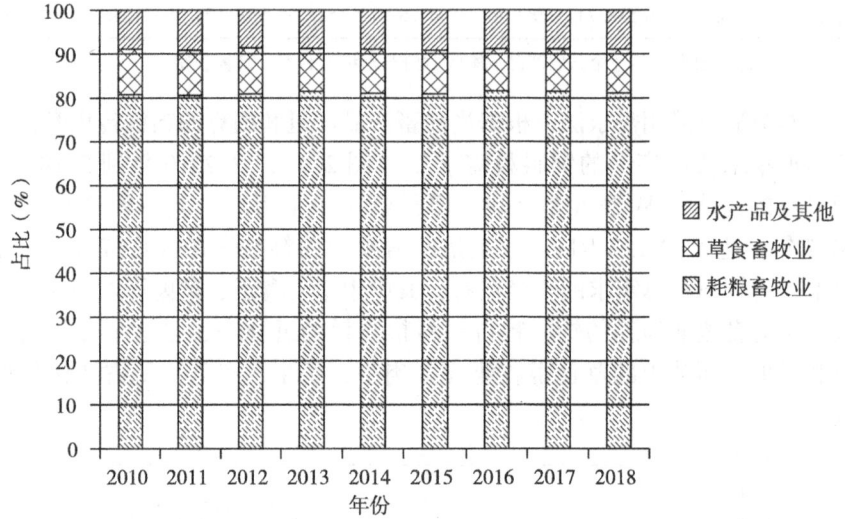

图2.5 我国近年来不同养殖业消耗饲料粮情况对比（见书后彩图）

数据来源：根据历年《全国农产品成本收益资料汇编》调整、计算获得。

2.5 小结

本章主要分析了我国饲料粮供需现状与畜禽饲料粮变动情况，主要获得以下4点结论。

（1）我国饲料粮供给将达到32 260.42万吨，占到粮食生产的近50%，其中玉米是最主要的饲料粮，占到饲料粮的60%左右，玉米产量的近70%是作为饲用。饲料粮需求也将达到32 508.7万吨，其中生猪的饲料粮需求最大，占饲料粮需求的约50%，耗粮型畜牧业（生猪、禽蛋、禽肉）所消耗的饲料粮占到饲料粮需求的80%左右，草食畜牧业（肉牛、肉羊及奶牛）所消耗的饲料粮仅占饲料粮需求的10%左右，另有10%左右是水产品。

（2）通过供需平衡表可以看出，当前我国饲料粮供需矛盾仍然突出，饲料粮供需缺口日益显著，玉米库存正在不断消耗，原有的高库存的情况正在改变。总量与结构都不能平衡是饲料粮供需矛盾产生的根本原因，其次才是国内外价差。

（3）草食家畜的确具备节粮优势，然而近年其单位产品生产饲料粮消费量与猪肉生产的差距在不断缩小。从缓解饲料粮需求增长的角度看，目前耗粮比例前两位的生猪与家禽养殖中饲料粮比例尤其是谷物比例相对较固定，可下降空间有限，因此只能重点从草食家畜着手发展节粮畜牧业。大力发展真正节粮的草食家畜业成为缓解饲料粮供需矛盾的关键抓手。

（4）我国草食家畜发展迅速，饲料粮消费增长的原因一方面来自其生产规模的扩大，另一方面是养殖模式与规模变化使精饲料与饲料粮消费量都不断上升，肉牛、肉羊精饲料效率在下降，奶牛精饲料效率波动中近两年略有下降。

3 "粮改饲"对饲料粮供给影响分析

测算农户的饲料粮生产成本收益,对"粮改饲"调整后农户种植成本收益变动进行分析;拟构建农户线性规划模型模拟"粮改饲"对农户层面种植业结构的影响;结合"粮改饲"实施面积估算饲料粮供应量及结构变动。

3.1 引言

2016 年德国、欧盟其他国家的青贮玉米种植面积分别为 615 万公顷和 214 万公顷,分别占玉米种植面积的 42% 和 85%。这些国家的青贮玉米产业发展较为成熟。我国青贮玉米的发展处于起步阶段。2016 年,我国青贮玉米的种植面积为 105 万公顷,2017 年青贮玉米种植面积增加至 147 万公顷,占玉米种植面积的 4%。

2015 年,农业部在 10 个省份的 30 个县推行"粮改饲"试点,以全株青贮玉米为重点,为草食畜牧业提供优质饲草料,落实"粮改饲"面积约 19 万公顷,收储优质饲草料 995 万吨。"粮改饲"试点持续推进了 4 年,2018 年,"粮改饲"试点地区扩大到 17 个省份的 551 个县(区),任务为 80 万公顷(刘连贵,2018)。

3.2 成本收益情况

3.2.1 籽粒玉米与青贮玉米成本收益比较

3.2.1.1 青贮玉米种植规模大于籽粒玉米,平均种植规模变化方向相反

在被划为"粮改饲"试点前一年,青贮玉米平均播种面积为 232.66

亩，籽粒玉米平均播种面积为 47.75 亩，而在 2018 年青贮玉米平均播种面积下降为 141.06 亩，籽粒玉米平均播种面积上升为 74.97 亩。一方面是因为籽粒玉米的市场价格回升，另一方面是因为云南省的试点地区以前未种过青贮玉米，划入"粮改饲"试点范围后，开始种植青贮玉米，平均播种面积比较小，均值为 9.95 亩，从而拉低了青贮玉米的平均播种面积。

3.2.1.2 市场价格均有所上升，青贮玉米增幅较大

籽粒玉米的市场价格由 1 591.55 元/吨上升为 1 654.10 元/吨，增幅约为 3.93%；青贮玉米的市场价格由 278.19 元/吨上升为 309.31 元/吨，增幅约为 11.19%。主要是因为籽粒玉米的饲用和工业消费量增长较快，库存消费比下降明显，由 2016 年的 122.08% 下降为 2019 年的 39.55%。同时，人们开始关注乳品质量，注重使用青贮饲料，对全株青贮玉米的需求增大。

3.2.1.3 籽粒玉米亩均产量增速较快，亩均收入增速相当

籽粒玉米的亩均产量由 0.57 吨/亩增长至 0.61 吨/亩，增速约为 7.22%，而青贮玉米的亩均产量由 3.27 吨/亩增长至 3.32 吨/亩，增速约为 1.53%。由于籽粒玉米的市场价格增速低于青贮玉米，促使籽粒玉米的亩均销售收入由 911.66 元增长至 1 015.95 元，增速约为 11%，青贮玉米的亩均销售收入由 919.43 元增长至 1 031.40 元，增速略高，约为 12%。

3.2.1.4 籽粒玉米亩均成本增速较慢，净收益亏损低于青贮玉米

籽粒玉米亩均总成本由 994.48 元上升到 1 023.11 元，增速约为 2.88%；青贮玉米亩均总成本由 981.91 元上升到 1 067.92 元，增速约为 8.76%。籽粒玉米的亩均净收益由亏损 82.82 元减少到亏损 7.16 元，而青贮玉米的亩均净收益由亏损 72.24 元减少到亏损 39.52 元。主要是平均播种面积的变化，籽粒玉米的人均播种面积增幅大，亩均人工折价虽变化不大，但机械费用有所上升，同时亩均种子和化肥费用上涨较多；而青贮玉米的人均播种面积下降幅大，亩均机械费用由 117.69 元下降为 103.82 元，亩均人工折价上涨迅速，由 173.07 元增加至 333.13 元，增幅约为 92.48%。如图 3.1 所示。

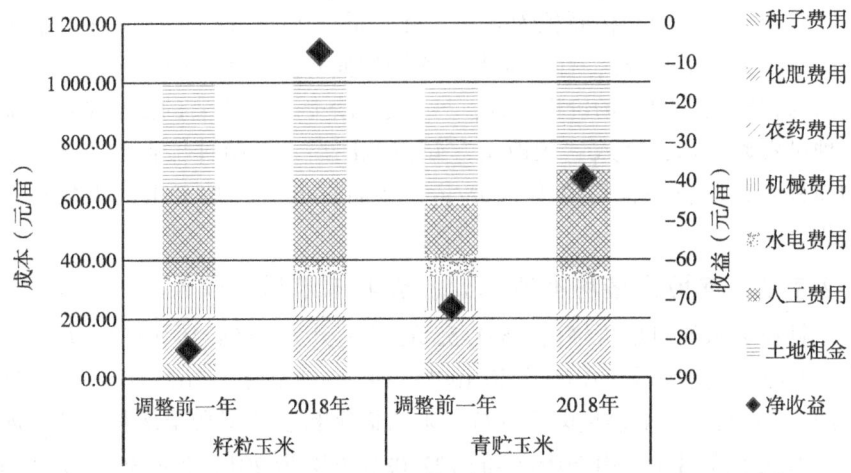

图 3.1 籽粒玉米和青贮玉米成本收益变化情况（见书后彩图）
数据来源：调研数据。

3.2.2 不同省（区）成本收益比较

3.2.2.1 青贮玉米的种植规模均大于籽粒玉米，云南省青贮玉米种植成效好

新疆和河北的籽粒玉米的播种面积增加，而云南和黑龙江两省下降，主要是因为调整前一年新疆地区和河北省的籽粒玉米亩均净收益高于青贮玉米，而黑龙江省的籽粒玉米亩均净收益远低于青贮玉米，云南省亩均净收益平均为-385.96元，种植效益差。云南省在被划为"粮改饲"试点地区后，开始种植青贮玉米，并取得了不错的成效，如表3.1所示。

表 3.1 四省（区）玉米播种面积及净收益变化情况

省（区）	被划为"粮改饲"试点前一年平均播种面积（亩）		2018年平均播种面积（亩）		被划为"粮改饲"试点前一年净收益（元/亩）		2018年净收益（元/亩）	
	籽粒玉米	青贮玉米	籽粒玉米	青贮玉米	籽粒玉米	青贮玉米	籽粒玉米	青贮玉米
新疆	81.18	512.66	128.88	475.13	218.70	-79.89	408.70	154.88
云南	9.47	0.00	6.88	9.95	-396.58	—	-385.96	62.97
河北	36.24	66.99	78.77	86.04	17.19	-118.15	-92.46	-188.75
黑龙江	97.40	295.90	87.77	188.66	7.89	132.84	86.50	-37.42

数据来源：调研数据。

3.2.2.2 云南省市场价格最高，河北省市场价格变动幅度最小

云南省的籽粒玉米和青贮玉米市场价格是四省（区）最高，且籽粒玉米的价格涨幅最大，为10.37%，其次为河北省，但是籽粒玉米价格涨幅最低，为2.76%，黑龙江省的籽粒玉米市场价格为四省（区）最低。河北省和新疆地区的青贮玉米市场价格偏低，增幅分别为2.14%和2.18%，黑龙江省的青贮玉米价格呈下降趋势，降幅为6.50%（图3.2）。

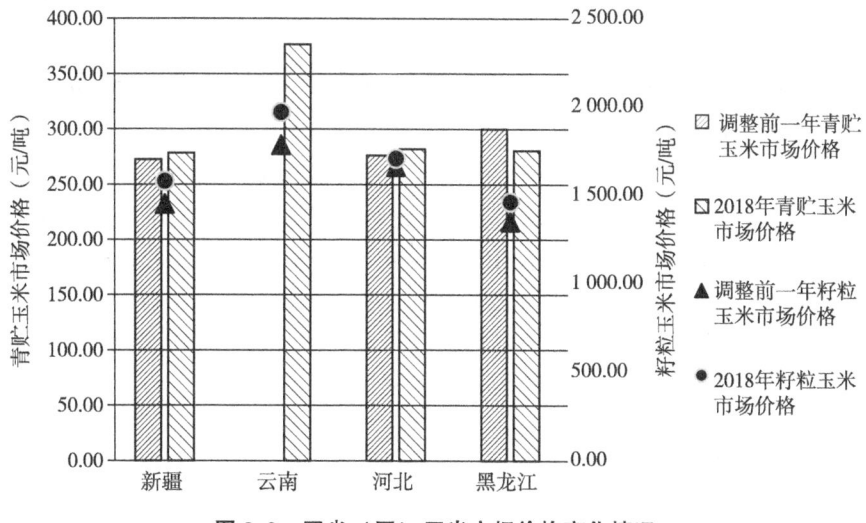

图3.2　四省（区）玉米市场价格变化情况

数据来源：调研数据。

3.2.2.3 河北省青贮玉米产量收入最差，云南省青贮玉米收入较好

河北省的青贮玉米亩均产量最低，亩均产量在3吨以下，亩均销售收入始终低于籽粒玉米，是四省（区）最低的。新疆维吾尔自治区的籽粒玉米和青贮玉米产量最高，籽粒玉米的生产优势明显。云南省青贮玉米亩均产量较高，亩均销售收入最高，青贮玉米生产优势明显。随着籽粒玉米市场价格的回升，黑龙江省青贮玉米的价格优势降低（表3.2）。

表3.2 四省（区）玉米产量及销售收入情况

省（区）	被划为"粮改饲"试点前一年产量(吨/亩)		2018年产量（吨/亩）		被划为"粮改饲"试点前一年销售收入（元/亩）		2018年销售收入（元/亩）	
	籽粒玉米	青贮玉米	籽粒玉米	青贮玉米	籽粒玉米	青贮玉米	籽粒玉米	青贮玉米
新疆	0.82	3.95	0.84	3.96	1 190.27	1 076.36	1 322.57	1 102.60
云南	0.51	—	0.53	3.61	907.19	—	1 046.34	1 360.11
河北	0.57	2.87	0.55	2.88	950.86	792.07	934.84	813.81
黑龙江	0.56	3.42	0.59	3.27	753.47	1 025.10	866.30	918.44

数据来源：调研数据。

3.2.2.4 青贮玉米亩均成本变动幅度大于籽粒玉米，云南省玉米亩均成本最高

青贮玉米亩均成本的增减方向同本省的籽粒玉米变动方向一致，青贮玉米增减的幅度大于籽粒玉米，其中河北省的籽粒玉米和青贮玉米的亩均成本变动幅度最大，分别增长10.03%和10.14%，其次云南省籽粒玉米增幅较大，黑龙江省玉米亩均成本增幅最小，而新疆维吾尔自治区玉米亩均成本略有下降。云南省玉米亩均成本最高，主要是因为机械使用偏少，人工折价较高，均占总成本的53%以上（图3.3）。

3.3 生产效率情况

3.3.1 模型构建

3.3.1.1 模型

1984年Banke、Charnes和Cooper在CCR模型的基础上给出了基于规模报酬可变的DEA模型，简称BCC模型。本研究运用CCR模型和BCC模型，测度新疆维吾尔自治区、云南省、河北省和黑龙江省的籽粒玉米和青贮玉米生产在"粮改饲"试点前后的生产效率变化情况。

设有 n 个决策单元，记为 $DMU_j (j = 1, 2, \cdots, n)$，每个决策单元有 m 种投入，记为 $x_i (i = 1, 2, \cdots, m)$；$q$ 种产出，记为 $y_r (r = 1, 2, \cdots, q)$。当前要测量的决策单元记为 DMU_k。

在不变规模报酬（CRS）的假设下，投入导向下CCR模型如下。

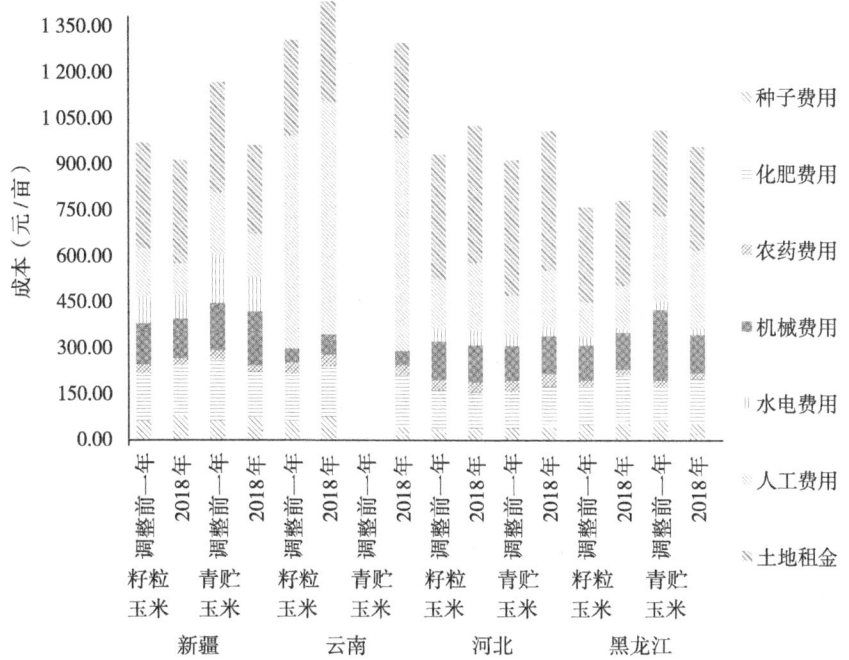

图 3.3 四省（区）玉米亩均成本情况（见书后彩图）

数据来源：调研数据。

$$\min \theta$$

$$\text{s. t.} \sum_{j=1}^{n} \lambda_j x_{ij} \leqslant \theta x_{ik}$$

$$\sum_{j=1}^{n} \lambda_j y_{rj} \geqslant y_{rk}$$

$$\lambda \geqslant 0$$

$i = 1, 2, \cdots, m$；$r = 1, 2, \cdots, q$；$j = 1, 2, \cdots, n$

模型的最优解为 θ^*。在当前技术水平下，被评价的 DMU_k 在不降低产出水平的条件下，其投入能够缩减的最大限度为 $1 - \theta^*$。θ^* 越小，表示投入可以缩减的幅度越大，效率越低。最优解 θ^* 表示效率值，取值范围为 (0, 1]。这一效率值并非纯粹的技术效率，包含了规模效率的成分，为综合技术效率（TE）。

在可变规模报酬（VRS）的假设下，产出导向下 BBC 模型如下。

$$\min \phi$$

$$\text{s.t.} \sum_{j=1}^{n} \lambda_j x_{ij} \leq \varphi x_{ik}$$

$$\sum_{j=1}^{n} \lambda_j y_{rj} \geq y_{rk}$$

$$\sum_{j=1}^{n} \lambda_j = 1$$

$$\lambda \geq 0$$

$i = 1, 2, \cdots, m; r = 1, 2, \cdots, q; j = 1, 2, \cdots, n$

此模型的最优解为 φ^*。在当前技术水平下，被评价的 DMU_k 在不缩减产出的条件下，其投入能够缩减的最大比例为 $1 - \varphi^*$。φ^* 越小，表示投入可以缩减的幅度越大，效率越低。最优解 φ^* 表示效率值，取值范围为 (0, 1]。BBC 模型在上述 CCR 模型的基础上增加了约束条件 $\sum_{j=1}^{n} \lambda_j = 1 (\lambda \geq 0)$，使投影点的生产规模与被评价的决策单元的生产规模处于同一水平，排除了生产规模的影响，因此得到的效率值被称为纯技术效率 (PTE)。

通过上述计算得到 CRS 效率值和 VRS 效率值，就可以分离出规模效率值，如下所示。

SE = TE/PTE

3.3.1.2 指标选取

本研究主要考察"粮改饲"试点范围前后，新疆、云南、河北和黑龙江四省（区）的籽粒玉米和青贮玉米生产效率变化情况，以农户作为决策单位，有 1 个产出变量和 7 个投入变量。具体指标选择如下。

（1）产出变量为当年单位面积玉米的销售收入，单位面积的玉米销售收入是最直接、有效的衡量指标，其中单位面积为 667 米^2。

（2）投入变量为当年单位面积玉米生产投入的种子、化肥、农药、水电、劳动力和机械的费用及土地机会成本。其中，化肥投入量包含氮、磷、钾、复合肥及有机肥的用量；劳动量包含雇工量和家庭用工量，按照 8 小时计一天；机械投入量包括机械雇佣花费和自有机械的使用费；土地机会成本以当地土地流转均价为准。

3.3.2 模型结果

运用 MAXDEA 软件测算四省（区）427 户农户玉米生产的综合效率、纯技术效率和规模效率。

3.3.2.1 生产效率总体呈上升趋势，技术进步推动生产效率提高

籽粒玉米和青贮玉米的综合效率、纯技术效率和规模效率均值总体呈上升趋势，且农户的较高效率值在总体中的比例增加较多，如各项生产效率大于 0.8 的比例明显增加。纯技术效率达到有效的比例高于综合效率和规模效率，同时籽粒玉米的技术效率均值高于其他两项效率，青贮玉米的技术效率均值的增速高于其他两项，且达到技术有效的比例增加了 130.44%，与籽粒玉米的差距大幅减少，如表 3.3 所示。

表 3.3 玉米生产情况分布 单位：%

项目	籽粒玉米						青贮玉米					
时间	被划为"粮改饲"试点前一年			2018年			被划为"粮改饲"试点前一年			2018年		
指标	综合效率	纯技术效率	规模效率	综合效率	纯技术效率	规模效率	综合效率	纯技术效率	规模效率	综合效率	纯技术效率	规模效率
平均值	0.49	0.79	0.65	0.57	0.81	0.72	0.52	0.68	0.74	0.57	0.79	0.71
0.20%以下	0.78	0.00	0.39	0.78	0.00	0.00	1.39	0.00	0.00	0.00	0.00	0.00
0.20%~0.39%	27.69	0.78	9.36	19.89	1.55	3.88	41.70	1.39	1.39	34.00	1.00	3.50
0.40%~0.59%	49.90	23.01	33.13	42.09	21.84	27.27	27.80	47.26	27.80	23.00	33.50	29.00
0.60%~0.79%	15.21	25.35	32.37	20.67	21.45	32.37	11.12	22.24	30.58	18.50	11.00	34.00
0.80%~0.99%	5.46	6.63	23.79	8.97	6.24	28.86	5.56	8.34	27.80	12.50	6.50	21.50
1%	1.17	44.36	1.17	8.14	49.22	8.14	12.50	20.83	12.50	12.00	48.00	12.00

数据来源：MAXDEA 输出数据整理。

3.3.2.2 规模调整和技术进步减小了籽粒玉米与青贮玉米生产差距

籽粒玉米规模调整效果好于青贮玉米，赶超青贮玉米的规模效率。在进入"粮改饲"试点前一年，94.04%籽粒玉米种植户处于规模效益递增

阶段，随着籽粒玉米种植规模的增加，降低为85.66%，规模效率均值由0.65增加至0.72。84.72%的青贮玉米种植户处于规模效益递增阶段，2018年增加为85.50%，规模效率均值由0.74下降至0.71。青贮玉米的技术进步速度高于籽粒玉米，二者的纯技术效率差距缩小，一方面表现在青贮玉米的纯技术效率均值由0.68增加至0.79，同籽粒玉米纯技术效率均值的差距由0.11缩小为0.02；另一方面青贮玉米的技术有效比例增加较快，增速为130.4%，高于籽粒玉米的增速，且两者之间的差距缩小为1.22%。各省在进入"粮改饲"试点前一年，青贮玉米的综合效率的均值和有效率均高于籽粒玉米，2018年籽粒玉米的综合效率的均值追赶上青贮玉米，同时大大缩小了二者的有效率差距，具体情况如表3.3所示。

3.3.2.3 新疆地区玉米生产优势显著，青贮玉米生产技术进步而规模优势相对下降

新疆地区籽粒玉米的综合效率和规模效率均值四省最高，农户生产效率有效比例最高，生产效率和效率有效比例增长较快。"粮改饲"试点前一年，新疆地区青贮玉米的规模效率较高，但是技术效率均值只达到0.66，致使综合效率不高。2018年青贮玉米生产效率显著提高，综合效率和纯技术效率均值分别提高了20.34%和18.60%，生产效率均值仅次于云南；农户生产效率达到有效的比例分别提高了156.66%、144.35%和156.66%，生产效率有效比例达到了23.33%。青贮玉米相对于籽粒玉米，技术进步较大，技术效率均值和技术效率有效的比例赶超籽粒玉米。青贮玉米的户均种植面积减少，而籽粒玉米户均种植面积增加，籽粒玉米农户处于规模效益递增的比例降幅大于青贮玉米，同时规模效率均值超过青贮玉米，具体情况如表3.4所示。

3.3.2.4 云南省玉米生产技术最优，青贮玉米生产效率高于籽粒玉米

云南省籽粒玉米和青贮玉米纯技术效率均值和农户达到纯技术效率有效的比例四省（区）最高。籽粒玉米的纯技术效率均值均在0.95以上，农户达到纯技术效率有效的比例在90%以上；2018年青贮玉米种植户的纯技术效率全部有效。虽然云南省籽粒玉米的生产效率增长较快，但是2018年青贮玉米的生产效率均值和效率有效比例均大大超过籽粒玉米，生产优势显著，具体情况如表3.4所示。

3 "粮改饲"对饲料粮供给影响分析

表 3.4 四省（区）籽粒玉米生产效率情况

单位：%

时间	指标	新疆 综合效率	新疆 纯技术效率	新疆 规模效率	云南 综合效率	云南 纯技术效率	云南 规模效率	河北 综合效率	河北 纯技术效率	河北 规模效率	黑龙江 综合效率	黑龙江 纯技术效率	黑龙江 规模效率
被划为"粮改饲"试点前一年	平均值	0.60	0.70	0.85	0.47	0.99	0.48	0.44	0.62	0.72	0.56	0.88	0.65
	0.20%以下	0.00	0.00	0.00	0.00	0.00	0.00	1.01	0.00	0.00	1.59	0.00	1.59
	0.20%~0.39%	17.39	4.35	4.35	19.44	0.00	18.06	41.41	1.01	3.03	19.08	0.00	11.13
	0.40%~0.59%	34.80	34.80	4.35	65.30	2.78	65.30	46.46	40.40	18.18	42.93	14.31	30.21
	0.60%~0.79%	26.10	34.80	17.40	15.29	0.00	15.29	8.08	49.49	47.47	22.26	12.72	33.39
	0.80%~0.99%	17.40	8.70	69.60	0.00	97.22	1.39	3.03	6.06	31.31	11.13	14.31	20.67
	1%	4.35	17.39	4.35	0.00	0.00	0.00	0.00	3.03	0.00	3.17	58.73	3.17
2018年	平均值	0.70	0.75	0.92	0.57	0.97	0.59	0.42	0.60	0.69	0.63	0.90	0.71
	0.20%以下	0.00	0.00	0.00	1.69	0.00	0.00	1.41	0.00	0.00	0.00	0.00	0.00
	0.20%~0.39%	8.00	2.00	0.00	6.76	1.69	5.08	47.94	2.82	5.63	11.54	0.00	3.85
	0.40%~0.59%	24.00	22.00	0.00	60.93	3.39	62.62	40.89	47.94	12.69	39.68	11.54	30.72
	0.60%~0.79%	32.00	34.00	12.00	18.59	0.00	18.59	8.46	42.30	57.81	25.60	10.24	32.00
	0.80%~0.99%	18.00	16.00	70.00	1.69	0.00	3.39	0.00	2.82	22.56	16.64	7.68	26.88
	1%	18.00	26.00	18.00	10.17	94.92	10.17	1.41	4.23	1.41	6.41	70.51	6.41

数据来源：DEA 输出数据整理。

3.3.2.5 河北省玉米生产效率偏低且呈下降趋势，籽粒玉米生产效率相对高于青贮玉米

在"粮改饲"试点的前一年，河北省籽粒玉米的规模效率均值相对较高，综合效率和纯技术效率均值四省（区）最低，而青贮玉米生产效率均值全部最低。2018年，玉米生产效率均值都存在不同程度的下降，青贮玉米生产效率的降幅大于籽粒玉米，生产效率均值均低于籽粒玉米。河北省玉米生产效率偏低主要是因为当地气候干旱，需要多次灌溉，增加成本，同时近几年发生旱涝灾害，导致减产，迫使农户将籽粒玉米收做青贮降低损失。

3.3.2.6 黑龙江省玉米生产技术相对较高，籽粒玉米生产效率赶超青贮玉米

黑龙江省籽粒玉米纯技术效率均值和农户达到纯技术效率有效的比例仅次于云南省，纯技术效率均值均在0.85以上，农户达到纯技术效率有效的比例从58.73%上升至70.51%。"粮改饲"试点前一年，黑龙江省青贮玉米的纯技术效率最优，2018年云南加入之后，技术优势相对下降，但是仍优于其余两省（区）。随着籽粒玉米价格的回升，黑龙江省籽粒玉米生产效率增长较快，同时随着青贮玉米市场价格的下跌、生产成本的增加以及平均种植规模的大幅下降，生产效率有所下降，籽粒玉米生产效率最终赶超青贮玉米。

3.3.2.7 新疆地区玉米生产规模优势最强，云南省青贮玉米生产优势最显著

新疆地区的籽粒玉米和青贮玉米的户均种植面积较大，适宜使用大型机械，规模效率均值最高。虽然新疆地区籽粒玉米户均种植面积增加，青贮玉米户均面积减少，但是两者的规模效率都得到了优化，规模效率有效的比例提高，同时，农户处于规模收益递增的比例大幅降低。"粮改饲"试点前，云南省相关地区没有种植过青贮玉米，尝试青贮玉米种植后取得了不错的成效，生产效率均值和农户生产效率达到有效的比例最高。但是由于生产规模的限制，综合效率还有待提高。2018年，云南地区有75%的青贮玉米种植户处于规模效益递增阶段，可以适当调增种植规模。

3 "粮改饲"对饲料粮供给影响分析

表3.5 四省（区）青贮玉米生产效率情况

单位：%

时间	指标	新疆			云南			河北			黑龙江		
		综合效率	纯技术效率	规模效率	综合效率	纯技术效率	规模效率	综合效率	纯技术效率	规模效率	综合效率	纯技术效率	规模效率
被划为"粮改饲"试点前一年	平均值	0.59	0.66	0.86	—	—	—	0.42	0.63	0.65	0.74	0.89	0.82
	0.20%以下	0.00	0.00	0.00	—	—	—	2.50	0.00	0.00	0.00	0.00	0.00
	0.20%~0.39%	22.73	4.55	0.00	—	—	—	60.00	0.00	2.50	10.00	20.00	0.00
	0.40%~0.59%	31.85	36.39	4.55	—	—	—	25.00	60.00	42.50	30.00	20.00	20.00
	0.60%~0.79%	22.75	31.85	27.29	—	—	—	5.00	22.50	37.50	10.00	10.00	10.00
	0.80%~0.99%	13.65	13.65	59.15	—	—	—	0.00	5.00	10.00	40.00	70.00	30.00
	1%	9.09	13.64	9.09	—	—	—	7.50	12.50	7.50	40.00	0.00	40.00
2018年	平均值	0.71	0.82	0.86	0.75	1.00	0.75	0.38	0.60	0.62	0.59	0.85	0.70
	0.20%以下	0.00	0.00	0.00	0.00	0.00	0.00	0.00	0.00	0.00	0.00	0.00	0.00
	0.20%~0.39%	10.00	3.33	0.00	3.57	0.00	3.57	74.68	1.27	5.06	11.43	0.00	2.86
	0.40%~0.59%	19.98	13.32	6.67	19.67	0.00	19.67	15.24	68.58	41.91	48.62	25.71	34.32
	0.60%~0.79%	33.30	23.31	23.31	28.62	0.00	28.62	3.81	16.51	44.45	22.88	5.72	28.60
	0.80%~0.99%	13.32	26.64	46.62	23.25	0.00	23.25	3.81	3.81	6.35	14.30	5.71	31.46
	1%	23.33	33.33	23.33	25.00	100.00	25.00	2.53	10.13	2.53	2.86	62.86	2.86

数据来源：DEA输出数据整理。

3.4 种植意愿调整

3.4.1 播种面积变化情况

在调研样本中，黑龙江省籽粒玉米播种面积比例最大，"粮改饲"试点前一年占 67.47%，虽然随着玉米价格的回升，籽粒玉米播种面积上升，但是青贮玉米的播种面积在"粮改饲"政策的推动下，2018 年的青贮玉米播种面积是"粮改饲"试点前一年的 2.23 倍，播种比例由 32.53%上升到 49.10%。

云南省在"粮改饲"试点前，没有尝试种植青贮玉米或者改变玉米的使用模式，2018 年，是云南"粮改饲"试点的第三年，取得了不错的成效，青贮玉米播种面积和比例有了非常大的提高，青贮玉米的播种面积增加至 557 亩，占玉米总播种面积的 57.84%。

河北省籽粒玉米播种面积在玉米播种面积中的占比下降，一方面，得益于国家的奶业振兴计划和"粮改饲"政策，河北地理位置优越，处于黄金奶源带，许多大型奶品企业在河北都拥有大面积的生产基地，并且不断扩张，例如旗帜奶粉集团，这些大型企业的奶牛饲料配比已达到国际先进水平，对青贮饲草料的需求较大。另一方面，河北地区近几年的气候愈加干旱，易遭受旱灾，许多农户为了减少损失，选择改变青贮玉米的使用途径。

新疆地区的籽粒玉米播种面积显著增加，青贮玉米增速较低，且在玉米总播种面积的占比下降，由 85.80%下降到 68.44%。新疆地区亩均产量是四省（区）最高的，虽然在"粮改饲"试点前后，青贮玉米的亩均净收益由负转正，但是随着玉米价格的回升，籽粒玉米亩均净收益增加明显，再加上青贮玉米的收储时效性与运输时间的限制，以及新疆地区大风天气多，青贮玉米若是长势太高，易出现倒伏，籽粒玉米生产优势大于青贮玉米（表 3.6）。

表3.6 四省（区）玉米播种面积变化情况

省（区）	播种面积（亩）				变化比例（%）			
	籽粒玉米		青贮玉米		籽粒玉米		青贮玉米	
	调整前一年	2018年	调整前一年	2018年	调整前一年	2018年	调整前一年	2018年
新疆	1 867.10	6 573.0	11 278.5	14 254.00	14.20	31.56	85.80	68.44
云南	682.00	406.0	0.0	557.00	100.00	42.16	0.00	57.84
河北	3 587.75	5 592.7	2 746.7	6 797.45	56.64	45.14	43.36	54.86
黑龙江	6 136.16	6 845.8	2 959.0	6 602.96	67.47	50.90	32.53	49.10

数据来源：调研数据。

3.4.2 种植意愿及影响因素

调研样本中，42.03%的农户明确表示未来不会增加青贮饲草料的种植面积，19.63%的农户表示未来愿意增加青贮饲草料的种植面积，37.65%的农户不清楚未来是否增加或者减少青贮饲草料的种植面积，其中35.34%的农户担心自然灾害，30.17%的农户担心市场风险，主要担心销售渠道和市场价格波动。影响各省农户"粮改饲"意愿的主要原因如下。

（1）新疆地区农户主要担心自然灾害和市场风险。新疆地区地广人稀，每个城市之间的距离较远，而青贮玉米在收割粉碎的6小时内需要放到青贮窖里面，否则就会发生变质，限制了销售的范围，因此新疆地区若种养结合效果好，不仅可以享受青贮补贴，还能每亩多88元的耕地地力保护补贴。同时，新疆地区推广的青贮玉米专用品种效果并不是太好，一是当地多大风天气，青贮玉米的秸秆不宜太高；二是收储的青贮玉米质量不太高。

（2）云南省农户对于增加青贮玉米种植面积的积极性不高，一是青贮玉米的收益高于籽粒玉米，未来可能会有越来越多的农户开始种植青贮玉米，导致价格下降，收益降低。二是云南地区易发生自然灾害，尤其是曲靖和玉溪地区。三是随着青贮玉米种植面积的增加，由于地形和土地细碎化的限制，需要投入更多的劳动力，从而增加单位面积成本。

（3）河北省65.75%的农户明确表示不会增加青贮玉米种植面积。一方面是因为河北省近几年易发生干旱，影响青贮玉米的生产。另一方面是因为在河北的大型企业为了降低成本，更好地把控青贮饲料的质量，会从内蒙古收购大量的青贮饲料，对河北当地的青贮玉米需求量已经饱和。

（4）黑龙江省农户主要受市场影响，有一半的农户不确定未来是否扩大青贮玉米种植面积。黑龙江省的自然条件优越，自然灾害相对较少。黑龙江省的农户拥有的人均土地面积比较大，机械化水平高，有些户主的受教育水平比较高，平均达到初中毕业水平，且大部分处于青壮年劳动力，把农业作为自己的职业，比较关注市场的动向，以便获得更高的收益。

3.5 小结

虽然青贮玉米种植规模大于籽粒玉米，但是随着籽粒玉米价格回升，籽粒玉米的种植规模呈上升趋势，青贮玉米的总体种植规模略有下降，籽粒玉米的单位净面积收益亏损额逐渐低于青贮玉米。

云南省的青贮玉米单位面积产量和市场价格较高，其收益和生产效率都高于本省的籽粒玉米，生产优势明显。而新疆地区的籽粒玉米单位面积产量最高，单位面积的净收益最高。河北省的籽粒玉米单位面积净收益高于籽粒玉米。黑龙江省的籽粒玉米受市场价格回升的影响，净收益高于青贮玉米。

玉米生产效率总体呈上升趋势，技术进步推动生产效率提高。随着规模调整和技术进步，籽粒玉米和青贮玉米的生产效率差距缩小，但是各省（区）情况不同，新疆地区籽粒玉米生产的规模优势显著，青贮玉米生产技术进步而规模优势相对下降。云南省青贮玉米生产效率较好，种植规模还需适当调增。黑龙江省玉米生产技术相对较高，籽粒玉米生产效率赶超青贮玉米。河北省玉米生产效率呈下降趋势，是四省（区）最低的。

青贮玉米播种面积显著增加，而新疆地区的效果相对较低。调研样本中，大部分农户对未来是否增加青贮饲草料的种植面积比较谨慎，只有1/5的农户表示未来愿意增加青贮饲草料的种植面积，37.65%的农户不清楚未来是否增加或者减少青贮饲草料的种植面积，主要是担心自然灾害和市场风险。

4 "粮改饲"对饲料粮需求影响分析

本章重点采用典型养殖户调研方式，通过典型案例，整理出不同养殖模式和不同规模的畜禽养殖场饲料粮构成及消耗量；从养殖户层面分析"粮改饲"引起的养殖效率和耗粮量变动；从"粮改饲"政策角度对饲料粮未来需求趋势的影响进行研判。

4.1 不同地区和不同养殖模式下的饲料结构及消耗量分析

粗饲料是奶牛日粮中最主要的纤维来源，主要有秸秆、牧草、干草等，其中玉米青贮、苜蓿、秸秆和青草是使用最为广泛的粗饲料。美国、加拿大等奶业发达的国家粗饲料以优质苜蓿干草和青贮饲料为主，国内由于苜蓿干草价格高且主要依赖进口，很多规模较小的养殖企业用秸秆来替代苜蓿和青贮饲料作为粗饲料。

黄琳等认为国内奶牛的饲料结构模式主要分为三种，第一种为"精饲料+玉米秸秆（含黄贮等）"，这种模式国内采用率在40%左右，预计2020年将降至15%左右；第二种模式为"精饲料+全株玉米青贮+玉米秸秆（含黄贮等）"，采用率在50%左右，预计2020年将增至55%左右；第三种模式为"精饲料+全株玉米青贮+苜蓿"，采用率在10%左右，预计2020年将增至30%左右。国内肉牛的饲料结构分为三种模式，第一种为"精饲料+玉米秸（含黄贮等）"，该种模式目前在全国采用率在75%左右，预计2020年将降至45%左右；第二种为精饲料+全株玉米青贮+玉米秸（含黄贮等），采用率在22%左右，到2020年将增至47%左右；第三种模式为精饲料+全株玉米青贮+苜蓿+羊草，采用率在3%左右，2020年将增至8%（表4.1）。

表4.1 不同养殖模式饲料粮结构比较

项目	精饲料	玉米秸秆（含黄贮等）	全株玉米青贮	苜蓿	羊草	采用率（%）	至2020年采用率（%）
肉牛饲料结构模式	√	√	×	×	×	75	45
	√	√	√	×	×	22	47
	√	√	√	√	√	3	8
奶牛饲料结构模式	√	×	√	√	×	10	30
	√	√	×	×	×	40	15
	√	√	√	×	×	50	55

注：根据黄琳等《我国草食畜牧业饲草料需求及其对农业种植结构调整影响的分析》整理。

4.1.1 肉牛养殖模式

本次调研肉牛养殖户样本90家，养殖规模因投资差异，年出栏头数最高达1 400头，最低有2头。因"粮改饲"政策对补贴对象有一定要求（各地区标准有一定差异），肉牛年出栏50头以上，符合条件的养殖场有44家。总体来看，各养殖场成年牛和犊牛饲料粮配比在干物质结构量和种类上有较大差异。各地区养殖规模不同，饲草结构差异明显，即使同一地区的不同养殖户饲草结构也显著不同，没有形成较为科学统一的饲草配比，各养殖户一般根据养殖经验等配比饲草。

（1）成年牛养殖。规模较大、养殖技术较成熟的养殖户成年牛每天消耗饲草料在35千克左右。饲料干物质结构一般主要包括籽粒玉米、全株青贮玉米、苜蓿干草、青贮秸秆、羊草和精料等，部分养殖户还会喂菜叶、稻草和麦秸等。90家养殖户在"粮改饲"政策实施前后，绝大多数饲料配比结构并未有显著差异。云南曲靖和玉溪两地的共6个农户显著增加了全株青贮玉米用量，平均增长比例超过30%。新疆伊宁40户中有一养殖户在饲料结构中增加了全株青贮玉米的用量，该养殖户养殖场投资800万元，最大存栏量可达1 650头，年出栏头数达400头，2018年消耗饲草料2 850千克，另有两户年出栏量70头的肉牛养殖户，在"粮改饲"

政策实施后开始用青贮玉米喂养，每天全株青贮玉米喂养均为6千克，占日粮比例约为40%。黑龙江地区养殖户饲料粮结构中羊草较普遍。羊草是一种耐寒、耐旱、耐碱而且耐牛马践踏的禾本科多年生草本植物。主要分布在我国东北、内蒙古等地区，羊草叶量多、每公顷能产干草3 000~7 500千克，营养丰富、适口性好，是我国利用价值最高的"禾草"之一。全株青贮玉米是日粮比例中最大的一部分，尤其是年出栏100头以上的规模养殖户，全株青贮玉米占日粮比例一般超过40%，黑龙江地区全株青贮玉米在日粮配比中普遍比云南、新疆等地区更高，达50%以上。云南地区的养殖户青贮秸秆或黄贮用量仅次于全株青贮玉米。云南玉溪和新疆伊宁地区籽粒玉米喂养比例较高，一般超过20%。新疆伊宁地区有6户养殖户，在"粮改饲"实施前，籽粒玉米喂养占日粮比例超过50%，2018年，全株青贮玉米成为日粮第一大构成，占比超过40%。黑龙江齐齐哈尔地区肉牛养殖饲料结构一个突出特点是普遍喂养羊草，并将其作为日粮配比中一个重要的饲料种类，占日粮比例一般在30%~40%。此外，云南、新疆和黑龙江成年牛喂精料一般配比在10%~20%，大多低于10%。此外，在饲草中增加苜蓿干草和燕麦草养殖综合效果比较好。云南曲靖和玉溪两地苜蓿干草喂养比新疆和黑龙江更普遍，苜蓿配比在10%左右，黑龙江省3户养殖户（年出栏头数分别为20头、300头和1 500头）其苜蓿干草配比均超过12%，最高达18.75%。喂养燕麦草的养殖户仅有2户，配比均在5%左右。规模养殖普遍配比较高的精料，年出栏肉牛100头以上的规模养殖户在日粮配比中除采用全株青贮玉米外，普遍会配比精料，占日粮比例平均在15%左右，最低的约为8%，最高的超过25%。

（2）犊牛养殖。犊牛同成年牛饲草结构基本一致，主要包括全株青贮玉米、籽粒玉米、苜蓿干草和青贮秸秆等，但在配比比例上与成年牛有较大不同，"粮改饲"实施前后，犊牛饲草结构无显著变化。云南、新疆和黑龙江地区养殖户全株青贮玉米在日粮中配比较为分散，在25%~97%，其中云南曲靖和玉溪各一处养殖场全株青贮玉米配比超过90%，这2户养殖场年出栏肉牛均在400头以上。黑龙江地区犊牛养殖羊草占比较高，26家养殖户中羊草日粮配比平均超过25%。此外，黑龙江齐齐哈尔地区有3户养殖户犊牛养殖喂奶，占日粮结构中30%。精料喂养在3省份也比较普遍，犊牛精料日粮配比平均在25%左右。

4.1.2 奶牛养殖模式

母牛从第一次产犊后便进入正常的周而复始的生产周期，从泌乳的角度看，一个完整的泌乳周期包括泌乳期和干奶期。奶牛在下一次产犊前有一段停止挤奶的时间，称为干奶期。干奶期一般为60天，而泌乳期一般为305天。本研究调研了27户奶牛养殖户，其中黑龙江省12户，河北省11户，新疆维吾尔自治区4户。除新疆地区外，河北省和黑龙江省调研奶牛养殖户2018年末存栏量300头以上的有17家，其中河北唐山滦南县的爱民牧业养殖场奶牛存栏量是规模最大的一户，2018年底存栏量达1 450头。

（1）泌乳期奶牛。泌乳期奶牛日粮总量一般在35千克左右，饲料结构主要由精料、全株青贮玉米、青贮秸秆、籽粒玉米和苜蓿干草组成。

①奶牛养殖户普遍重视给泌乳期奶牛饲喂精料。调研的养殖户一般精料占日粮比例在30%左右。尽管精料在日粮占比中不是最高，但是对泌乳期奶牛非常重要。根据泌乳阶段不同，饲喂不同日粮营养要平衡，饲料应质量好、适口性强、易消化。要注意精粗饲料合理搭配。

②全株青贮玉米是泌乳期奶牛日粮结构中第二大组成部分。调研的河北、新疆和黑龙江奶牛养殖户都普遍把全株青贮玉米作为泌乳期奶牛第一大日粮构成，河北省奶牛养殖户全株青贮玉米用量每天大约在20千克，日粮占比平均超过45%，河北省行唐、望都、滦南三县的共11户养殖户全株青贮玉米均在21千克左右，饲料配比技术相对规范统一，以上三县喂养的奶牛品种都是荷斯坦奶牛。黑龙江和新疆等地养殖户全株青贮玉米用量在10~25千克。

③饲喂籽粒玉米主要集中于黑龙江和新疆的养殖户。调研发现，河北地区的养殖户日粮结构中都没有籽粒玉米；而黑龙江和新疆地区养殖户在泌乳奶牛日粮中会配有5%~25%的籽粒玉米，籽粒玉米日粮结构占比均超过10%。云南部分养殖户奶牛在日粮结构中配备了甜菜颗粒粕和燕麦。甜菜颗粒粕能够促进奶牛瘤胃纤维分解菌生长，有助于预防奶牛产后脂肪肝。此外，甜菜粕可提高奶牛的食欲或饲料的适口性，提高牛奶产量，尤其是在奶牛泌乳早、中期使用甜菜颗粒粕，可较好发挥产奶性能。

（2）干奶期奶牛。奶牛干奶期一般在60天左右，干奶时间过长和过短都达不到干奶的效果，不但会影响到胎儿的生长发育，还会影响奶牛的产奶量，甚至会影响终身的生产性能。干奶前期避免饲喂多汁饲料以及糟渣类饲料，一般以饲喂优质精饲料为主，精料少量饲喂。干奶后期要提高日粮的营养，可加喂一定量的精饲料，同时要给奶牛饲喂优质的青干草，可适量的饲喂多汁饲料和糟渣类饲料，目的是让奶牛的瘤胃有一个适应的过程，为泌乳期做好准备。

干奶期奶牛日粮结构中精料普遍占比较高，平均在20%以上，但总体低于泌乳期奶牛用量。全株青贮玉米在日粮中配比与泌乳期奶牛相比差异较小，河北养殖户干奶期奶牛全株青贮玉米均超过45%。对干奶期奶牛来说，苜蓿干草饲喂较为普遍，且一般高于泌乳期和后备奶牛。

（3）后备奶牛。后备奶牛是指从犊牛出生到初次产犊前的奶牛，生长发育较快，是奶牛养殖场后备力量，做好后备奶牛饲养管理非常重要。

后备奶牛日粮一般主要由全株青贮玉米、精料、羊草及燕麦草构成。日粮总量一般在15~25千克。其中，全株青贮玉米用量超过10千克，河北地区的奶牛养殖户全株青贮玉米日粮占比一般在50%左右，黑龙江的养殖户全株青贮玉米饲喂比例更高，有4户养殖户超过60%。河北、黑龙江奶牛养殖户在后备奶牛养殖时普遍饲喂羊草，精料日粮饲喂比例均普遍低于泌乳期和干乳期奶牛，河北有3户规模养殖户在日粮中加入占比超过10%的燕麦配料。河北的养殖户在日粮中没有饲喂籽粒玉米，黑龙江地区的养殖户后备奶牛的籽粒玉米饲喂比例相比于泌乳期奶牛和干奶期奶牛是最高的，普遍高于15%，最高达38%。

（4）小结。调研发现，不同地区不同养殖模式的饲料粮构成比例差异较大。但是总体来看，饲料粮主要由全株青贮玉米、精料、青贮秸秆、籽粒玉米和苜蓿干草等主要饲草料构成。其中，全株青贮玉米在奶牛和肉牛养殖日粮中都占比最高；不同地区在肉牛和奶牛养殖过程中除了饲喂全株青贮玉米、精料等外，还会形成具有本地特色的日粮饲喂模式，例如黑龙江齐齐哈尔等地在肉牛和奶牛日粮中较普遍饲喂羊草，而且占比较高。日粮构成比例主要与养殖模式（肉牛或奶牛）及其生长阶段（肉牛分为成年牛和犊牛阶段；奶牛有泌乳期、干奶期和后备期）有关。例如，相比泌乳期和后备期奶牛，干奶期奶牛精料饲喂量和比例都较高。

4.2 "粮改饲"对饲料粮需求的现实影响分析

本节重点从饲喂效果评价、补贴政策、需求数量和需求质量变化四个视角来阐释"粮改饲"对饲料粮需求产生的现实影响。

4.2.1 养殖户对全株青贮玉米的饲喂效果满意度高

（1）奶牛养殖户满意度很高。在河北、新疆和黑龙江26户①调研样本中，88.46%的养殖户认为，在与其他饲草的综合作用下，并结合科学管理，全株青贮玉米的合理配比有助于提高奶牛养殖效率。其中，认为可以提升牛奶产量的养殖户占7.69%；认为可以提升牛奶品质的占3.85%；认为品质和产量双提升的占比76.92%，通过合理配比全株青贮玉米，泌乳期奶牛日产奶量可提升4千克左右，生鲜乳中的乳蛋白、乳脂肪两大营养指标提升10%~20%；仅有11.54%的养殖户认为对牛奶的产量和质量没有影响（图4.1）。

满意度高的原因分析：全株青贮玉米的适度配比可以节本增效。据农业农村部新闻报道，奶牛规模养殖场全面普及全株青贮玉米，奶牛日均产奶量增加3千克，生产1吨牛奶节约饲料成本300元，乳蛋白等质量指标也明显提高。王明利的研究表明，一头单产5吨左右的泌乳奶牛，"优质饲草+精料"的饲喂模式比传统的"秸秆+精料"的饲喂模式，一头奶牛每年可增加效益2 000元左右。马菱艺等（2018）指出，在满足奶牛维持需要、生长需要、泌乳需要的前提下，饲喂全株青贮玉米的每头牛每天的纯收益比饲喂黄贮的高10.715元；其研究结果还显示，由饲喂黄贮变为饲喂青贮时，每增加2千克的粗料就可减少0.5千克的精料。马彦铭在《河北日报》的报道指出，2016年河北省"粮改饲"牛羊养殖饲料成本降低5%以上。

（2）肉牛养殖户满意度较高。在河北、新疆和黑龙江59户①调研样本中，62.71%的养殖户认为全株青贮玉米的饲喂有益于提高养殖效率。其中，认为可以有效提高胴体重量的有6.78%；认为有助于提升肉质的

---

① 满足该项指标分析的样本数低于全部调研样本数。

4 "粮改饲"对饲料粮需求影响分析

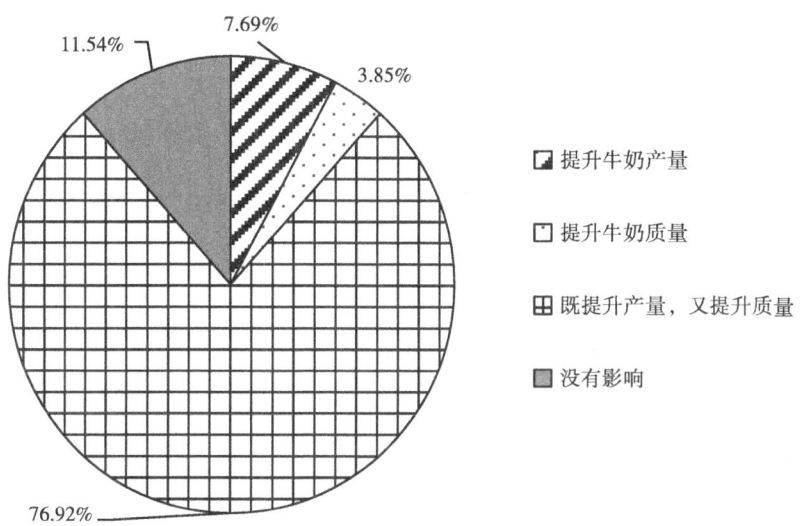

图 4.1 奶牛养殖户全株玉米饲喂效果评价

资料来源:根据调研问卷数据整理。

有 1.69%;认为产量质量双提升的有 47.46%;还有 6.78%的认为可以有效缩短育肥周期。出栏期平均可以缩短 1~2 个月。

但是,与奶牛养殖户相比,肉牛养殖户对全株青贮玉米的饲喂效果重视程度较低,调研样本中依然有 37.29%的养殖户没有饲喂青贮玉米,或者饲喂了却没有关注到其对于牛肉产量和质量的影响。这也表明未来肉牛的全株青贮玉米饲喂有较大的提升空间(图 4.2)。

满意度较高的原因分析。一是提高日增重和料重比:孙雪莉(2018)的研究显示,试验Ⅱ组(精料+全株青贮玉米)比试验Ⅰ组(精料+玉米秸秆黄贮)日增重提高 53.51%,料重比降低 42.16%(表 4.2)。二是提高经济效益:养殖效益Ⅱ组比Ⅰ组高 13 元;肉牛饲喂全株青贮饲料,每出栏一头节约饲料成本近 1 000 元。王晋莉(2008)的研究也支持全株青贮玉米饲喂肉牛成本更节约、效益更高的结论。三是节约耗粮量:原来是 2 亩粮食玉米地可以养一头肉牛,实行青贮玉米种植后,现在是 1 亩地玉米养一头。

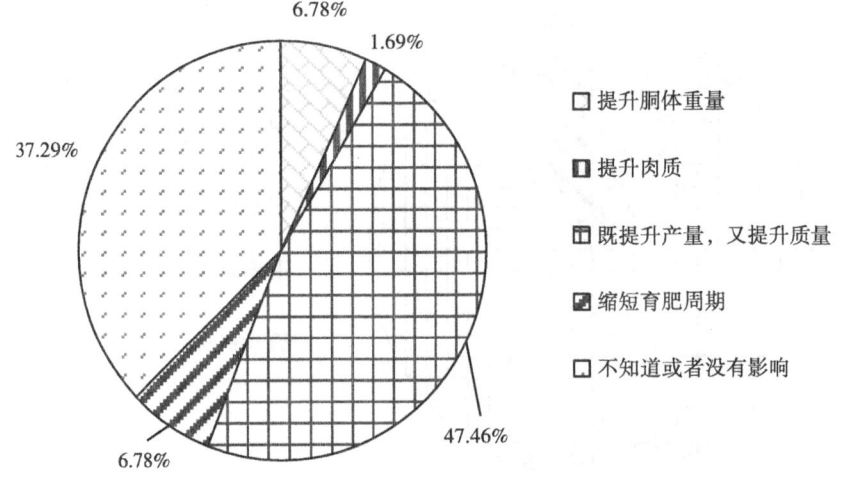

图 4.2　肉牛养殖户全株玉米饲喂效果评价（见书后彩图）

资料来源：根据调研问卷数据整理。

表 4.2　全株青贮玉米对肉牛生长性能的影响

项目	组别	
	Ⅰ（精料+玉米秸秆黄贮）	Ⅱ（精料+全株青贮玉米）
日增重（千克/天）	1.14	1.75
料重比	12.57	7.27
增重收入［元/（天·头）］	27.36	42.00
养殖效益［元/（天·头）］	-5.72	7.28

资料来源：孙雪莉等，全株青贮玉米对西门塔尔杂交牛生产性能、表观消化率及血液生化指标的影响。作者选择体重350千克左右健康的西门塔尔杂交公牛45头随机分为3组，分别饲喂3种不同日粮，试验期140天。在此节选了2个对比组，组Ⅰ和组Ⅱ。

4.2.2　"粮改饲"补贴政策很受欢迎

（1）"粮改饲"补贴降低了饲喂成本。云南、新疆、河北和黑龙江四省（区）已经发放"粮改饲"补贴的试点区，每吨全株青贮玉米获得的补贴金额均值为43元/吨（表4.3），与资金被整合而不能发放的试点区或者与非试点区相比，可以节约全株青贮玉米饲喂成本。如果按照300

元/吨的价格来估算,全株青贮玉米饲喂环节的成本节约程度为 14.33%(图 4.3)。

表 4.3 单位全株青贮玉米补贴额　　　　　　　　　　单位:元/吨

地区		补贴额度	均值
云南	曲靖	60	60
新疆	部分乡镇 A	21	23
	部分乡镇 B	25	
河北	行唐	48	42
	滦南	27	
	望都	50	
黑龙江	哈尔滨	35	47.5
	齐齐哈尔	60	
均值			43

资料来源:根据调研问卷和访谈数据整理。

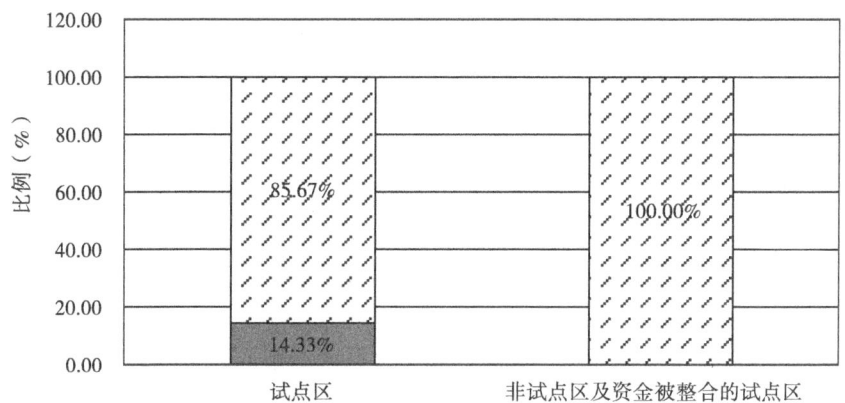

图 4.3 "粮改饲"补贴对全株青贮玉米成本的节约程度

资料来源:根据调研问卷和访谈数据整理。

(2)未获"粮改饲"补贴主体期待政策落地。对于资金被整合而不能发放的试点区来说,养殖户对于补贴很期待,不希望被整合,虽然即使不补贴,奶牛养殖户该怎么发展还怎么发展,但是养殖户认为"少总比没有好",希望资金不要被整合。

对于非试点区的养殖户,也非常希望得到补贴,以提高与周边养殖户的竞争力。

4.2.3 "粮改饲"补贴对不同地区、不同品种的改革效果有明显不同

"粮改饲"补贴政策助推肉牛全株青贮玉米消费，对奶牛效果不显著。

（1）肉牛养殖业基础薄弱地区全株青贮玉米饲喂增长更加迅速。调研样本区云南和新疆以肉牛为主，本部分围绕两省调研数据展开分析。整体来看，养殖业发展水平较低的地区，受"粮改饲"政策的影响更明显。云南养殖业基础差、水平低，受"粮改饲"政策影响非常显著，"粮改饲"补贴的发放极大促进了试点区由传统以黄贮为主的饲喂方式向以青贮玉米为主的饲喂方式转变。而新疆养殖业饲喂全株青贮玉米起步早、养殖业水平较高，无论是否有"粮改饲"补贴，种植和养殖都会根据市场规律去发展。

①受"粮改饲"补贴政策激励，云南肉牛全株青贮玉米饲喂量显著增加，试点区和非试点区之间存在明显差异。作为"粮改饲"补贴政策激励效果最显著的一个省份，云南省试点区养殖企业（场）更加积极地转变和调整饲料结构，由传统黄贮/干糠/稻草为主的饲喂模式，转变为以全株青贮玉米为主。

"粮改饲"和肉牛饲养特点。云南省牛养殖业以肉牛为主，试点区"粮改饲"对全株青贮玉米的补贴发放标准为60元/吨，已达到"粮改饲"补贴的最高指导标准。试点区和非试点区的不同特点见表4.4。

表4.4 云南省样本区"粮改饲"及肉牛养殖特点

	项目	试点区（曲靖市）	非试点区（玉溪市）
"粮改饲"政策	"粮改饲"补贴	60	0
	实施年份	2016年	—
	补贴对象	养殖户（场）	—
	补贴品种	主要为籽粒玉米改做全株青贮玉米，少量有粮饲兼用型	—

(续表)

	项目	试点区（曲靖市）	非试点区（玉溪市）
肉牛养殖	养殖规模	≥100 头	20~30 头
	品种	西门塔尔和本地黄牛的杂交品种	本地黄牛
	繁育方式	购买架子牛育肥+自繁自养相	自繁自养
	养殖模式	母牛放养和圈养相结合；育肥牛为圈养	夏秋季节为山地放养；春冬季节为圈养
	育肥牛的生长周期	2 年	4 年
	出栏体重	700 千克	300 千克

资料来源：根据问卷及访谈调研结果整理。

试点区全株青贮玉米饲喂量和比例增加。黄贮等传统粗饲料由 2015 年的 14 千克/（头·天）下降到 0 千克/（头·天），比例由 74.47%下降到 0%；全株青贮玉米饲喂量由 2015 年的 0 千克/（头·天）增长到 2018 年的 20 千克/（头·天），比例由 0%上升到 74.07%。

非试点区全株青贮玉米饲喂量和比例增加。由于得不到"粮改饲"补贴政策的激励，全株青贮玉米对黄贮等传统饲料的替代速度较慢，饲料结构变化没有试点区显著。黄贮等传统粗饲料由 2015 年的 9.14 千克/（头·天）下降到 5 千克/（头·天），比例由 59.35%下降到 28.09%；全株青贮玉米饲喂量由 2015 年的 0 千克/（头·天）增长到 2018 年的 5.8 千克/（头·天），比例由 0%上升到 32.58%。

试点区比非试点区饲喂量和比例增加更显著。2018 年试点区全株青贮玉米饲喂量比非试点区高 14.2 千克/（头·天），比例高 49.49%。而非试点区黄贮/干糠/稻草在 2018 年依然占据 28.09%的比例，试点区为 0（图 4.4）。

试点区饲喂结构的转变带动了青贮窖的建设。从试点区的 3 户养殖户青贮窖的建成情况来看，共有 15 个，占比 83.33%的青贮窖是伴随着"粮改饲"政策的推行，由青贮玉米的饲喂需求而催生的。青贮窖容量的增加则进一步提高了全株青贮玉米的生产能力（表 4.5）。

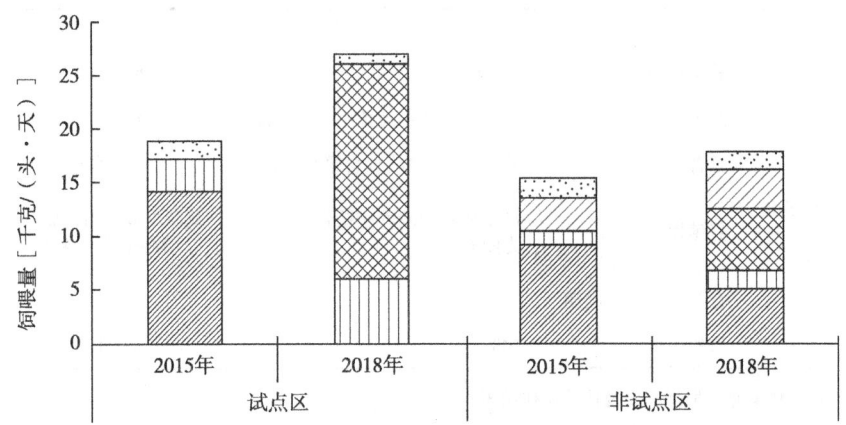

图 4.4　云南省试点区与非试点区肉牛养殖场成年牛日粮结构

资料来源：云南调研数据。

表 4.5　云南省曲靖市（试点区）全株玉米青贮窖建设情况

容量	投入使用年份（年）	投资
200 吨×3 个	2014	1 万元/个×3 个
500 米³×13 个	2016	6 万元/个×13 个
1 800 米³×1 个	2016	63 万元/个×1 个
2 000 米³×1 个	2017	70 万元/个×1 个

注：曲靖市"粮改饲"政策实施年为 2016 年。

②新疆"粮改饲"政策对肉牛饲料配比等养殖技术的影响较小。新疆以家庭型散户养殖为主，种养结合形式明显。新疆农业农村部门提供的资料显示，"粮改饲"政策对肉牛饲料配比等养殖技术的影响较小，当地肉牛养殖过程中青贮玉米长期大约维持在粗粮配比的60%。此外，粗料和精饲料的配比因肉牛（奶牛）不同阶段的生产需要而不同，对于成长期的小牛犊，以精饲料为主；对于成年牛，粗料占比维持在40%～50%。

从表4.6调研问卷反映出的信息来看，虽然"粮改饲"前后的全株青贮玉米每头牛每天饲喂数据由7.58千克增加到8.04千克，占比由47.09%增加到50.16%。但是整体上，"粮改饲"前后饲料结构没有发生变化的养殖主体占多数。12个养殖主体中只有1户的全株青贮玉米数量和占比有所增加。

表4.6 新疆样本区肉牛青贮玉米饲喂数量及结构变化情况

序号	自治区	县	基本情况			全株青贮玉米饲喂数量和结构情况			
						"粮改饲"前一年（2016年）		2018年	
			养殖场总占地面积（亩）	养殖场总投资（元）	养殖场最大存栏量（头）	全株青贮玉米用量[千克/（头·天）]	全株青贮玉米占日粮比例（%）	全株青贮玉米用量[千克/（头·天）]	全株青贮玉米占日粮比例（%）
1	新疆	伊宁	0.39	300 000	50	4.5	30.00	4.50	30.00
2	新疆	伊宁	100	7 000 000	600	15	68.18	15.00	68.18
3	新疆	伊宁	60	4 000 000	600	7	43.75	7.00	43.75
4	新疆	伊宁	60	4 000 000	480	7	43.75	7.00	43.75
5	新疆	伊宁	100	8 000 000	1 650	5.5	26.00	11.00	62.86
6	新疆	伊宁	141	110 000 000	900	7	41.20	7.00	41.20
7	新疆	伊宁	0.5	50 000	12	11	73.33	11.00	73.33
8	新疆	伊宁	1.5	13 824	14	10	58.82	10.00	58.82
9	新疆	伊宁	0.2	200 000	30	5	50.00	5.00	50.00
10	新疆	伊宁	3	1 400 000	180	5	50.00	5.00	50.00
11	新疆	伊宁	2	350 000	85	8	40.00	8.00	40.00
12	新疆	伊宁	1	30 000	15	6	40.00	6.00	40.00
		总计				91	565.03	96.50	601.89
		均值				7.58	47.09	8.04	50.16

资料来源：根据新疆调研问卷数据整理。

（2）奶牛全株青贮玉米的饲喂结构相对稳定。调研样本区河北、黑龙江以奶牛为主，本部分围绕两省调研数据展开分析。整体来看，河北和黑龙江种植玉米历史悠久、面积大，奶牛养殖规模程度高，饲喂全株青贮玉米起步早，饲料结构相对稳定。

调研数据显示，50%的奶牛养殖户"粮改饲"前后饲料结构几乎没有变化。37.5%的养殖户增加全株青贮玉米饲喂量，有4户增加范围在

1~5千克；有2户是由粗饲料以黄贮为主，变为粗饲料以全株青贮玉米为主，增加数量20~25千克。有12.5%的养殖户全株青贮玉米饲喂量有所减少（表4.7）。

这两省受"粮改饲"政策影响不显著，无论是否有"粮改饲"补贴，种植和养殖都会根据市场规律去发展。

表4.7 样本区"粮改饲"政策实施前后青贮玉米饲喂量变化情况

项目	合计（户）	占比（%）	户数	
			河北	黑龙江
几乎没有变化	8	50.0	2	6
增加	6	37.5	5	1
减少	2	12.5	1	1
总计	16	100.0	8	8

资料来源：根据调研数据汇总。

4.2.4 "粮改饲"补贴对不同主体的政策效果存在很大差异

"粮改饲"补贴政策使试点区养殖户收购的全株青贮玉米相对优质化，而专业收贮企业的全株青贮玉米质量不尽如人意。

（1）全株青贮玉米的质量要求。全株青贮玉米的最佳干物质含量标准。通过文献及实地调研分析，全株青贮玉米最佳的干物质含量为30%~35%，即在蜡熟期进行收获为最佳时期（表4.8）。优质全株青贮玉米要符合青贮玉米"双30"的标准，即玉米品种的干物质含量达到30%以上，淀粉含量达到30%以上。干物质含量是保证泌乳期奶牛泌乳量的重要指标，对于提高泌乳期奶牛养殖效率十分关键。

表4.8 不同养殖主体对于全株青贮玉米最佳干物质含量的观点

序号	作者	全株青贮玉米干物质（DM）最佳含量观点
1	荷斯坦奶牛俱乐部	优质玉米青贮干物质含量应高于30%
2	河北省经验丰富的养殖户	从自己养奶牛的经验来看，全株青贮玉米收获的时候32%干物质的状态最佳，有的要求32%~33%，有的要求33%~34%

(续表)

序号	作者	全株青贮玉米干物质（DM）最佳含量观点
3	杨库等	饲用青贮玉米在干物质含量为 32%～35% 为适宜收获的时期。品质优于其他干物质含量水平的对比组

资料来源：①荷斯坦奶牛俱乐部，http://www.hesitan.com/cc? ID = 2016zdmcgjjs_tp3,176829。

②河北养殖户观点来自实地调研访谈数据。

③杨库等的《不同干物质含量全株玉米青贮营养成分及有机酸比较》。

表 4.9　不同成熟期普通玉米植株化学组成（干物质基础） 单位:%

序号	成熟期	干物质	无氮浸出物	粗蛋白质	粗纤维	灰分	粗脂肪
1	抽穗期	13.5	50.5	11.6	27.7	8.5	1.7
2	乳熟期	18.5	56.9	8.9	26.1	6.5	1.6
3	凹陷期	25.0	61.6	8.2	22.5	5.5	2.2
4	蜡熟期	32.7	32.2	8.3	21.4	5.4	2.6
5	完熟期	43.0	63.6	8.2	20.3	5.0	3.0

资料来源：马记成《如何根据玉米成熟度来判断青贮干物质与营养价值》，http://www.sohu.com/a/168023163_760631。

（2）试点区专业收储企业存在提前抢收现象，全株青贮玉米干物质含量低。由于可以获得"粮改饲"补贴，收企业接到订单后，以提高收购价格的方式收购全株青贮玉米，只要预期获得的补贴金额大于销售净亏损，即使赔钱也敢尝试。企业的过度逐利行为，造成了青贮玉米收获季节提前抢收的现象。

一方面，降低了市场上全株青贮玉米的品质，青贮玉米收获时间提前，导致青贮玉米干物质含量不足 30%。另一方面，降低了本地养殖企业青贮饲料可供收储量，如遇到异常年份，本地奶牛养殖企业需要从外地购入青贮饲料；如河北望都的一家收贮企业，获得的是望都县的"粮改饲"补贴，却把全株青贮玉米卖到张北、内蒙古等地。

（3）试点区部分养殖户会通过提高收购价格的方式将玉米保持到蜡熟期收获，以保证全株青贮玉米的最佳干物质含量。面对同样获得"粮改饲"补贴的专业收购企业的竞争，试点区的养殖户由于"粮改饲"补贴的支持而更具竞争优势。他们会从养殖（特别是奶牛养殖）实际营养需要出发,通过适度提高单位收购价格的方式,要求种植户将玉米保持到蜡熟期再以全株青贮玉米的方式进行收获,以保证最佳干物质含量(30%~35%)。因为有补贴,试点区的养殖户不会觉得"支出太多";而对于非试点区的养殖户来说,则缺乏这种动力。

4.3 "粮改饲"对饲料粮未来需求趋势影响的研判

目前,全株青贮玉米因其青贮品质优良、营养价值和综合经济效益高等优点已被广泛应用于奶牛生产,但肉牛生产中推广使用全株青贮玉米的范围还比较局限。本部分从全株青贮玉米需求数据和需求质量分析的未来发展趋势。

4.3.1 需求数量继续增加

(1) 肉牛全株青贮玉米需求潜力大。

①饲料结构变动将带来新需求。从表4.10数据可知,新疆有15.15%养殖户认为未来需要少量增加全株青贮玉米在日粮中的占比,3.03%要大量增加该比值;云南则是8.33%的养殖户认为需要少量增加,33.33%的认为需要大量增加。认为需要减少全株青贮玉米饲喂比例的养殖户中,新疆和云南分别为6.06%和8.33%。新疆75.76%的养殖户认为全株青贮玉米已达到最优配比,云南50%养殖户持有这样的观点。越是认为全株青贮玉米已达到最优比例及需要减少配比的养殖户,未来全株青贮玉米需求拓展的空间越小。因此,对于现存的养殖户(场)来说,云南地区提高全株青贮玉米饲喂比例的空间更大。

表4.10 样本区对全株青贮玉米是否达到最优配比的感受

观点	新疆		云南	
	户数(个)	占比(%)	户数(个)	占比(%)
已达到最优配比	25	75.76	6	50.00
需要增加较少比例	5	15.15	1	8.33
需要大量增加	1	3.03	4	33.33
需要减少	2	6.06	1	8.33

(续表)

观点	新疆		云南	
	户数（个）	占比（%）	户数（个）	占比（%）
合计	33	100.00	12	100.00

资料来源：根据新疆调研问卷整理。

②扩群将带来新需求。本部分的估算反映出现有养殖主体不仅有扩群意愿，并且还没有达到最大存栏量，大部分养殖户有场地有养殖经验，因此扩群难度更小，扩群的可能性更大。事实上，随着国民对肉奶蛋需要量的不断增加，肉牛的养殖数量会持续提高。

表4.11数据显示，云南愿意扩群的主体占比为14.29%，新疆地区肉牛养殖扩群意愿更高，存栏100头及以上有意扩群的养殖主体占比为47.06%，99头以下的养殖主体扩群意愿高达85%。在新疆，100头及以上有意扩大规模的养殖主体平均有210头的扩大空间，99头以下养殖主体每户有10头提升空间；在云南，这一数值为123头。肉牛养殖数量的增多，将会带动全株青贮玉米消费量继续上升。

表4.11 样本区养殖户对肉牛养殖的扩群意向

地区	规模	样本户数（户）	有扩群意愿的户数（户）	有意愿扩群的主体占比(%)	有意扩群的主体当前条件下可扩群规模合计（头）	有意扩群的主体当前条件下平均可扩群规模（头）	当前养殖条件下所有样本平均可扩群规模（头）
新疆	100头及以上	17	8	47.06	1 680	210	99
	99头以下	20	17	85.00	178	10	9
云南	养殖场	14	2	14.29	246	123	18

资料来源：根据调研问卷数据整理。当前条件下可扩群规模指的是不改变现有最大存栏量的可扩群规模，计算方法是最大养殖规模减去2018年末存栏量。

（2）奶牛全株青贮玉米需求会稳中有增。

①需求量会少量增加。调研数据显示，样本养殖户饲喂全株青贮玉米的量会稳中有增。"稳"体现在有57.89%的养殖户认为现在的饲喂结构已经达到最优配比；"增"体现在有21.05%的养殖户会少量增加青贮玉米的饲喂比例，还有21.05%的养殖户会考虑在青贮玉米价格下降的情况

下，大量增加其占比。大量增加占比的养殖主体集中在河北省，该地区养殖规模大、水平高、对饲料成本变动敏感。中美贸易摩擦导致苜蓿价格提升明显，养殖户希望在价格合理的情况下，用青贮玉米替代部分苜蓿用量。如果用全株青贮玉米替代的综合效益比不上使用苜蓿，则这种大量增加仅仅会停留在思考的层面（表4.12）。

表4.12 样本区对全株青贮玉米是否达到最优配比的感受

观点	合计		河北		黑龙江		新疆	
	户数（个）	占比（%）	户数（个）	占比（%）	户数（个）	占比（%）	户数（个）	占比（%）
已达到最优配比	11	57.89	5	50.00	4	66.67	2	66.67
需要增加较少比例	4	21.05	1	10.00	2	33.33	1	33.33
需要大量增加	4	21.05	4	40.00	0	0.00	0	0.00
需要减少	0	0.00	0	0.00	0	0.00	0	0.00
合计	19	100	10	100	6	100	3	100

资料来源：根据调研数据整理。在青贮玉米价格下降的情况下，河北省的养殖主体会增加青贮玉米饲喂比例。

②扩群会带来新需求。2018年6月，国务院印发《关于推进奶业振兴保障乳品质量安全的意见》，2018年12月，农业农村部等9部委联合出台《关于进一步促进奶业振兴的若干意见》，为全国奶业发展注入一剂强心针。主产区的奶牛养殖规模化程度和水平都将进一步提升，全株青贮玉米需求增长。其中，《河北奶业振兴规划纲要（2019—2025年）》指出，到2022年，生鲜乳产量达到595万吨，到2025年，生鲜乳产量力争达到1000万吨。《黑龙江省人民政府办公厅关于推进奶业振兴保障乳品质量安全的实施意见》指出，力争到2020年，100头以上规模养殖比例超过65%，形成500万吨高品质生鲜乳生产能力。新疆也在积极推进奶业高质量发展。

4.3.2 奶牛养殖户更加重视全株青贮玉米的质量

在中美贸易摩擦的背景下，进口苜蓿价格上升，养殖户希望用全株青贮玉米部分替代苜蓿，因此，全株青贮玉米干物质对泌乳牛的产奶量等指标十分重要。在调研过程中,河北望都的一位郑姓养殖户用燕麦完全替代苜蓿,泌乳牛产奶量没有下降,一位张姓养殖户用全株青贮部分替代苜蓿,泌乳牛产奶量也没有下降。表明通过以青贮玉米为代表的粗料对苜蓿的替代是具有可操作性的。如果苜蓿价格继续上涨,养殖户会更加关注全株青贮玉米的质量,以保证替代苜蓿后,泌乳牛产奶量不下降。

4.4 小结

(1)无论是肉牛养殖还是奶牛养殖,不同地区不同养殖模式的饲料粮构成比例差异较大,各地根据自身的资源禀赋和环境优势,形成了独特的饲草料和配比。

(2)不同规模的养殖户对"粮改饲"政策以及使用青贮玉米饲料的接受程度不同,其中规模养殖场利用青贮饲料的意愿更高,大型奶牛养殖场/企业,已经完成了对奶牛饲料日粮的优化,青贮玉米使用率较高。

(3)青贮玉米能够更好地提高产奶效率和牛奶的质量。奶牛养殖主体对青贮玉米使用的满意度高于肉牛,而肉牛养殖的青贮饲料使用潜力还有待进一步挖掘。

(4)河北、云南等地,实施"粮改饲"政策后,养殖户的饲料成本降低,养殖效率、收益都得到提高,与非试点区的差异逐步显现。非试点区对政策需求较大。

5 "粮改饲"试点的政策扶持效果评价

针对实施"粮改饲"试点地区的相关政策措施,拟采用 DID 模型等计量经济手段,分析农户在实施"粮改饲"试点措施前后种植业结构和畜牧业养殖方式调整的决策行为,评估该项试点政策的效果。为设计切实有效的农业转方式、调结构方案奠定基础。

5.1 "粮改饲"政策对种植业实施效果分析

"粮改饲"政策自 2015 年开始实施至今已有 5 年了,从全国范围来看,已取得良好的生态、经济和社会效益(郑瑞强,2016;撒旭东,2018)。"粮改饲"政策是一项规模宏大的农业供给侧改革和种植业结构调整,其经济效率、预期效果和可持续性是全社会广为关注的问题。目前,对"粮改饲"政策效果分析的文章较多(马梅,2019;赵懿真,2019;张文娟,2019;崔蓓琳,2019;李龙兴,2019),这些学者分别对内蒙古、河北、山东、贵州等省(区)"粮改饲"政策实施现状及效应进行分析,认为"粮改饲"政策对提高种植户收益,激发养殖户使用青贮饲料投喂积极性,实现种养结合具有重要作用,并提出未来政策的推进思路。通过对"粮改饲"政策效果评价等相关文献的梳理发现,对试点地区与非试点地区大量实地调研,定量分析"粮改饲"政策效果的研究尚不多见。因此,本研究使用课题组 2019 年对黑龙江、河北、云南、新疆四省(区)试点地区与非试点地区进行的农户抽样调查数据,对"粮改饲"政策的经济效益和政策在经济上的可持续性进行了评估。

5.1.1 数据来源

由于课题组对黑龙江、河北、云南、新疆四省（区）"粮改饲"政策试点地区调研种植结构调整主要是指全株青贮玉米，养殖调查主要涉及肉牛、肉羊、奶牛几种草食牲畜，因此，本研究对"粮改饲"政策效果评价集中于种植结构调整中全株青贮玉米的效果，以及试点地区肉牛、肉羊、奶牛规模、效益等评价。本研究使用的数据是基于 2019 年 8 月至 2019 年 10 月对黑龙江、河北、云南、新疆四省（区）"粮改饲"试点县及非试点县的调查数据。调查涉及的乡、村和户都按照随机抽样的原则选取。调研地区中黑龙江省包括哈尔滨市双城区、齐齐哈尔市昂昂溪区和齐齐哈尔市龙江县，新疆维吾尔自治区包括伊犁哈萨克自治州伊宁县、呼图壁种牛场、昌吉回族自治州木垒县，云南省包括曲靖市沾益区、玉溪市峨山彝族自治县，河北省包括石家庄市行唐县、保定市望都县、保定市唐县、唐山市滦南县、邢台市柏乡县。其中，哈尔滨市双城区、齐齐哈尔市龙江县、伊犁哈萨克自治州伊宁县、呼图壁种牛场、曲靖市沾益区、石家庄市行唐县、保定市望都县、保定市唐县、唐山市滦南县为试点区；齐齐哈尔市昂昂溪区、昌吉回族自治州木垒县、玉溪市峨山彝族自治县、邢台市柏乡县为非试点区。调查员通过与农户进行一对一的调查，对调查问卷中的内容逐项询问并填写，共收获问卷 582 份，其中，种植问卷 444 份，养殖问卷 138 份；试点县收获问卷 425 份，其中，种植问卷 317 份，养殖问卷 108 份；非试点县收获问卷 157 份，其中，种植问卷 127 份，养殖问卷 30 份。此次调查信息包括种植户、养殖户的家庭、生产、收入等信息，包括详细的投入产出数据，可以计算出"粮改饲"政策实施后的机会成本，研究政策成本的有效性。同时，调查不仅涵盖"粮改饲"政策实施试点县与非试点县，同时也调查"粮改饲"政策实施前一年和政策实施后各地区种植户、养殖户的投入产出等指标，构成了跨时独立混合截面数据集，为评价政策对农户收入及结构转化等效应提供了数据基础。

5.1.2 "粮改饲"政策对种植业的影响

（1）"粮改饲"政策对农户收入影响的描述性统计分析。

①样本户基本情况。经过数据整理，种植户数据有效问卷 444 份，其

中，试点县317份，非试点县127份。其中，黑龙江省种植户问卷102份，试点县76份；新疆维吾尔自治区种植户问卷88份，试点县61份；云南省种植户问卷100份，试点县56份；河北省种植户问卷154份，试点县124份。表5.1列出试点县和非试点县种植户一些家庭基本特征，同时对试点县和非试点县种植户家庭样本方差进F检验，对均值进行t检验。

表5.1 试点县和非试点县种植户家庭基本特征

变量	试点县		非试点县		F检验	t检验	
	平均值	标准差	平均值	标准差		平均值	标准差
决策者属性（①家庭户主；②合作社负责人；③饲草企业负责人；④养殖企业负责人；⑤其他人员）	1.20	0.77	1.27	0.96	0.64	0.03	0.12
性别（①男；②女）	0.87	0.35	0.83	0.42	0.70	0	0.05
年龄（年）	51.52	10.21	50.47	9.68	1.11	4.95	1.26
受教育年限（年）	7.48	3.50	8.41	2.85	1.5	-0.52	0.39
从事种植业年限（年）	27.86	12.71	28.46	11.65	0.60	3.66	1.57
从事青贮玉米种植年限（年）	2.96	5.12	1.37	6.37	0.27	2.84	0.89
家庭常住人口数（人）	4.53	1.72	4.20	1.43	0.08	0.60	0.19
家庭劳动力人数（人）	2.47	1.13	2.28	0.97	0.05	0.45	0.12
家庭从事农业劳动力人数（人）	1.98	0.81	1.96	0.74	0.04	0.09	0.10
种植主体类别［①小规模散户；②大户（流转土地）；③种植合作社；④饲草公司；⑤养殖企业］	1.42	0.90	1.42	0.65	1.94	0.02	0.11
种植模式（①专业种植；②兼业种植）	1.64	0.48	1.54	0.50	0.92	0.13	0.06
样本数	307		127		—	—	—

注：家庭常住人口指在家生活6个月以上，或外出务工但收入主要用于家庭。F检验是检验两组样本方差是否相等的F检验。t检验是检验两组样本均值是否相等的t检验。

②试点县与非试点县农户收入比较。表5.2列出黑龙江、河北、云南、新疆四省（区）试点县与非试点县在"粮改饲"政策实施前后收入

的统计结果，简单统计结果表明"粮改饲"政策实施后试点县生产结构有了一定的调整，但各地区之间差异比较大。如河北试点县"粮改饲"政策实施后种植业收入下降，非试点县种植业收入上升，黑龙江、新疆、云南表现出试点县"粮改饲"政策实施后种植业收入有不同程度的上升。

表5.2 试点县和非试点县政策实施前后收入情况

省（区）	收入	试点县		非试点县	
		政策实施前一年	2018年	政策实施前一年	2018年
河北	种植业收入	1.32	1.12	6.16	12.17
		3.63	2.83	8.69	13.73
	养殖业收入	20.85	27.19	0.39	0.06
		153.52	199.37	1.69	0.36
	非农经营收入	0.04	0.05	0.37	0.37
		0.35	0.38	1.45	1.45
	务工收入	2.45	3.53	1.39	2.58
		3.36	6.39	1.88	6.53
	其他收入	0.05	0.04	0.00	0.00
		0.27	0.16	0.02	0.00
	总收入	24.71	31.92	8.31	15.18
		153.24	199.02	9.21	13.96
黑龙江	种植业收入	2.71	2.88	2.33	2.33
		6.25	4.53	3.93	3.93
	养殖业收入	2.28	5.78	1.37	1.37
		10.37	25.64	5.88	5.88
	非农经营收入	0.22	0.26	0.19	0.19
		1.22	1.27	0.86	0.86
	务工收入	0.46	0.53	0.45	0.45
		1.11	1.18	0.92	0.92
	其他收入	0.03	0.04	0.25	0.25
		0.23	0.24	1.18	1.18
	总收入	5.69	9.50	4.58	4.58
		12.11	26.68	7.30	7.30

(续表)

省（区）	收入	试点县 政策实施前一年	试点县 2018年	非试点县 政策实施前一年	非试点县 2018年
新疆	种植业收入	64.57 417.87	114.39 603.30	27.42 48.39	27.42 48.39
	养殖业收入	21.45 117.97	11.23 46.53	4.06 7.12	4.06 7.12
	非农经营收入	0.66 2.36	5.90 38.37	1.21 2.39	1.21 2.39
	务工收入	0.15 0.50	0.29 0.87	0.22 0.64	0.22 0.64
	其他收入	5.22 38.40	0.47 2.14	0.35 1.41	0.35 1.41
	总收入	92.05 433.66	132.28 604.82	33.27 47.95	33.27 47.95
云南	种植业收入	2.50 3.17	3.62 3.65	3.58 2.25	3.66 2.22
	养殖业收入	0.18 0.37	0.14 0.27	0.45 1.84	0.50 2.20
	非农经营收入	0.04 0.28	0.05 0.28	0.01 0.06	0.01 0.06
	务工收入	0.61 1.17	0.84 1.54	0.57 1.01	0.60 1.10
	其他收入	0.09 0.66	0.09 0.66	0.03 0.16	0.03 0.16
	总收入	3.41 3.48	4.74 3.71	4.64 2.61	4.80 2.87

注：括号中为均值对应的标准差。

（2）"粮改饲"政策对种植户收入影响的计量分析。为分析"粮改饲"政策实施效果，本研究借用自然实验评估方法 Difference-In-Difference Model，简称"DID 模型"。该模型要求数据来自研究总体不同时点的随机抽样，并假设随机观测点是独立同分布的。基本思路是将研究对象分为两组，一组是政策作用对象，即"处理组"，另一组未受政策变化影响,即"对照组"(伍德里奇,2007)。根据处理组和对照组在政策实施前后同一指标的变化量,计算上述两个变量的差值(即 DID 估计量,又叫双重差分估计量),就可以反映政策对处理组的净影响(薛凤蕊,2011)。

在"粮改饲"试点的效果评估中,将研究地区分为政策执行试点县和非试点县。Y 为被解释变量,表示种植户年收入,变量 P 为衡量地区是否属于政策执行试点县的虚拟变量,若是,则 P 为 1,否则 P 为 0。令 T 为代表样本数据是否来自政策实施后各个年份的虚拟变量,若是,则 T 为 1,否则 T 为 0。假设 ε 为扰动项,代表其他无法观测的影响产业发展的因素。则建立以下简单的 DID 模型:

$$Y = \alpha_0 + \alpha_1 T + \alpha_2 P + \delta TP + \varepsilon \tag{5.1}$$

由式(5.1),可以得到政策执行试点县和非试点县种植户收入表达式:

对于试点县,$P = 1$,则表达式为:

$$Y = \alpha_0 + \alpha_1 T + \alpha_2 + \delta T + \varepsilon \tag{5.2}$$

在政策实施前后,试点县种植户收入期望值分别为:

$$E(Y) = \begin{cases} \alpha_0 + \alpha_2, & \text{当 } T = 0,\text{政策实施前} \\ \alpha_0 + \alpha_1 + \alpha_2 + \delta, & \text{当 } T = 1,\text{政策实施后} \end{cases}$$

因此,政策实施前后,试点县种植户收入平均变动为:

$$dif1 = (\alpha_0 + \alpha_1 + \alpha_2 + \delta) - (\alpha_0 + \alpha_2) = \alpha_1 + \delta$$

对于非试点县,$P = 0$,则式(5.1)简化为:

$$Y = \alpha_0 + \alpha_1 T + \varepsilon \tag{5.3}$$

在政策实施前后,非试点县种植户收入期望值分别为:

$$E(Y) = \begin{cases} \alpha_0, & \text{当 } T = 0,\text{政策实施前} \\ \alpha_0 + \alpha_1, & \text{当 } T = 1,\text{政策实施后} \end{cases} \tag{5.4}$$

因此,政策实施前后,非试点县种植户收入平均变动为:

$$dif2 = \alpha_0 + \alpha_1 - \alpha_0 = \alpha_1 \tag{5.5}$$

剔除政策执行试点县和非试点县之间的系统差异,假如试点县不执行政策,种植户收入变动应该与非试点县种植户收入变动相当,平均变动 α_1。但实际上试点县在政策实施前后的种植户收入变动平均为 $\alpha_1 + \delta$,因此"粮改饲"政策的执行对试点县的净影响为:

$$dif = dif1 - dif2 = \alpha_1 + \delta - \alpha_1 = \delta \qquad (5.6)$$

可以看出，式（5.1）中 TP 的参数 δ 代表了"粮改饲"产业政策对政策执行区的净影响。

表 5.3 列出调查省（区）"粮改饲"政策执行对种植户收入的影响，分别对四个省（区）总体情况及各省情况进行 DID 模型估计。

表 5.3 "粮改饲"政策实施对种植户收入的影响

变量	总体样本	河北	黑龙江	新疆	云南
P	132 504***	-15 091	25 906**	565 427***	3 732
	(44 271)	(14 940)	(11 026)	(163 187)	(2 312)
T	35 228	18 606	45 981***	190 112	4 733***
	(52 683)	(16 666)	(10 812)	(186 100)	(1 084)
PT	-58 907	-34 152	-46 882***	-190 696	759.9
	(55 641)	(21 450)	(14 943)	(198 257)	(1 583)
户主年龄	922.0	1 037	601.3	-12 315***	138.2
	(1 297)	(1 476)	(726.8)	(4 433)	(83.81)
受教育年限	-6 936***	1 568	2 957*	-22 938**	-226.5
	(2 524)	(1 127)	(1 673)	(9 151)	(146.4)
家庭从事农业劳动力人数	27 327	10 859	6 274	152 611**	-575.2
	(20 300)	(11 648)	(9 609)	(73 386)	(925.0)
耕地面积	1 591***	704.1***	884.4***	1 622***	585.5***
	(46.83)	(117.3)	(69.86)	(32.92)	(129.5)
种植规模	-139 773***	-6 208	-1 286	-306 024***	5 626*
	(25 021)	(7 412)	(7 022)	(95 030)	(3 285)
常规项	-12 983	-47 253	-109 638*	387 144	-13 643**
	(86 759)	(69 778)	(65 815)	(372 856)	(6 665)
样本量	868	294	198	176	200
R^2	0.978	0.846	0.952	0.989	0.560

注：系数下面的括号中是其相对应的标准差。***、** 和 * 分别表示在 1%、5% 和 10% 水平下显著。

5.1.3 结果分析

从评估结果可以看出,"粮改饲"政策执行对种植户收入并没有显著的影响,对于四个省(区)的总体样本及黑龙江、新疆,政策执行试点县种植户收入有显著的正影响,对河北、云南种植户收入的影响不显著。而对总体调查样本来说,政策执行时间节点与种植户收入没有明确的显著性关系,通过调查所得到的信息判断,其主要的原因有几个方面,一是各省在选择"粮改饲"试点县时会优先选择经济基础、发展潜力好、畜牧业较为发达的地区,其发展速度本身就高于非试点县,二是在执行"粮改饲"政策时,各地区没有明确的时间节点,许多思维活跃的种植户在"粮改饲"政策执行前,已改种青贮玉米,因此政策执行前后的影响并不显著。三是在调查中发现许多农户种植青贮是为了自用,种植收入增长部分转移到养殖收入中。

近年来,各地方"粮改饲"政策不断调整,补贴金额、补贴形式不断发生变化,为加强种养业紧密结合,目前各地方直接补贴种植户较少,主要通过补贴部分大型养殖户并提高青贮收购最低价格的形式增加种植户收入,相对而言,对种植户收入的影响效果与直接补贴种植户相比较小。但这种形式更有利于实现饲料粮就地转化,也为地方"粮改饲"政策长期健康发展提供保障。

5.2 "粮改饲"补贴政策对养殖户实施效果的微观模拟

当前,"粮改饲"补贴资金主要用于试点区青贮饲草料收贮环节,以实际收贮量为基础核算补贴额,最高实施标准为60元/吨。规模化草食家畜养殖场因其同时具有青贮饲草料的收贮能力和使用能力,已成为试点区补贴资金最主要的支持对象,也成为观测和分析"粮改饲"补贴政策实施效果的重要微观主体。当前,试点区"粮改饲"补贴政策在促进养殖场调整饲草料结构方面已发挥了激励效果,但也存在养殖场青贮饲草收贮质量难保证,农户青贮玉米种植积极性不高,种植收益难保障等问题。如何通过优化和调整补贴政策,在保障农牧民收益的基础上,进一步引导种养主体调整种植和饲草料结构,是"粮改饲"补贴政策进一步推进面临的现实问题,对试点区"粮改饲"补贴政策的调整和优化方向进行相关的探索研究是十分必要的。以试点区草食家畜养殖户为观测对象,分析和模拟养殖户在不同补贴政策下的成本收益变化及饲草结构决策变动,将为"粮改饲"补贴政策调整和优化提供微观决策基础。

本节基于"粮改饲"试点补贴政策的实施背景,从试点区肉牛养殖户这一微观主体入手,以云南省为案例,结合肉牛生长特点,构建试点区"典型养殖户"生产决策行为模型。通过模拟补贴政策、市场条件变动,分析养殖户饲料投入结构调整决策及养殖成本收益变动,从微观决策的视角,为进一步调整和优化"粮改饲"政策提供决策支撑。

5.2.1 理论分析与假设

(1)"粮改饲"补贴对养殖户生产决策的影响机制。试点区"粮改饲"补贴政策在促进草食家畜养殖户进行饲草料结构调整决策的机制可由图5.1表示。以肉牛为例,试点区养殖户申报获得"粮改饲"补助支持的条件之一是进行青贮玉米或青贮饲草的收贮和使用。育肥肉牛生长所需干物质、粗蛋白质等营养物质和能量水平主要取决于日粮结构。通常肉牛日粮主要由精饲料和粗饲料构成,其中,精饲料又称精料,是指容重大、纤维成分含量低(干物质中粗纤维含量小于18%)、可消化养分含量高的饲料,从营养的角度,可分为能量饲料和蛋白质饲料两大类。粗饲料是指在饲料中天然水分含量在60%以下,干物质中粗纤维含量等于或高于18%,以风干物或青贮形式饲喂的饲料,如牧草、农作物秸秆。

"粮改饲"政策促进养殖环节饲料结构调整的主要部分来自粗饲料结构的变化,即肉牛粗饲料结构由传统黄贮玉米秸秆等干草调整为全株青贮玉米等青贮饲草料,改变过去主要依靠精饲料育肥的饲料结构。试点区(以云南省为例),"粮改饲"政策实施以前,当地肉牛养殖粗饲料主要包括黄贮玉米秸秆和苜蓿等饲草干草,受"粮改饲"补贴政策的激励,养殖户改变粗饲料结构,使用全株青贮玉米替代黄贮秸秆或提高全株青贮玉米在饲草结构中的比例。饲草料结构的变动必然导致饲料使用成本的变动,与此同时,因黄贮玉米秸秆和全株青贮玉米营养物质含量存在差异,进而肉牛生长性能,如日增重、采食量等产生变化。实验数据显示,全株青贮玉米作为优质的粗饲料,具有色泽新鲜、适口性强、易消化、营养价值和饲料报酬高等特点,其营养价值远高于玉米秸秆黄贮。用全株青贮玉米替代黄贮玉米秸秆,可以显著提高肉牛的生产性能,提高日增重,降低料重比,提高养殖效益。

在其他条件不变的情况下,"粮改饲"补贴政策对养殖户肉牛生产成本收益的变动主要来源于三个方面:一是因获得"粮改饲"补贴导致直接收益增加;二是因饲草料投喂结构变动产生的饲料成本变动;三是因饲草变动导致肉牛生长性能变动所产生的成本收益的变动。肉牛养殖成本收益的变动会进一步对养殖户的饲草料结构或其他生产决策变动产生影响。

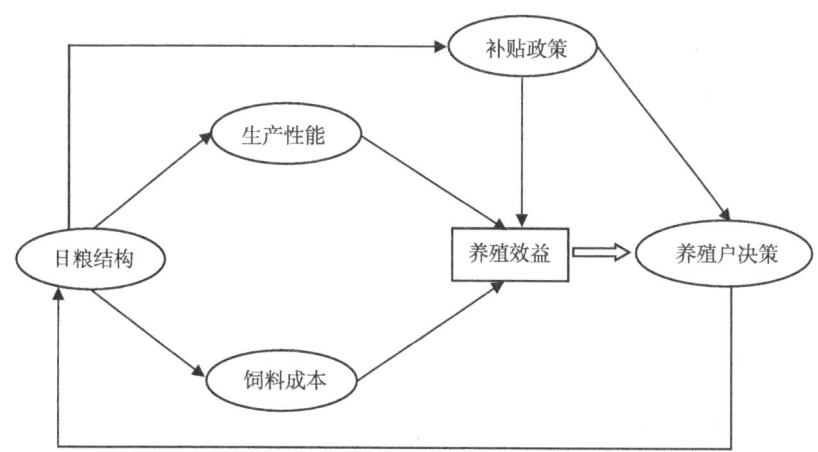

图 5.1 "粮改饲"补贴政策下养殖户生产决策机理

(2) 假设条件。为便于分析,本研究将以试点区肉牛养殖户作为微观观测对象构建养殖户生产决策模型,模型构建基于假设条件。

①以单个生产周期为决策单元。育肥牛生产的单个周期为牛犊进入育肥阶段开始至出栏。在单个生产周期内,养殖场养殖规模及其他固定投入保持不变,同一个养殖场内肉牛育肥方式相同,养殖户的生产决策的变量只有饲草料投喂结构。

②养殖户是理性的经济人。养殖户进行生产决策的目标是在单个生产周期内实现养殖效益的最大化。由于饲养方式相同,同一养殖场内所有肉牛的生长性能相似,所以可以进一步假设养殖户生产决策的目标是实现单周期内肉牛养殖效益最大化。

③日粮结构调整不存在任何技术和市场壁垒。单个生产周期内,养殖

户可以根据肉牛生长特点随时调整精粗饲料配比和用量,不存在技术障碍,同时对于任何用量的精粗饲料,市场可以满足其饲草料需求量,不存在供给障碍。

5.2.2 模型构建

(1)目标函数。根据假设条件,养殖户生产决策目标函数为单周期内肉牛养殖收益最大化。养殖成本主要包括饲料、圈舍、人工、防疫等部分,其中饲料成本占养殖成本的70%以上。对养殖户来说,肉牛育肥阶段的生产决策包括日粮结构、育肥周期等。单个饲养周期内相关养殖成本收益可通过式(5.7)~式(5.9)计算。

$$\max U = R - C \tag{5.7}$$

其中,

$$R = Pb \times BW = Pb \times \left(\sum_t XADG_t + calf \right) \tag{5.8}$$

$$C = \sum_t \sum_i xfeed_{i,t} \times Pf_i + ccalf + labor + vet + dep \tag{5.9}$$

式中,U为肉牛养殖收益,其值等于肉牛出栏销售收入(R)扣除养殖成本(C),销售毛收入和养殖成本分别由式(5.8)和式(5.9)计算。其中,i表示饲料类别(包括精饲料和粗饲料),t表示育肥天数,其值为肉牛从进入育肥阶段开始至出栏间的饲养天数;Pb表示肉牛出栏时的市场价格,BW为肉牛出栏体重,其值为育肥牛初重($calf$)和饲养期间内肉牛日增重($XADG_t$)之和。养殖成本(C)主要包含饲料成本、犊牛购买成本($ccalf$)、人工费($labor$)、防疫费(vet)、青贮设施建设和折旧相关成本(dep)等。其中,$xfeed_{i,t}$表示第i种饲料的日投喂量,Pf_i代表第i种饲料的市场价格。其中式(5.9)中,对于青贮设施建设成本和折旧费用(dep)的核算包括两部分,一部分为饲养周期内分摊的青贮设施折旧,另一部分为因青贮设施建设产生的资金成本(因建设资金投入的机会成本,其大小相当于同期银行贷款的利息),见式(5.10)。

$$dep = k\delta + k\gamma \tag{5.10}$$

式中,k表示养殖场青贮设施建设的投入资金,δ和γ分别表示青贮设施折旧率和饲养周期内建设资金的利息率。

(2)约束条件。参照《肉牛饲养标准》(NY/T 815—2004)中育肥牛生长所需营养物质和能量以及饲料不同营养水平含量的关系，从干物质量、生长综合净能和粗蛋白质三个方面设置营养摄入约束条件。同时，结合试点区育肥牛一般饲养时间对模型进行饲养时间约束。肉牛养殖户生产决策函数的约束条件可以用式（5.11）~式（5.15）进行表示。

$$6.47 \leqslant DMI_t \leqslant 15.98 \tag{5.11}$$

$$\frac{3}{7} \leqslant CF_t \leqslant \frac{6}{4} \tag{5.12}$$

$$\sum_i NEMF_{i,t} \geqslant 35.7 \tag{5.13}$$

$$\sum_i IDCP_{i,t} \geqslant 0.79 \tag{5.14}$$

$$T \leqslant 360 \tag{5.15}$$

其中，式（5.11）为干物质日采食量约束，干物质采食量可由式（5.16）和式（5.17）计算，DMI_t表示肉牛干物质日采食量，s_i表示第i种饲草料的干物质含量，式（5.17）中肉牛干物质日采食量与日增重的关系参考《肉牛饲养标准》（NY/T 815—2004）。

$$DMI_t = \sum_i xfeed_{i,t} \times s_i \tag{5.16}$$

$$DMI_t = 0.062 \times LBW_t^{0.75} + (1.529 + 0.0037 \times LBW_t) \times XADG_t \tag{5.17}$$

式（5.12）为育肥牛日粮精粗比约束，CF_t表示育肥牛日粮中精粗饲料的比例。实际生产中，由于精粗饲料配比存在组合效应，保障育肥牛采食的精粗饲量需要满足一定的比例范围。实验表明，精料和粗料的"负组合效应"点为精料比例大于70%，即如果日粮中精料比例大于70%会导致饲料配比负组合效应的产生，影响肉牛消化率等生产性能。通常实际生产实践中，肉牛日粮投喂结构中至少含有40%的粗饲料，而精饲料用量不得超过60%。据此，设置了式（5.12）中育肥牛日粮中精粗比的约束条件。

式（5.13）为育肥牛综合净能摄入量约束，可由式（5.18）计算，$NEMF_{i,t}$表示单位质量的第i种饲草料的综合净能，F表示综合净能校正系数，其值参考《肉牛饲养标准》（NY/T 815—2004）中相关校正系数。

$$NEMF_t = \left\{ 322 \times LBW_t^{0.75} + \left[(2092 + 25.1 \times LBW_t) \times \frac{XADG}{1 - 0.3 \times XADG} \right] \right\} \times F \tag{5.18}$$

式（5.13）为育肥牛粗蛋白质摄入量约束，其中 $IDCP_{i,t}$ 表示第 i 种饲草料提供的可消化粗蛋白质，育肥牛小肠可消化粗蛋白质的需求量可由式（5.19）计算。

$$IDCP_t = 5.43 \times LBW_t^{0.75} + XADG_t \times$$
$$\left[268 - 7.026 \times \left(\frac{2.092 + 0.025\ 1 \times LBW_t}{1 - 0.3 \times XADG_t} \right) \right] \quad (5.19)$$

式（5.15）为肉牛饲养时间约束，根据调研试点区育肥牛一般饲养天数确定。

（3）补贴政策。当前，"粮改饲"试点区补贴发放是青贮玉米收贮环节，按照实际收贮量发放，每吨最高补贴标准60元。为便于分析，此处在构建养殖户生产决策模型时没有将补贴政策变量纳入，下文进行政策模拟时再将补贴变量引入决策优化模型。

5.2.3 数据来源与"典型养殖户"构建

（1）数据来源。本研究使用的数据来自2019年8月对"粮改饲"政策试点区微观主体的实地调研。云南省试点区以曲靖市沾益区为调研地点，对纳入补贴试点的养殖户进行一对一访谈调研。调研数据内容包括"粮改饲"补贴政策实施前后，养殖户养殖规模、饲草料结构、饲养成本收益等。本研究借鉴（吴连翠，2011）对"典型农户"构建的思路，即在实际调研数据的基础上，构建能够代表区域一般农户意义上的抽象农户，称之为"典型养殖户"。该"典型养殖户"的生产数据由调研地区养殖户平均生产数据构成。

（2）"典型养殖户"特征。

①养殖模式。试点区存在自繁自养和架子牛育肥两种养殖模式（图5.2）。自繁自养模式中包括能繁母牛、犊牛和育肥牛三种生长阶段的肉牛。以架子牛育肥为主的饲养模式中，养殖户购入育肥架子牛并采取舍饲、单槽拴系饲养的方式进行育肥。两种养殖模式中养殖户的主要收益都来自育肥牛销售收入。为便于分析，本研究进行"典型养殖户"构建时，忽略了能繁母牛和犊牛的饲养活动，仅关注育肥阶段养殖户的饲养成本收益及决策。"典型养殖户"育肥牛主要成本收益构成见表5.4，其中犊牛成本按照架子牛市场价格核算。

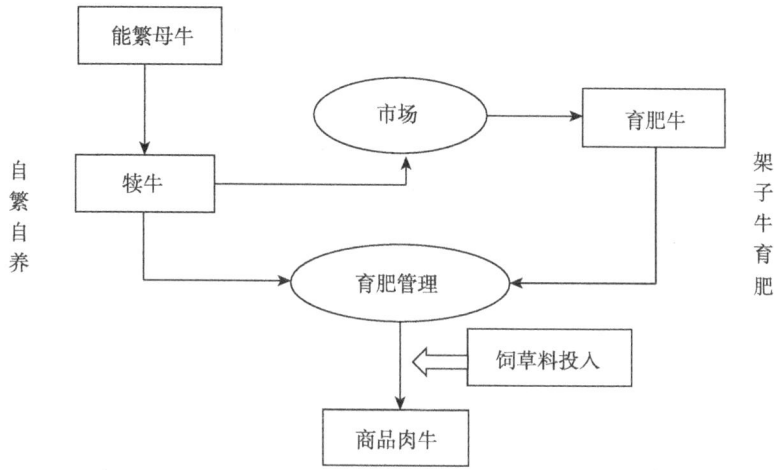

图 5.2 试点区"典型养殖户"肉牛生产模式

②成本收益。表 5.4"典型养殖场"育肥牛成本收益的观测数据显示,"粮改饲"试点补贴政策实施前后,养殖户成本收益变化主要体现在饲料成本构成和肉牛生产性能两方面。饲料成本结构中精饲料成本占比由 87.15% 下降为 60.11%,粗饲料成本由 12.85% 上升为 39.89%。育肥牛出栏体重由 650 千克提升为 700 千克,平均出栏时间缩短 2 个月左右。

表 5.4 "典型养殖户"育肥牛主要成本结构

投入产出项目	"粮改饲"前(2015 年)	"粮改饲"后(2018 年)
牛犊成本(元/头)	6 750	6 750
精饲料费用(元/头)	9 763.2	5 966.4
粗饲料费用(元/头)	1 440	3 960
人工、防疫、水电、设备折旧等(元/头)	480	600
出栏体重(千克/头)	650	700
育肥时长(月)	12~14	10~12
养殖收益	1 066.8	3 723.6

数据来源:根据调研数据整理计算。

③饲料结构。表5.5整理了"典型养殖户"育肥牛日均精粗饲料投喂量和结构。为便于分析,对于精饲料投入,此处假设养殖户精饲料构成和配比在"粮改饲"政策实施前后均未发生变化;对于粗饲料投入,"粮改饲"之前,"典型养殖户"粗饲料投入包括黄贮玉米秸秆和干稻草,"粮改饲"政策实施后,受补贴政策激励,养殖户粗饲料结构由黄贮秸秆和干草转变为全株青贮玉米。

表5.5 "典型养殖户"日粮构成　　　　　单位:千克

	日粮结构	"粮改饲"前(2015年)	"粮改饲"后(2018年)
精饲料	玉米(25%)	3	2
	酒糟(30%)	3.6	2.4
	豆粕(15%)	1.8	1.2
	米糠/玉米皮(25%)	3	2
	预混料(5%)	0.6	0.4
粗饲料	玉米秸秆	10	0
	稻草	10	0
	全株青贮玉米	0	35

注:括号内百分数表示精饲料各混合部分的配比;日粮用量为肉牛生长周期内各种饲草料的平均日投喂量。

5.2.4 政策模拟分析与结果

(1)模拟情景设计。结合试点区"粮改饲"补贴政策的实施情况,本研究设置了补贴标准和补贴形式变动的政策情景(表5.6)。各情景模拟均基于"典型养殖户"2018年实际生产数据。

①基准情景。基准情景中,补贴政策和市场条件均为调研试点地区2018年的实际生产情况。其中,全株青贮玉米市场收购价格为400元/吨(2018年云南省试点区指导价格),"粮改饲"补贴对象为实施全株青贮玉米收贮和使用的养殖企业,以养殖户实际收贮量为单位核算补贴总额,补贴实施标准为60元/吨。

②补贴标准变动(情景一和情景二)。此情景用于模拟试点区在保持2018年补贴方式和补贴对象不变的基础上,因补贴标准变动对"典型养殖户"育肥收益和日粮结构的影响。其中,情景一模拟取消"粮改饲"补贴的情形,可以用于分析和观测取消补贴后试点区"典型养殖户"的生产决策变动及养殖收益,也可以近似模拟非试点区已经进行了粗饲料结构调整但没有获得"粮改饲"补贴的肉牛养殖户的生产情形。情景二中,将"粮改饲"试点补贴标准在基准情景的基础上提高20%,用于模拟和分析补贴标准进一步提升的激励效果。

基准情景、情景一和情景二中,"典型养殖户"肉牛单周期内获得补贴收益可以用式(5.20)表示。

$$R_S = f\sum_t xfeed_{2,t} \quad (5.20)$$

式中,f 表示不同情景下的全株青贮玉米收贮补贴标准,$xfeed_{2,t}$ 表示粗饲料日采食量(下同)。

③补贴形式变动(情景三)。此情景用于模拟试点区"粮改饲"补贴形式由收贮量补贴转变为一次性青贮设施建设补贴(主要是青贮窖)的情形。情景三中,补贴形式由全株青贮玉米收贮量补贴调整为青贮窖建设一次性补贴,同等补贴额度下,按照压窖密度(650千克/米³)折算,相当于每立方米建设补贴标准为39元。此时,养殖户因新建或扩建青贮窖而获得的补贴相当于降低了青贮设施建设的资金使用成本(此处根据调研地区青贮窖150元/米²的建设成本核算,资金成本按照年利率4.75%计算)。此时,"典型养殖户"肉牛单周期因补贴政策获得的收益可以用(5.21)表示。

$$R_S = \frac{rf}{h}\sum_t xfeed_{2,t} \quad (5.21)$$

式中,f 表示青贮设施建设补贴标准,h 表示压窖密度,r 表示同期银行贷款利率。

④补贴对象变动(情景四)。此情景用于模拟"粮改饲"试点区补贴对象由养殖收贮环节转变为全株青贮玉米种植户时,"典型养殖户"育肥收益和日粮结构变动。在情景四中,假设将"粮改饲"补贴对象改为种植户,按照全株青贮玉米交售量进行补贴,补贴标准为60元/吨;同时为保证全株青贮玉米的交售质量,将全株青贮玉米交售标准定为干物质水平

不低于32%（此时青贮玉米发酵效果最好，代谢能最高，青贮储藏过程中养分损失最少。

⑤定价标准变动（情景五）。此情景用于模拟全株青贮玉米市场定价标准调整为以干物质含量为基础的定价方法后，"典型养殖户"育肥牛养殖效益和日粮结构变动。情景五中，"粮改饲"补贴标准和方式保持不变的同时转变全株青贮玉米的定价标准。2018年，调研试点区全株青贮玉米市场指导价格为400元/吨，同期试点区籽粒玉米市场年均价为2 100元/吨，此价格水平下，单位面积籽粒玉米和全株青贮玉米市场收益基本相同，但此种定价方式下青贮玉米交售质量难以保证。本情景中，假设以青贮干物质水平为定价基础，以2018年实际到场全株青贮玉米平均干物质含量30%折算，则干物质（100%）到场价格为1 333.3元/吨。假设"典型养殖户"到场全株青贮玉米干物质含量为34.5%，此时全株青贮玉米市场交售价格为460元/吨。此时，"典型养殖户"获得补贴额的计算方式可用式（5.20）计算。

表5.6 情景设计及说明

情景设计	情景描述	设置目的
基准情景	2018年试点区补贴政策，收贮环节补贴标准：60元/吨	设置基准
情景一	基准情景的基础上，取消"粮改饲"补贴	模拟补贴标准变动
情景二	基准情景的基础上，补贴标准提高20%	
情景三	基准情景的基础上，补贴形式由收贮量补贴改为青贮设施建设补贴（39元/米^3）	模拟补贴形式变动
情景四	其他条件不变，"粮改饲"补贴对象改为种植户，补贴标准为60元/吨（设置交售标准为干物质含量不低于32%）	模拟补贴对象变动
情景五	基准情景的基础上，青贮玉米价格以干物质量核算（34.5%干物质水平的青贮玉米鲜重市场指导价格为460元/吨）	模拟定价标准变动

注：各情景模拟均基于2018年养殖场的实际生产数据。

（2）模拟结果分析。通过GAMS软件对以上情景进行模拟分析，不同补贴政策下，"典型养殖户"最优饲料结构及养殖收益变动如表5.7所示。

5 "粮改饲"试点的政策扶持效果评价

表 5.7 不同情景下"典型养殖户"育肥牛最优日粮结构与产出

	项目	基准情景	情景一	情景二	情景三	情景四	情景五
日粮结构	最优精料采食量[千克/(头·天)]	6.02	5.85	6.05	5.86	5.89	5.79
	最优粗料采食量[千克/(头·天)]	29.30	28.50	29.47	28.55	26.87	24.50
	精料周期采食量(千克/头)	2 004.11	1 889.64	2 028.22	1 896.73	2 022.06	2 070.10
	粗料周期采食量(千克/头)	9 757.74	9 200.26	9 874.66	9 235.21	9 229.62	8 765.20
生产性能	出栏体重(千克)	598.99	579.65	603.03	580.86	594.26	593.58
	料肉比	4.46	4.40	4.48	4.40	4.55	4.67
	平均日增重(千克/天)	1.35	1.33	1.35	1.33	1.29	1.24
	饲养天数(天)	333.07	322.85	335.13	323.51	343.48	357.78
成本收益	饲料成本(元/头)	8 432.36	7 950.72	8 533.43	7 980.80	8 261.60	8 765.20
	养殖收益(元/头)	5 102.16	4 533.63	5 219.95	4 556.89	5 182.80	5 409.68
	平均日收益[元/(头·天)]	15.32	14.04	15.58	14.09	15.09	15.12

注：料肉比=日均精料采食量/日均增重；日粮结构精粗料为采食量，未考虑日粮投喂量和采食量间的损耗。粗饲料采食量以鲜重计，未考虑青贮储藏过程的养分损失，本表估计养殖收益会高于实际养殖收益。

①不同补贴政策下，"典型养殖户"育肥牛最优日粮结构差异不大。一方面体现为日粮采食量波动幅度不大。主要原因在于在精粗饲料营养水平不变的前提下，保障和维持育肥牛生长性能的日粮结构需要同时满足干物质进食量、粗蛋白质和能量需求的范围。在此约束条件下，育肥牛日粮采食量变动幅度不显著。另一方面各情景日粮中精粗饲料配比也相对稳定。在养殖户获得青贮收贮补贴的情景中，养殖户并没有因为使用青贮可以获得补贴而相对增加粗饲料日用量而减少精饲料日采食量，主要原因在于精料市场价格相对较高（2.26元/千克，干物质含量62.6%），而以全株青贮玉米为主的粗饲料到场价格为0.4元/千克，干物质含量30%；以养殖收益最大化为决策目标的"典型养殖户"在满足育肥牛日均营养物质需求量的条件下，相对减少精饲料在日粮结构中的占比（各情景中，精料用量仅达到最低约束标准30%，以干物质计算）。

②补贴标准继续提高对日粮结构和养殖效益增长中发挥的作用有限。相比基准情景,青贮收贮补贴标准提高20%时(情景二),周期内肉牛育肥收益仅提高117.79元,平均日收益提高0.26元,但肉牛平均日增重、出栏天数、料肉比等生产性能指标基本无变化。取消或提高青贮玉米收贮补贴标准产生的养殖收益变动大体相当于改变了以全株青贮玉米为主要粗饲料的饲料成本,而对日粮结构及生长性能产生的影响甚微。以情景二(青贮收贮补贴标准提高20%)为例,模拟结果显示,相比基准情景,情景二中肉牛养殖收益提高了117.79元,而因收贮补贴标准提高20%节约的粗饲料成本为118.5元,两者大体相当。

③同等补贴标准下,青贮设施建设补贴的"增收"效果远低于收贮量补贴。情景三中,按照每立方米39元的标准对青贮窖建设进行补贴,相比情景一(无补贴)肉牛养殖收益仅提高了23.26元,相比基准情景(收贮补贴60元/吨),养殖收益相差545.26元,大大削弱了补贴资金的"增收"效果。原因在于,青贮窖建设虽然一次性投入资金大,但因使用年限较长,分摊到单个育肥周期中的投入成本较少,以建设容积为基础的补贴在降低资金成本上发挥的作用较小。以建设成本为150元/米^3,使用年限为20年的青贮窖为例(实际调研数据),情景三中,单个育肥周期内的每头育肥牛分摊的青贮窖使用折旧和资金成本(按照4.75%的年利率折算)之和为97.77元,仅比情景一(无补贴)节约成本0.59元,相比同等补贴标准下的基准情景(收贮量补贴60元/吨)节约成本9.86元。

④同等补贴标准下,有条件的青贮玉米生产性补贴效果好于收贮量补贴。相对基准情景,情景四(补贴对象改为全株青贮玉米种植户,设定不低于32%干物质含量交售条件),肉牛养殖收益提高了80.64元,与此同时,育肥牛日粮结构中精粗饲料采食量分别下降0.13千克和2.43千克,单周期内肉牛节约粗饲料投入528.12千克,节约饲料成本170.76元。此时,"典型养殖户"虽然没有直接获得政策补贴,但却因收购全株青贮玉米的干物质水平提高,从而间接降低饲料成本,收益提高。对于青贮玉米种植户,虽然提高交售青贮玉米干物质水平而降低了交售鲜重量,但也会因获得直接补贴而获益。以试点区亩产全株青贮玉米3.6吨(干物质含量30%)的种植户为例,基准情景下,种植户亩产收入约为1 440元,情景四中,当种植户交售青贮玉米干物质含量为32%时,全株青贮

玉米亩产量为 3.36 吨（以干物质水平提高 1 个百分点，鲜重产量下降 120 千克计算），此时种植户亩产收入约为 1 545.6 元。此情景设计实现了种养户双赢。

⑤以干物质为基础的青贮玉米定价方式有助于提升补贴效果。相比基准情景，情景五（以干物质含量为基础的定价方式）中由于"典型养殖户"投喂青贮玉米干物质含量提升了 4.5 个百分点，单位重量青贮饲料有效营养物质含量提高，日粮结构中精粗饲料用量分别减少 0.23 千克和 4.8 千克，周期内肉牛育肥节约粗饲料 992.54 千克；此时虽然因青贮玉米到场价格提高至 460 元/吨，使得周期内肉牛饲料总成本提高了 332.84 元，但相比基准情景，周期内肉牛养殖效益仍提高了 307.52 元。在此种定价方式下，不仅保障了种植户和养殖户的收益，同时，有助于推进"高干物质高定价"的科学定价机制的形成，引导种植户和养殖户转变生产观念，提升全株青贮玉米种植和饲用推广，推动形成优质优价的良性全株青贮玉米市场。

5.3 小结

（1）对种植户的效果分析。"粮改饲"政策执行对种植户收入并没有显著的影响，对于四个省（区）的总体样本及黑龙江、新疆，政策执行试点县种植户收入有显著的正影响，对河北、云南种植户收入的影响不显著。而对总体调查样本来说，政策执行时间节点与种植户收入没有明确的显著性关系，通过调查所得到的信息判断，其主要的原因有几个方面，一是各省（区）在选择"粮改饲"试点县时会优先选择经济基础、发展潜力好、畜牧业较为发达的地区，其发展速度本身就高于非试点县。二是在执行"粮改饲"政策时，各地区没有明确的时间节点，许多思维活跃种植的在"粮改饲"政策执行前，已改种青贮玉米，因此政策执行前后的影响并不显著。三是在调查中发现许多农户种植青贮是为了自用，种植收入增长部分转移到养殖收入中。

（2）对养殖户的效果分析。通过构建肉牛养殖户的生产决策行为模型，模拟了补贴标准、补贴形式、补贴对象以及定价方式变动等情景中"典型养殖户"育肥牛最优日粮结构变动及养殖收益变化。通过不同补贴政策的模拟对比可以得到如下结论：一是在 2018 年试点区实际补贴标准的基础上，养殖户因获得补贴标准提高（模拟提高20%的情景）产生的养殖收益及日粮结构变动幅度较小，仅依靠提升补贴标准产生的养殖效益增收效果不大。二是同等补贴标准下，青贮设施建设补贴产生的"增收"效果远低于收贮量补贴，而以限定种植户交售质量的全株青贮玉米生产补贴政策能同时实现种养主体双方的生产收益，实现种养共赢。三是以干物质为基础的全株青贮玉米定价方式能够较好地推动补贴效果，既能保障试点区全株青贮玉米种植收益，同时又可以提高青贮饲草收贮质量和养殖收益。

6 饲料粮供需及"粮改饲"政策效应

本章通过编制饲料粮及畜禽产品的供需平衡表,构建饲料粮和畜禽产品两部门的局部均衡模型,其中包括饲料粮和畜禽产品的生产、消费及贸易各详细指标的计量方程。通过 GAMS 软件线性优化计量方程系统,实现市场出清。运用该模型模拟"粮改饲"(或未来其他饲料粮和畜牧业政策)对饲料粮及畜牧业的宏观影响。

6.1 研究方法与数据说明

6.1.1 研究方法

为了更好地模拟"粮改饲"政策背景下调减"镰刀弯"地区玉米种植面积对粮食生产的影响,本研究采用了中国农业科学院农业经济与发展研究所与国际食物政策研究室根据局部均衡理论构建的多市场局部均衡模型——中国农业产业模型(China Agricultural Sector Model, CASM)。该模型由多个方程组成,通过方程定量刻画了中国主要农产品的生产、消费、贸易和价格及其影响因素,并建立相互关系,当市场出清时,实现市场均衡。该模型是一个多市场模型,包括多种农产品,反映了各个农业产业之间的相互替代或者互补关系。该模型可以用于模拟各种政策变化对农业产业可能产生的各种综合影响和冲击,可以用于事前事后政策效果的评价分析(表6.1)。

在本研究中,主要应用该模型的两个子模型进行综合分析,其中,畜禽产品模型包括畜禽产品的产量、进口量,畜禽产品国内消费量及出口量,以及市场出清方程;畜牧产品模型中的畜禽产品生产的饲料粮需求与饲料粮子模型进行链接。

表 6.1 局部均衡模型变量说明

符号	变量名称	单位	符号	变量名称	单位
Fgarea	饲料粮播种面积	万亩	Lspfeed	单位畜禽消费量	千克/个羊单位
Suarea	青饲料播种面积	万亩	Fgprice	饲料粮价格	元/千克
Yield	饲料粮单位产量	千克/亩	Grainprice	粮食价格	元/千克
Production	饲料粮产量	万吨	Lpprice	畜产品价格	元/千克
Livestock	畜禽养殖量	万个羊单位	Fgimprice	饲料粮进口价格	美元/千克
Disarate	自然灾害率	—	Fgexprice	饲料粮出口价格	美元/千克
Lsdemand	畜禽养殖消费量	万吨	GDP	国内生产总值	亿元
Fsdemand	水产养殖消费量	万吨	CPI	消费者物价指数	—
Import	饲料粮进口量	万吨	Population	人口数量	万人
Export	饲料粮出口量	万吨	T	时间趋势项	—

畜禽产品子模型框架：

$$TPM = SI \times CW$$
$$PDM = TDM/Pop$$
$$PDM = PDM(RPM, RPS, PI, etc)$$
$$TPM + MM = TDM + XM$$

式中，TPM 为总的肉类产量；CW 为畜禽平均胴体重；SI 为畜禽的出栏量；TDM 为畜禽产品总需求量；Pop 为代表人口数；PDM 为代表人均畜禽产品需求量；RPM 为畜禽产品的价格；RPS 为替代产品的价格；PI 为人均收入；MM 和 XM 分别为畜禽产品进口和出口量。

饲料粮子模型框架：

$$AP = AP(AP_{t-1}, PF_{t-1}, Z)$$
$$AH = AH(AP)$$
$$TPF = AH \times CY$$
$$PSM = CDSB \times SMY$$
$$FD = FD(GCA, PF, PFs)$$
$$CDSB = CDSB(PSB, PSM, SSB, CC)$$

$$MF + TFP = FD + NFD + XF$$

式中，AP 为饲料粮作物种植面积；PF 为饲料粮价格；Z 代表其他外生变量；AH 为收获面积；TPF 为饲料粮总产量；CY 为单位面积作物产量；PSM 为豆粕产量；CDSB 为大豆产量和进口量；SMY 为豆粕生产率；GCA 为畜牧业饲料粮需求；PF 为饲料粮价格；PFs 为替代饲料价格；PSB 为大豆价格；PSM 为豆粕价格；SSB 为大豆供给；CC 为压榨能力；MF 和 XF 分别代表饲料粮进出口；NFD 为非饲料粮需求。

6.1.2 数据来源与说明

本研究所用基础数据来源于《中国统计年鉴》《中国畜牧业统计》《全国农产品成本收益资料汇编》、UN Comtrade 数据库、美国农业部 PSD 数据库、中国畜牧业信息网、OECD 数据库等，时间区间为 2000—2019 年。需要说明的是，本研究所考虑的畜禽品种仅为生猪、肉牛、肉羊、奶牛、肉禽、蛋禽；因部分饲料粮品种库存较低，而库存较高的品种近年库存变化不大，故本研究不考虑库存问题；外生变量中国内生产总值 2020—2021 年预测值来自 OECD 数据库、人口数量预测值来自《中国农业产业发展报告 2019》，饲料粮播种面积、青饲料播种面积、自然灾害率、饲料粮价格、粮食价格、畜产品价格等其他外生变量的预测值基于 ARIMA 模型估计得到。部分基础数据处理方式具体如下。

（1）畜禽和水产养殖饲料粮消费量。根据中国工程院"至2050年中国养殖业发展战略研究"的研究结果，确定生猪饲料转化率为 2.85，肉牛肉羊饲料转化率为 1.90，肉禽和蛋禽饲料转化率为 2.15 和 1.65，奶牛饲料转化率为 0.36，水产养殖饲料转化率为 0.44，基于肉蛋奶产量和水产品产量，结合各品种饲料转化率计算得到畜禽养殖饲料粮消费量和水产养殖饲料粮消费量。

（2）饲料粮进出口量及进出口价格。根据美国农业部 PSD 数据库小麦、玉米、大豆、大麦、高粱和燕麦的饲料消费占比及郭金花等（2018）研究所得稻谷饲料消费占比，结合各品种进出口贸易额及贸易量，测算得出饲料粮进出口贸易额及贸易量，进而测算得出饲料粮进出口贸易价格。

（3）饲料粮产量及播种面积。根据测算所得畜禽水产饲料粮消费量,结合饲料粮进出口贸易量,推算得到畜禽水产养殖所需饲料粮产量,根据饲料粮单位产量,即粮食单位产量计算得出饲料粮播种面积。

(4) 饲料粮及粮食价格。根据《全国农产品成本收益资料汇编》散养生猪精饲料费用及精饲料消耗量测算得出饲料粮价格,同时基于粮食主产品产值及产量测算得出粮食价格。

(5) 畜禽养殖量。基于猪牛羊及家禽存栏量和出栏量计算得出各品种养殖规模,即年底存栏量和全年出栏量之和,再统一折算为羊单位计算畜禽总养殖量;折算标准为1只羊为1个羊单位,1头猪为1.5个羊单位,1头牛为5个羊单位,1只家禽为0.05个羊单位。

(6) 畜产品价格。以猪牛羊肉价格为代表,根据猪牛羊肉产量及相应价格计算价格的加权平均值(表6.2),用于衡量畜产品价格。

(7) 自然灾害率。以农作物受灾面积占农作物播种面积的比例衡量自然灾害率(表6.3)。

表6.2 畜产品产量表　　　　　　　　　　　单位:万吨

年份	肉类产量	猪肉产量	禽肉产量	牛肉产量	羊肉产量	其他肉类产量	禽蛋产量
2010	7 993.61	5 138.44	1 698	629.07	406.02	122.08	2 776.88
2011	8 022.98	5 131.65	1 756	610.71	397.96	126.66	2 830.36
2012	8 471.10	5 443.55	1 823	614.75	404.50	185.30	2 885.39
2013	8 632.77	5 618.60	1 798	613.09	409.90	193.18	2 905.55
2014	8 817.90	5 820.80	1 751	615.72	427.63	202.75	2 930.31
2015	8 749.52	5 645.41	1 826	616.89	439.93	221.29	3 046.13
2016	8 628.33	5 425.49	1 888	616.91	460.25	237.68	3 160.54
2017	8 654.43	5 451.80	1 897	634.62	471.07	199.94	3 096.29
2018	8 624.63	5 403.74	1 994	644.06	475.07	107.76	3 128.28

数据来源:国家统计局。

6.2 实证结果与分析

6.2.1 模型估计结果

通过两阶段最小二乘法和高斯-赛德尔法对局部均衡模型进行估计，具体结果参见表6.3所示。由表6.3可知，局部均衡模型相应的R^2值均很高，在0.95以上，说明解释变量对被解释变量具有较好的解释能力；同时模型中绝大多数变量显著，说明该模型能较好拟合中国饲料粮市场供需关系。综合来看，本研究构建的局部均衡模型估计效果总体较好。

表6.3 局部均衡模型估计结果

参数	饲料粮单位产量	畜禽养殖量	单位畜禽消费量	进口量	出口量	饲料粮价格
α_0	3.2093** (1.1663)	0.5995 (2.9286)	4.4290*** (1.0577)	−41.0483*** (10.2378)	8.2836 (26.3443)	−8.7589*** (2.5373)
α_1	−0.3284*** (0.1058)	0.1081 (0.0888)	0.1120** (0.0394)	−0.2226 (0.1470)	−1.5882*** (0.3078)	0.5856*** (0.1041)
α_2	0.0047 (0.0041)	0.0127 (0.0229)	0.0523** (0.0198)	4.6968*** (1.1326)	−0.5703 (2.5347)	0.3984*** (0.0792)
α_3	0.4530** (0.2091)	0.0595* (0.0304)	0.0477 (0.2315)	0.1865 (0.1712)	0.0840 (0.1528)	1.2467*** (0.2138)
α_4	—	0.8602*** (0.1586)	—	—	—	—
R^2	0.9814	0.9681	0.9511	0.9762	0.9459	0.9905
D.W.	1.5413	2.6431	2.2994	2.6761	2.3138	1.4816

注：括号内的值为标准误，***、**和*分别表示在1%、5%和10%水平下显著。

具体地，自然灾害率及上年饲料粮单位产量对本年饲料粮单位产量具有显著影响，自然灾害率每增加1单位，饲料粮单位产量将降低32.84%。畜禽养殖量主要受到上期畜禽养殖量和上期畜产品价格的影响，畜产品价格相应弹性为0.06，说明畜产品价格每上涨1%，将推动畜禽养殖量增加0.06%。单位畜禽饲料粮消费量受到饲料粮价格和人均GDP的影响，人均GDP衡量了经济发展形势，也在一定程度上反映出经营主体在畜禽养殖领域的支出能力，人均 GDP 每增长 1%，将推动畜禽养殖饲料粮消费增长 0.05%；饲料粮价格与饲料粮消费量呈现出的关系使得畜禽养殖饲料粮体现出一定的"吉芬商品"性质。国内饲料粮消费对饲料粮进口具有明显推动作用，畜禽养殖饲料粮消费每增加 1%，饲料粮进口量将增加 4.70%；饲料粮出口主要受出口价格的影响，饲料粮出口价格每上涨 1%，出口量将减少 1.58%。饲料粮价格与粮食价格、畜产品价格及饲料粮消费量均存在显著正相关，粮食价格和畜产品价格每上涨 1%，饲料粮价格将分别上涨 0.59%和 0.40%；畜禽养殖饲料粮消费量每增加 1%，饲料粮价格将上涨 1.25%。

6.2.2 供需预测结果

通过局部均衡模型构建与模拟，对 2020—2025 年中国饲料粮市场及畜禽养殖主要指标进行预测，具体预测结果参见表 6.4 所示。结合历史数据与模拟结果，表 6.5 给出了 2000—2025 年饲料粮市场供需平衡情况。

表 6.4 主要变量预测结果

年份	产量（万吨）	进口量（万吨）	出口量（万吨）	畜禽养殖消费量（万吨）	水产养殖消费量（万吨）	畜禽养殖量（万个羊单位）	单位畜禽消费量（千克/个羊单位）	饲料粮价格（元/千克）
2020	23 150.10	8 639.61	45.82	28 821.38	2 922.52	396 329.50	72.72	2.87
2021	23 289.40	9 031.48	36.07	29 086.36	3 198.44	402 236.70	72.31	2.79
2022	22 819.55	9 438.79	32.23	29 356.54	2 869.57	403 226.60	72.80	2.95
2023	22 725.68	9 914.92	31.64	29 662.72	2 946.24	404 863.20	73.27	3.01
2024	22 646.73	10 195.95	29.68	29 830.65	2 982.36	406 109.80	73.45	3.08
2025	22 513.06	10 484.46	26.17	30 024.56	2 946.79	407 134.90	73.75	3.16

总体来看，中国饲料粮供需呈现出增长态势。具体地，中国饲料粮供给量从 2000 年的 2.09 亿吨增至 2019 年的 3.10 亿吨，预计 2020—2025 年将从 3.17 亿吨进一步增至 3.30 亿吨。饲料粮产量在未来几年内呈现出波动下滑态势，2020 年饲料粮产量为 2.32 亿吨，2025 年将下滑至 2.25 亿吨，年均下滑 0.56%；饲料粮进口量从 0.86 亿吨增至 1.05 亿吨，年均增

长3.95%；饲料粮出口量则从45.82万吨降至26.17万吨，年均下降10.60%；饲料粮供给的增加主要由进口来补充。从畜禽水产养殖饲料粮需求来看，2020年两者分别为2.88亿吨和2 922.52万吨，2025年畜禽水产养殖饲料粮需求量将增至3.00亿吨和2 946.79万吨，年均增长率分别为0.82%和0.17%。就饲料粮价格而言，总体呈现出持续上涨的态势，2020年为2.87元/千克，2025年将上涨至3.16元/千克，年均上涨2.01%。饲料量供给的增长伴随着畜禽养殖规模的扩张，畜禽养殖量从2020年的39.63亿个羊单位将增至2025年的40.71亿个羊单位，年均增长0.54%。从单位畜禽饲料粮消费量来看，2020年每个羊单位饲料粮消费量为72.72千克，2025年将增至73.75千克，年均增长率为0.82%。

表6.5 饲料粮供需平衡表　　　　　　　　单位：万吨

年份	供给				需求		
	产量	进口量	出口量	总供给量	畜禽养殖	水产养殖	总需求量
2000	20 792.74	906.99	830.09	20 869.64	19 238.90	1 630.74	20 869.64
2005	23 043.92	2 204.02	671.86	24 576.07	22 631.34	1 944.74	24 576.07
2010	23 786.65	4 522.90	27.20	28 282.35	25 918.23	2 364.12	28 282.35
2011	24 225.37	4 368.31	31.84	28 561.84	26 096.42	2 465.41	28 561.84
2012	24 692.02	5 170.80	47.67	29 815.14	27 394.20	2 420.95	29 815.14
2013	24 816.40	5 572.11	27.47	30 361.04	27 833.58	2 527.46	30 361.04
2014	24 338.83	6 793.30	22.46	31 109.67	28 468.82	2 640.84	31 109.67
2015	22 788.57	8 354.26	14.85	31 127.98	28 395.15	2 732.83	31 127.98
2016	23 162.44	7 792.60	17.22	30 937.82	28 130.85	2 806.97	30 937.82
2017	22 140.94	8 825.71	28.83	30 937.82	28 101.88	2 835.95	30 937.82
2018	23 177.91	7 781.20	35.78	30 923.34	28 081.96	2 841.37	30 923.34
2019	23 154.25	7 786.11	49.44	30 890.91	28 039.62	2 851.29	30 890.91
2020	23 150.10	8 639.61	45.82	31 743.89	28 821.38	2 922.52	31 743.89
2021	23 289.40	9 031.48	36.07	32 284.81	29 086.36	3 198.44	32 284.81
2022	22 819.55	9 438.79	32.23	32 226.10	29 356.54	2 869.57	32 226.10
2023	22 725.68	9 914.92	31.64	32 608.96	29 662.72	2 946.24	32 608.96

(续表)

年份	供给				需求		
	产量	进口量	出口量	总供给量	畜禽养殖	水产养殖	总需求量
2024	22 646.73	10 195.95	29.68	32 813.00	29 830.65	2 982.36	32 813.00
2025	22 513.06	10 484.46	26.17	32 971.35	30 024.56	2 946.79	32 971.35

6.2.3 "粮改饲"政策效应

（1）情景方案设计。2016年发布的《全国种植业结构调整规划（2016—2020年）》提出，到2020年要确保玉米面积稳定在5亿亩左右，种植业结构调整的重点为调减"镰刀弯"地区玉米面积5 000多万亩。为模拟"粮改饲"政策对饲料粮供需及畜禽养殖的影响，根据当前"粮改饲"推进形势及未来政策走向，本研究重点设计3种"粮改饲"方案，即低方案、中方案和高方案。低方案基于"十三五"时期"粮改饲"推行力度大，未来"粮改饲"潜力及空间不足，设计2020年完成调减1 000万亩，2021—2025年每年调减100万亩，模拟区间内合计调减1 500万亩；中方案即2020年完成调减1 000万亩，2021—2025年每年调减500万亩，模拟区间内合计调减3 500万亩；高方案即"十四五"时期"粮改饲"政策延续"十三五"时期的调整力度，每年继续调减1 000万亩，模拟区间内合计调减6 000万亩。表6.6给出了2020—2025年3种情景方案下饲料粮及青饲料播种面积走势。

表6.6 "粮改饲"政策情景方案设计　　　　单位：万亩

年份	低方案		中方案		高方案	
	饲料粮面积	青饲料面积	饲料粮面积	青饲料面积	饲料粮面积	青饲料面积
2020	58 335.45	4 220.75	58 335.45	4 220.75	58 335.45	4 220.75
2021	57 954.55	4 390.01	57 554.55	4 790.01	57 054.55	5 290.01
2022	55 977.53	4 565.91	55 177.53	5 365.91	54 177.53	6 365.91
2023	54 917.33	4 719.42	53 717.33	5 919.42	52 217.33	7 419.42
2024	54 217.72	4 863.24	52 617.72	6 463.24	50 617.72	8 463.24

(续表)

年份	低方案		中方案		高方案	
	饲料粮面积	青饲料面积	饲料粮面积	青饲料面积	饲料粮面积	青饲料面积
2025	53 253.38	5 003.03	51 253.38	7 003.03	48 753.38	9 503.03

（2）政策效应分析。基于低中高三种情景方案，模拟得出"粮改饲"政策实施对饲料粮供需及畜禽养殖的影响，具体结果如表6.7所示。总体来看，"粮改饲"政策实施对饲料粮播种面积进行调减，在一定程度上压缩了国内饲料粮产量，推动着饲料粮进口增长、出口下滑，畜禽养殖饲料粮消费量保持增长，但压缩了水产养殖饲料粮消费需求，同时助推畜禽养殖规模增加及饲料粮价格上涨。

表6.7 "粮改饲"政策效应模拟结果　　　　　单位:%

方案	变量	2020年	2021年	2022年	2023年	2024年	2025年
低方案	产量	-1.69	-1.86	-2.10	-2.31	-2.52	-2.74
	进口量	0.87	1.81	2.64	3.34	3.95	4.45
	出口量	-0.10	-0.21	-0.29	-0.36	-0.43	-0.48
	畜禽养殖消费量	0.18	0.35	0.48	0.60	0.70	0.78
	水产养殖消费量	-12.60	-11.62	-12.97	-12.61	-12.58	-13.00
	单位畜禽消费量	0.03	0.05	0.07	0.09	0.10	0.11
	畜禽养殖量	0.16	0.30	0.41	0.51	0.59	0.66
	饲料粮价格	0.23	0.43	0.60	0.75	0.87	0.97
中方案	产量	-1.69	-2.54	-3.50	-4.45	-5.39	-6.39
	进口量	0.87	2.01	3.12	4.09	4.87	5.36
	出口量	-0.10	-0.23	-0.35	-0.45	-0.52	-0.57
	畜禽养殖消费量	0.18	0.39	0.58	0.73	0.86	0.93
	水产养殖消费量	-12.60	-16.37	-23.45	-27.92	-32.88	-39.20
	单位畜禽消费量	0.03	0.06	0.08	0.11	0.12	0.13
	畜禽养殖量	0.16	0.33	0.49	0.63	0.73	0.79
	饲料粮价格	0.23	0.49	0.72	0.92	1.07	1.16

(续表)

方案	变量	2020年	2021年	2022年	2023年	2024年	2025年
高方案	产量	-1.69	-3.39	-5.25	-7.12	-8.99	-10.96
	进口量	0.87	2.18	3.41	4.26	4.55	4.12
	出口量	-0.10	-0.25	-0.38	-0.46	-0.48	-0.43
	畜禽养殖消费量	0.18	0.43	0.63	0.76	0.78	0.68
	水产养殖消费量	-12.60	-22.37	-36.95	-48.18	-60.56	-76.05
	单位畜禽消费量	0.03	0.06	0.09	0.11	0.11	0.10
	畜禽养殖量	0.16	0.37	0.54	0.65	0.67	0.58
	饲料粮价格	0.23	0.53	0.79	0.94	0.98	0.85

具体地，因2020年属于"十三五"时期，故3种情景方案下"粮改饲"政策调减面积设计均为1 000万亩，"粮改饲"政策实施致使2020年中国饲料粮产量下降1.69%，进口量增加0.87%，出口量减少0.10%；畜禽养殖规模增加0.16%，畜禽养殖饲料粮消费量增加0.18%，在其他条件不变的情况下致使水产养殖饲料粮消费下降12.60%；同时推动饲料粮价格上涨0.23%。"十四五"时期，在"粮改饲"政策低方案下，到2025年中国饲料粮产量降低2.74%，进口量增加4.45%，出口量减少0.48%；畜禽养殖规模增加0.66%，致使畜禽养殖饲料粮消费增加0.78%，同时使水产养殖饲料粮消费下降13.00%；在供需双方推动下，饲料粮价格上涨0.97%。在"粮改饲"中方案下，2025年中国饲料粮产量下降6.39%，进口量增加5.36%，出口量下降0.57%；畜禽养殖规模增加0.79%，推动畜禽养殖饲料粮消费增加0.93%；饲料粮价格上涨1.16%。在"粮改饲"高方案下，2025年中国饲料粮产量下降10.96%，进口量增加4.12%，出口量下降0.43%；畜禽养殖规模增加0.58%，推动畜禽养殖饲料粮消费增加0.68%；饲料粮价格上涨0.85%。

就"粮改饲"政策对饲料粮供需及畜禽养殖影响的机理而言，"粮改饲"政策对饲料粮播种面积的调减，必然会使国内饲料粮产量呈现出下滑态势，且随着"粮改饲"政策实施力度不断加大，饲料粮产量下滑幅度愈加明显，这是毋庸置疑的。虽然饲料粮产量下降，但调减面积用于发展优势饲草料产业，致使苜蓿、青贮玉米等优质牧草产量大幅提升，结合畜禽养殖饲草饲料结构的优化调整，"粮改饲"政策实施在一定程度上推动肉牛、肉羊、奶牛等草食畜牧业的快速发展，致使畜禽养殖规模总体呈现出增长态势。为保障持续增长的畜禽养殖业发展，弥补国内饲料粮调减造成的缺口，需通过贸易调节国内饲料粮市场，即加大饲料粮进口力度并减少饲料粮出口。在不考虑其他饲料粮供给渠道的条件下，畜禽养殖饲料粮消费需求的不断增长必然会压缩水产养殖饲料粮消费需求。同时，在饲料粮供给偏紧、畜禽养殖饲料粮需求持续增长的情况下，国内饲料粮市场价格必然会呈现出不断上涨的态势。

比较上述3种方案模拟结果来看，随着"粮改饲"政策实施力度的不断加大，畜禽养殖规模增幅呈现出先增加后下降的态势，饲料粮进口量增幅也呈现出相似波动态势。也即，未来"粮改饲"政策到了关键时期，并非调减面积越多政策效应越好，而是应该寻找适度调减规模。为寻找"十四五"时期"粮改饲"政策最优调减方案，本研究在上述3种方案的基础上，以100万亩调减面积为等级进一步设计情景方案，并进行"粮改饲"政策冲击模拟。因"粮改饲"政策最关键的问题在于饲料粮供给保障及畜禽养殖增长问题，而在饲料粮不断调减的情形下，进口成为补充国内饲料粮供需缺口的关键支撑。因此，本研究将不同调减面积等级与模拟得出的2025年饲料粮进口量及畜禽养殖规模变化幅度之间的关系进行刻画，具体如图6.1所示。

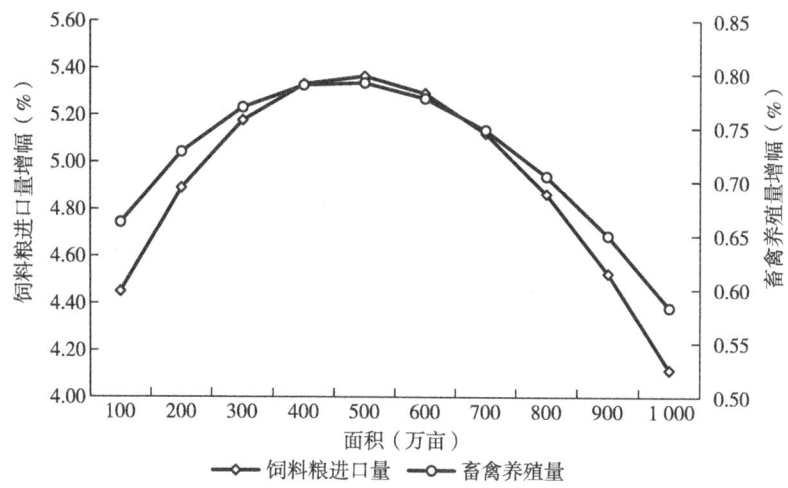

图6.1 "粮改饲"调减面积与饲料粮进口量及畜禽养殖量增幅关系

总体来看,在饲料粮进口有保障的情况下,要使"粮改饲"对畜禽养殖发挥最优政策效应,"十四五"时期"粮改饲"政策对饲料粮的调减面积应该维持在每年 500 万亩左右。虽然近年来逆全球化思潮及贸易保护主义盛行,中美贸易摩擦不断,但大豆等饲料粮进口主动权更多把握在国内,且进口渠道多元化也在一定程度上缓解了饲料粮贸易风险。从这一层面来看,保持 500 万亩的"粮改饲"调减面积虽然使饲料粮进口保持在高位,但进口主动权及进口渠道多元化保障了饲料粮进口的可行性。当然,要使中国在国际贸易中更具话语权,也即,在贸易谈判中可将大豆等饲料粮作为一张"牌",可考虑适当压低进口量,避免饲料粮过度依赖国际市场。在这种情况下,"十四五"时期继续保持每年 1 000 万亩的"粮改饲"调减面积是可行的,但政策实施对畜禽养殖总体的推动作用不大。也即,在考虑饲料粮进口约束与畜禽养殖规模增长两个条件下,"粮改饲"政策调减规模的选择面临"两难"抉择,需在饲料粮进口约束与养殖规模增长中择优考虑。

6.3 关于"粮改饲"政策效应的进步讨论

6.3.1 "粮改饲"对中国粮食供给的影响

"粮改饲"政策将主要从产量和营养供给两个方面影响中国的粮食供给。一是数量方面。自 2015 年以来,中央财政已连续三年安排资金支持"粮改饲"试点工作,并在全国逐步扩大试点省市范围。截至 2018 年,籽粒玉米累计调减 4 500 万亩,预计 2019 年末将顺利完成籽粒玉米调减 5 000 万亩的任务目标,将为中国畜牧业发展打下坚实的饲料粮基础。二是营养供给方面。专用型青贮玉米全株青贮利用,其营养供给(代谢能与粗蛋白质)优于籽粒玉米。根据相关实验研究,全株青贮玉米饲喂肉牛可明显提高肉牛采食量和增重速度,肉牛养殖经济效益和饲料报酬也随之提高。以当前肉牛散户养殖使用较多的玉米秸秆青贮和全株青贮玉米对比实验为例,在其他条件不变的情况下,饲喂全株青贮玉米的肉牛比饲养青贮玉米秸秆的肉牛日增重高出 0.32 千克,头均多收益 175.2 元(薛莉萍等,2013)。

"粮改饲"是调减玉米阶段性供过于求的有力举措。当前,玉米阶段性供过于求的问题突出，调减种植面积的任务紧迫（胡向东，2017）。同时，发展草食畜牧业，优质饲草料不足是主要制约瓶颈之一，实施"粮改饲"正好补齐了这块短板（马有祥，2017）。此外，"粮改饲"政策的推行对促进中国玉米秸秆的有效利用、改善秸秆焚烧现象具有积极意义。"十三五"期间，中国青贮玉米面积要增加1 600万亩左右，"粮改饲"将为玉米种植面积调减做出30%以上的贡献。按国家统计局2018年玉米亩产0.4吨计算，"十三五"期间中国籽粒玉米调减量将在640万吨，青贮玉米增量将超过6 400万吨。因此，"粮改饲"实施对中国种植业结构调整具有积极意义。

"粮改饲"政策实施有利于保障粮食安全。粮食安全问题是事关国民生计的重大问题，广义的粮食安全应当包括饲料粮安全问题。当前，中国饲料粮进口快速增加，对外依存度逐渐升高，"粮改饲"政策的实施，有利于中国大力推动青贮玉米、苜蓿等优质牧草种植，避免中国饲料粮过度依赖国际市场的尴尬处境，减轻粮食安全保障压力。

6.3.2 "粮改饲"对畜牧业的影响

从畜产品方面看，中国人均牛羊肉和奶类占有量分别约为世界平均水平的2/3和1/3，是今后市场需求增长最有潜力的品种。好牛吃好草，据测算，"粮改饲"面积达到2 500万亩时，可以保证中国农区奶牛都吃上优质青贮饲料，肉牛和肉羊规模养殖场的饲草料结构也将大幅优化，实现牛奶质量全面达到发达国家水平、牛羊肉增产160万吨等目标都有了基本保障（马有祥，2017）。

（1）"粮改饲"为畜牧业发展提供了新的平台。在长达数千年的历史中，中国农业一直在围绕"吃饱"做文章，种植业首先要满足口粮需求，畜牧业处于从属地位，只能用剩余的粮食和农副产物作饲料。改革开放以来，农业发展进入快车道，但直到1990年，全国粮食产量中用作口粮的比例仍高达67%，饲用量仅占10%左右。进入21世纪后，中国农业综合生产能力和居民收入水平持续提升，人均口粮消费持续下降，饲料粮消费快速增加。2004—2015年，中国粮食总产量增加1.52亿吨，其中玉米占63%，这是适应粮食用途变化的第一轮种养关系调整，生猪和家禽规模养殖快速发展是主要驱动力。未来5年左右，中国口粮消费量每年预计减少100万吨左右，猪禽养殖对玉米的需求增长也趋于平稳，而牛羊养殖对优质饲草料的需求进入快速增长期。推广"粮改饲",将部分籽粒玉米改种为青贮玉米等优质饲草料,就是要坚持需求导向,按照为养而种的原则,需要啥就种啥,推动种养关系进行第二轮调整,构建粮草兼顾、农牧结合、种养一体的和谐格局,这是农业发展到一定阶段后的必然选择,是"大食物观"落到实处的重要体现(马有祥,2017)。

(2)"粮改饲"有利于提高种养效率。据测算,与籽粒和秸秆分开收获、分开利用相比,每亩全株青贮玉米提供给牛羊的有效能量和有效蛋白均可增加约40%,生产1吨牛奶配套的饲料地可以减少0.1亩以上,豆粕用量减少15千克,精饲料用量减少25%,秸秆用量增加23千克;生产1吨牛羊肉配套的饲料地可以减少3.5亩以上,豆粕用量减少210千克,精饲料用量减少40%,秸秆用量增加220千克。使用全株青贮玉米饲喂,可以使中国奶牛的平均单产从目前的6 000千克提高到7 000千克,还可以使肉牛肉羊的出栏时间明显缩短。总的来看,推广"粮改饲"有利于提高牛羊养殖生产效率,带动秸秆等资源循环利用,同步提高种植和养殖两个产业的质量、效益和竞争力(马有祥,2017)。

6.4 小结

"粮改饲"政策是调减籽粒玉米产量的有力举措,该政策的推动实施对调减中国籽粒玉米产量具有积极作用;同时,"粮改饲"政策推行过程中,饲料粮、饲料草面积快速增加,为畜牧业发展打下了坚实的饲料粮基础。"粮改饲"是调减玉米阶段性供过于求的有力举措,也是保障粮食安全,特别是饲料粮安全的重要手段。"粮改饲"政策的实施为中国畜牧业发展提供了新的平台和机遇,对于种养效率的提高也有显著的正向影响。

本研究基于2000—2019年饲料粮及畜禽养殖基础数据,通过构建局部均衡模型预测饲料粮及畜禽养殖未来走势,并模拟"粮改饲"政策实施对饲料粮供需及畜禽养殖的影响,得出如下结论。

一是中国饲料粮供需总体呈现出增长态势。正常情况下,中国饲料粮供给和需求持续增长,但供给结构变化特征明显,饲料粮产量呈现出下滑态势,国内饲料粮供需依靠进口补充。到2025年中国饲料粮供给量将达到3.30亿吨,其中,国内产量2.25亿吨、进口量1.05亿吨、出口量26.17万吨;推动畜禽养殖呈现出增长态势,2025年畜禽养殖量将达到

40.71亿个羊单位,畜禽养殖饲料粮消费需求将达到3.00亿吨;饲料粮价格上涨至3.16元/千克。二是"粮改饲"政策效应明显,但未来饲料粮调减面积应保持在适度规模。"粮改饲"政策的进一步实施助推饲料粮产量下滑,但畜禽养殖呈现出持续增长态势,致使饲料粮进口增长而出口呈现出下滑态势,同时推动着饲料粮价格上涨。比较不同"粮改饲"政策调减方案效果,若以畜禽养殖规模增长为政策目标,"十四五"时期保持每年500万亩左右的"粮改饲"调减规模更合适;若将适度降低饲料粮进口依赖度定为政策目标,"十四五"时期延续"十三五"每年1 000万亩左右的调减规模可行,但每年继续调减1 000万亩左右的饲料粮面积对畜禽养殖规模增长的政策作用小。

  基于上述研究结论,提出如下政策启示供参考。一是继续推行"粮改饲"政策。进一步强化"粮改饲"政策支持,扩大政策覆盖范围,继续加大规模化草食家畜养殖场户、专业收贮企业(合作社)及社会化服务组织的扶持力度,兼顾其他经营主体特别是传统小农户参与"粮改饲"、发展优质饲草料产业的积极性;同时确保"十四五"时期"粮改饲"政策规模每年维持在500万亩左右。二是强化饲料粮产业科技支撑力度。增强饲料粮产业科技政策供给,完善科技创新及成果转化体系,推动产学研深度融合;聚焦薄弱环节与关键技术,加大联合攻关,加强良种繁育与技术推广,加快新成果新装备应用;推动优良品种、先进技术、实用装备等尽快进村、入户、到场、到田;通过强化科技支撑,确保饲料粮虽然种植面积减小,但产量保持稳定。三是加强饲料粮贸易合作力度。积极向主要进口来源国发布需求信息,增强来源国饲料粮生产预期,稳定饲料粮对华出口能力;强化与俄罗斯、乌克兰等中东欧共建"一带一路"沿线国家的饲料粮贸易合作力度,拓宽贸易渠道,避免贸易市场过度集中带来的风险;构建应对突发事件的贸易应急管理机制,增设临时性、过渡性支持政策,确保遭遇突发事件时饲料粮稳定进口可得到有效保障。

7 国内外典型农户饲料粮生产比较

本部分主要从农户层面对玉米、大豆、小麦、水稻等饲料粮，苜蓿、青贮玉米等主要饲草料进行生产成本及收益的比较分析。通过与国际典型农户生产数据的对比，分析比较我国典型农户在饲料作物产出水平、成本结构等方面的特点及差距。

7.1 数据来源与说明

7.1.1 数据来源

（1）Agri-Benchmark 典型农户调查数据。该数据库选取各合作国家代表性种植农户为观测对象，其作物生产数据代表了该国微观农户生产的一般水平，主要作物包含谷物、豆类、饲草等商品作物。其中，我国典型农户观测数据来源于黑龙江省、河南省和四川省，主要观测作物包括玉米、大豆、小麦、水稻、油菜。本部分在粮食作物（玉米、大豆、水稻、小麦）和饲草料（苜蓿和全株青贮玉米）的国际典型农户生产数据均来自该数据库。

（2）"粮改饲"试点区调研数据。调研数据来自"粮改饲"课题组于 2019 年 7—10 月对云南、河北、新疆和黑龙江四省（区）"粮改饲"政策试点区农户生产数据的调研。本部分在分析青贮玉米生产成本收益时，国内四省（区）典型农户数据来源于课题组调研数据。

7.1.2 指标说明

本部分作物生产成本收益核算和比较均基于单位土地面积（公

顷）上的生产数据，相关成本收益指标的内涵和计算方法如下：

总收入主要包括主产品收入、副产品收入和补贴收入；

机会成本包括自有土地机会成本、家庭劳动的机会成本；

折旧成本包括生产机械、厂房设备等折旧；

现金成本指作物生产过程中发生的所有现实成本；

总成本=现金成本+折旧成本+机会成本；

现金收益=总收入-现金成本；

净收益=总收入-总成本。

7.2 典型农户主要饲料粮生产成本与收益

农户层面对国际主要饲料粮成本收益的分析重点以玉米、大豆、小麦、水稻为分析对象。

7.2.1 玉米生产成本收益比较

（1）玉米产量水平和收入。玉米产量水平差异明显。观测典型农户玉米平均单产量为7.74吨，各观测国家和地区玉米产量水平存在较大差异，根据产量水平大体可分为三个水平：一是以加拿大、法国为代表的北美和欧洲等高产地区，每公顷产量高于8吨；二是以中国、巴西为代表的亚洲、南美等中产地区，每公顷产量在5~8吨；三是以南非为代表的非洲较低产地区，每公顷玉米产量低于5吨。

市场价格是影响玉米生产总收入水平的重要因素。从玉米生产总收入来看，观测典型农户玉米平均生产总收入为9 234.87元/公顷，西班牙、法国和越南玉米生产总收入水平均高于14 000元/公顷，属于较高水平，大多数国家典型农户玉米生产总收入在6 000~10 000元/公顷，巴西玉米生产总收入仅为4 473.30元，为观测典型农户收入水平的最低值。我国玉米生产总收入为14 164.78元/公顷，居于观测典型农户前五位。与加拿大典型农户相比，我国玉米单产量为7.71吨，是加拿大单产量的71.39%，但我国玉米单位面积生产收入为14 164.78元，为加拿大的1.47倍。我国玉米生产收入水平相对较高的原因在于国内玉米市场销售价格较高（图7.1）。

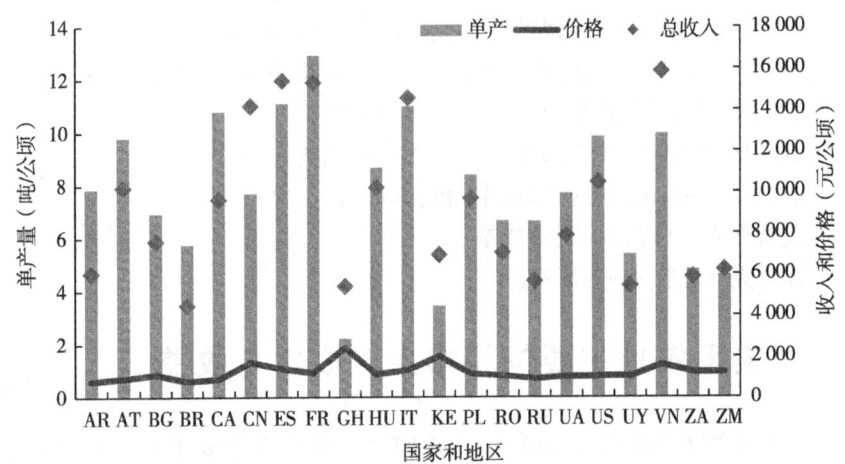

图 7.1 典型农户玉米生产水平和收入（见书后彩图）

数据来源：根据 Agri-benchmark 调查数据整理，相关国家代码见表 7.1。

表 7.1 主要国家及代码

代码	国家	代码	国家	代码	国家	代码	国家
AR	阿根廷	DE	德国	JP	日本	RO	罗马尼亚
AT	奥地利	DK	丹麦	KE	肯尼亚	RU	俄罗斯
AU	澳大利亚	ES	西班牙	LA	老挝	SE	瑞典
BE	比利时	FR	法国	LT	立陶宛	TH	泰国
BF	布基纳法索	GH	加纳	MA	摩洛哥	TN	突尼斯
BG	保加利亚	HU	匈牙利	MM	缅甸	TZ	坦桑尼亚
BR	巴西	ID	印度尼西亚	NG	尼日利亚	UA	乌克兰
CA	加拿大	IE	爱尔兰	NL	荷兰	UK	英国
CN	中国	IN	印度	PH	菲律宾	US	美国
CZ	捷克	IT	意大利	PL	波兰	UY	乌拉圭
VN	越南	ZA	南非	ZM	赞比亚		

（2）玉米生产物质投入结构。生产物质投入和产量水平正相关。北美、欧洲等玉米高产地区，生产物质投入水平也相对较高，每公顷总物质投入在 3 500 元以上，其中意大利生产物质投入已经超过 5 000 元/公顷；

亚洲、南美等中产地区，每公顷总生产物质投入基本在 2 000~3 500 元；非洲等低产地区单位面积生产物质投入低于 2 000 元/公顷，加纳生产物质投入仅为 291.16 元/公顷。但法国和意大利观测农户在玉米产量和物质投入上的正相关性不明显，相比较而言，法国表现为高产量、低物质投入，意大利则为低产量、高物质投入。

种子和氮肥总投入占总物质投入的 50% 以上。观测典型农户在玉米生产物质投入结构中，种子、氮肥、磷肥、钾肥、除草剂、杀菌剂和杀虫剂的平均占比分别为 36.11%、28.30%、11.71%、6.83%、14.35%、0.43% 和 2.27%，玉米种植种子和氮肥投入是主要构成部分（图 7.2）。

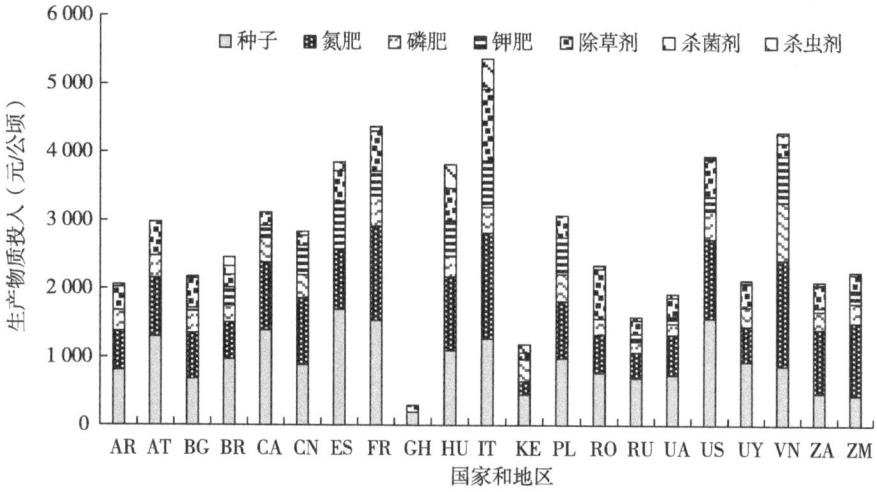

图 7.2　玉米生产物质投入结构（见书后彩图）

数据来源：根据 Agri-benchmark 调查数据整理，相关国家代码见表 7.1。

（3）生产动力投入结构。

生产动力投入主要衡量种植过程中劳动力、机械动力等动力投入，具体包括：可变机械成本（如修理）、燃料成本、折旧、劳动力成本（如雇佣劳动力和家庭劳动力的机会成本）以及因雇佣机械产生的使用费和劳动力费用的总和。其中，机械动力投入包括自有机械折旧、燃油费用以及因雇佣机械产生的使用费用和劳动成本。

动力总投入水平两端差异明显。观测典型农户平均生产动力投入为3 233.18元/公顷,观测农户动力投入差异较大。其中奥地利、中国、法国、意大利和越南五个国家典型农户生产动力投入水平较高,每公顷总动力投入分别为5 943.24元、5 163.16元、6 561.80元、6 150.52元和7 838.19元,远高于平均水平;其余国家,如加拿大、巴西、美国等国家的典型农户生产动力投入均在4 000元以下,平均投入水平为2 264.99元。

多数典型农户以机械动力投入为主。保加利亚、巴西、意大利、波兰等国家典型农户机械投入成本占比均在60%以上,其中,意大利典型农户每公顷机械投入成本为4 396.98元。但中国和越南玉米生产动力投入主要以劳动为主,其劳动投入占比分别为66.37%和82.97%,其中我国农户玉米生产劳动投入主要来自家庭劳动,而越南主要以雇佣劳动投入为主(图7.3)。

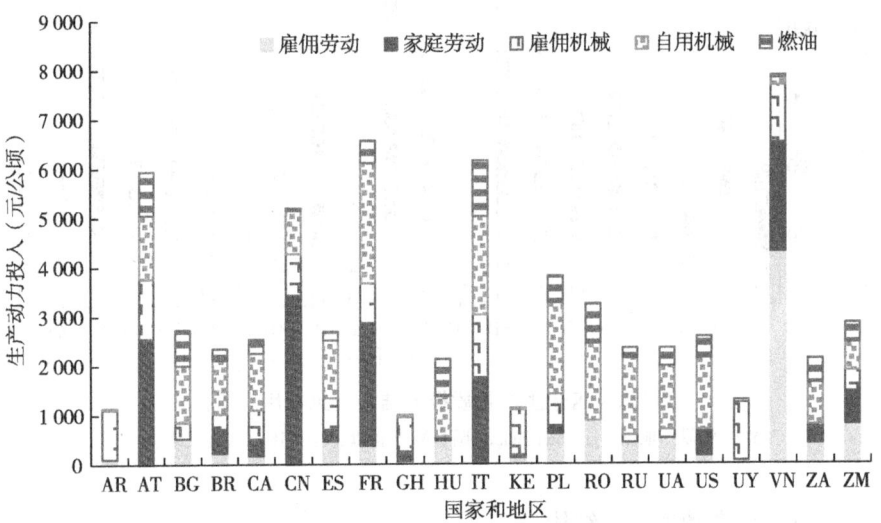

图 7.3 玉米生产动力投入结构(见书后彩图)

数据来源:根据 Agri-benchmark 调查数据整理,相关国家代码见表 7.1。

(4)玉米生产成本结构和收益。玉米生产总成本水平差异较明显。观测典型农户玉米生产平均总成本为9 181.39元/公顷,其中,法国、意

7 国内外典型农户饲料粮生产比较

大利和越南玉米生产总成本投入水平最高,均超过15 000元/公顷;奥地利、西班牙、波兰和美国玉米生产总成本在10 000~15 000元/公顷,阿根廷、巴西、加拿大和乌拉圭的玉米生产总成本相对较低,每公顷生产总成本在10 000元以下。

现金成本是最主要的成本。观测典型农户现金成本平均占比70.59%,其中,保加利亚、西班牙、匈牙利、波兰、俄罗斯、美国等国玉米生产的现金成本占比超过70%;而我国玉米生产机会成本占比较高,现金成本为5 280.07元/公顷,机会成本7 417.71元/公顷,占比分别为39.80%和55.91%。

玉米生产净收益水平。观测农户玉米生产平均净收益为53.49元/公顷。奥地利、巴西、法国、意大利、波兰和罗马尼亚玉米生产净收益均为负,其中,奥地利、意大利、法国的负净收益是由生产物质投入和动力投入水平较高所致,而巴西、波兰和罗马尼亚玉米生产的负净收益则由生产总收入水平较低所致。乌克兰、西班牙、加拿大等国玉米生产净收益均高于1 000元/公顷,我国玉米生产净收益为898.64元/公顷(图7.4)。

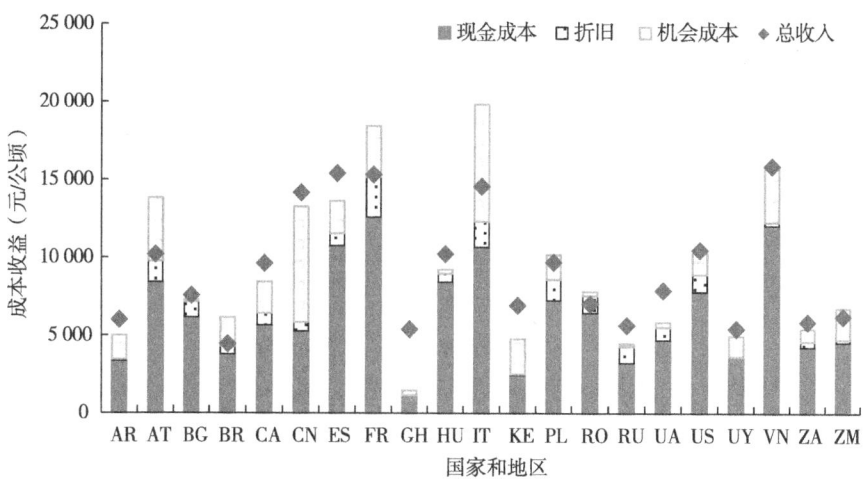

图7.4 典型农户玉米成本收益结构(见书后彩图)

数据来源:根据Agri-benchmark调查数据整理,相关国家代码见表7.1。

7.2.2 大豆生产成本收益比较

(1) 大豆产量水平差异较明显。巴西、法国、意大利、加拿大、美国等国大豆单产量水平较高,每公顷产量超过3吨。阿根廷、西班牙、乌拉圭、乌克兰等国家大豆每公顷产量在2~3吨,而我国大豆单产量处于较低水平,每公顷平均产量仅为1.78吨,仅高于加纳。每公顷大豆的生产收益与单产水平基本是正相关的。法国、意大利每公顷总收入均在10 000元以上,而阿根廷典型农户每公顷收入仅为4 619.19元,仅高于加纳。我国大豆每公顷收入约为9 000元,排在观测典型农户的第4位,主要原因是我国大豆市场价格为3 987.72元/吨,高于其他国家,同时生产收入也包含部分补贴收入,尤其是黑龙江地区自2016年开始实行大豆生产者补贴政策,提高了农户大豆生产收入水平(图7.5)。

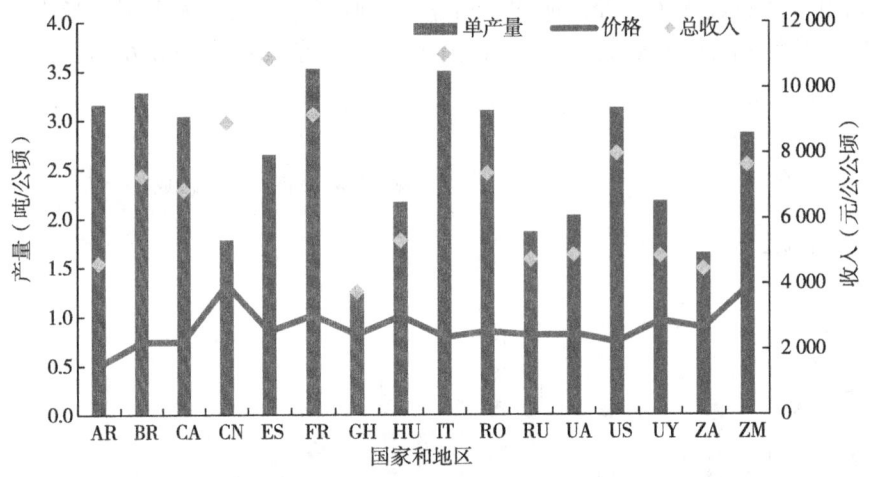

图7.5 大豆产量水平和收入(见书后彩图)

数据来源:根据 Agri-benchmark 调查数据整理,相关国家代码见表7.1。

(2) 大豆生产物质投入结构。生产物质总投入水平差别较大。从种子、肥料、农药等生产物质投入总额来看,以西班牙、法国、匈牙利、意大利、巴西等国为代表的高水平物质投入国家,每公顷物质投入总额超过2 500元。我国大豆生产平均物质投入额为1 096.26元/公顷,处于较低水平。

生产物质投入结构差异。法国、加拿大、西班牙、美国等国家典型农户的物质投入以种子为主，占比超过50%。其中，法国和西班牙种子投入额超过1 800元/公顷，为观测农户最高水平。中国、巴西和匈牙利物质投入以化肥投入为主，其氮、磷、钾合计投入占比分别为50.64%、42.84%和43.31%。阿根廷、罗马尼亚和俄罗斯物质投入主要以农药为主，其农药（除草剂、杀菌剂和除虫剂）投入占比分别为47.35%、71.10%和65.30%（图7.6）。

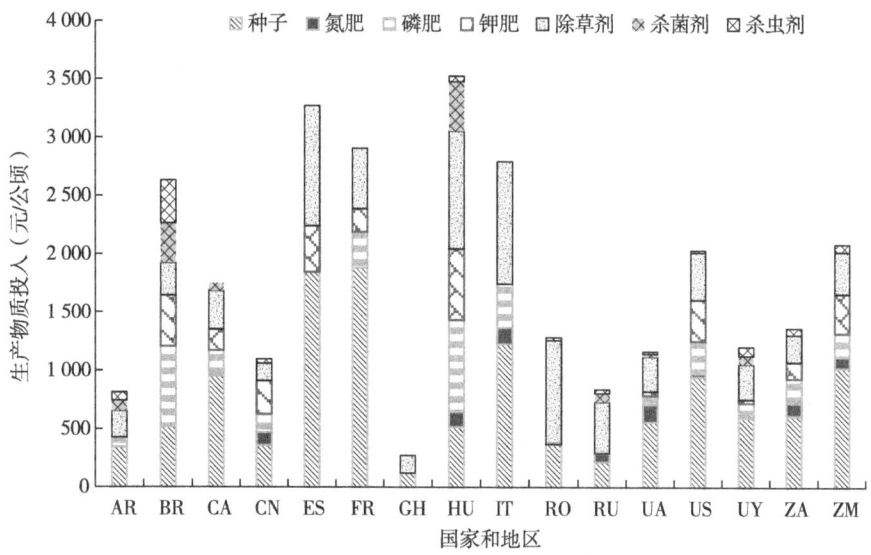

图7.6 大豆生产物质投入（见书后彩图）

数据来源：根据Agri-benchmark调查数据整理，相关国家代码见表7.1。

（3）大豆生产动力投入结构。法国典型农户大豆生产动力投入远高于其他国家。观测农户大豆生产平均动力投入为2 456.27元/公顷，而法国农户大豆生产动力投入总额为6 138.74元/公顷，远高于其他国家，是我国的2.3倍。其家庭劳动和自用机械投入分别为286.17元/公顷和2 409.95元/公顷，均高于其他农户投入水平。我国大豆生产动力总投入为2 671.69元/公顷，仅为法国的43.52%。

大豆生产动力以机械动力投入为主。观测农户平均生产动力投入为1 645.24元/公顷，平均占比为69.94%。其中，巴西、加拿大、匈牙利、俄罗斯、美国等国机械动力投入主要来源于自用机械，自用机械投入占比分别为50.92%、53.16%、40.05%、66.85%和62.27%。西班牙、罗马尼亚、俄罗斯、乌克兰等国的劳动力投入主要来源于雇佣劳动，雇佣劳动占总动力投入的比例分别为17.30%、26.58%、23.17%和23.55%。而我国大豆生产动力投入以家庭劳动投入为主，家庭劳动、雇佣机械、自用机械和燃油投入分别占比58.79%、24.46%、16.17%和0.58%，几乎没有雇佣劳动投入（图7.7）。

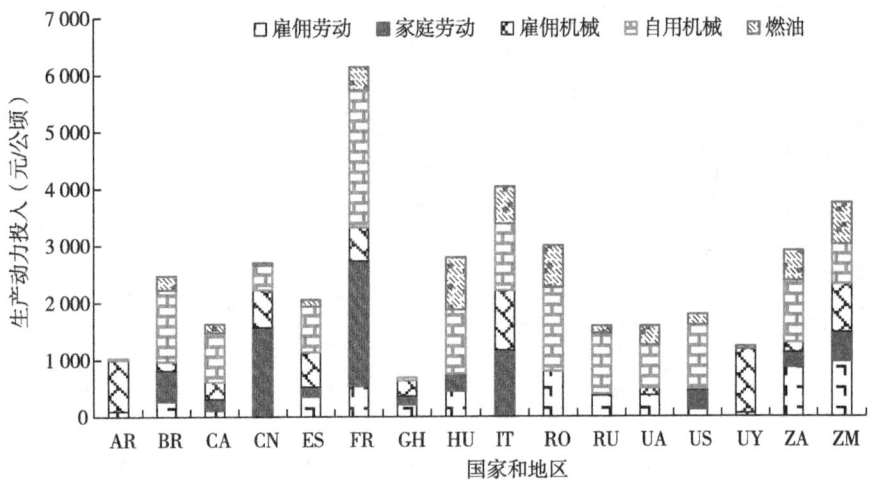

图7.7 大豆生产动力投入结构（见书后彩图）

数据来源：根据Agri-benchmark调查数据整理，相关国家代码见表7.1。

（4）大豆生产成本结构和收益。大豆生产总成本差异。观测典型农户平均总成本为6 987.93元/公顷，其中意大利、法国、西班牙典型农户大豆生产总成本较高，其总成本均高于10 000元；阿根廷、巴西、美国、加拿大等主要大豆生产国生产总成本相对较低，单位面积成本分别为3 488.66元、6 643.51元、7 521.12元和5 483.58元。

现金成本是大豆生产总成本的主要部分。观测农户大豆生产现金成本、折旧和机会成本平均占比分别为67.89%、8.71%和23.40%。其中，西班牙、匈牙利、尼日利亚、美国等国大豆生产中现金成本占比均在

70%以上。我国大豆生产总成本为 8 438.81 元/公顷，处于所有观测农户生产成本的中等水平，其现金成本、折旧和机会成本分别占比 56.18%、3.86%和 39.96%。

现金收益和净收益。观测国家大豆生产平均现金收益为 2 201.47 元/公顷，其中，匈牙利和南非两国大豆生产现金收益为负，原因在于匈牙利生产物质投入较高，每公顷种子、肥料和农药等物质投入超过 3 500 元，而南非的大豆产量水平相对较低，每公顷产量仅为 1.65 吨，单位面积收入水平偏低。从净收益水平来看，观测国家大豆生产平均净收益为 -154.92 元。其中，西班牙、法国、匈牙利、意大利、南非和赞比亚每公顷大豆生产净收益分别为 -1 054.77 元、-3 985.02 元、-3 022.21 元、-2 863.29 元、-1 110.08 元和 -708 元；而加拿大、俄罗斯、乌克兰、乌拉圭等国家大豆每公顷生产净收益分别为 1 386.82 元、1 709.12 元、1 049.87 元和 977.07 元，我国大豆生产净收益为 487.73 元/公顷，高于平均水平（图 7.8）。

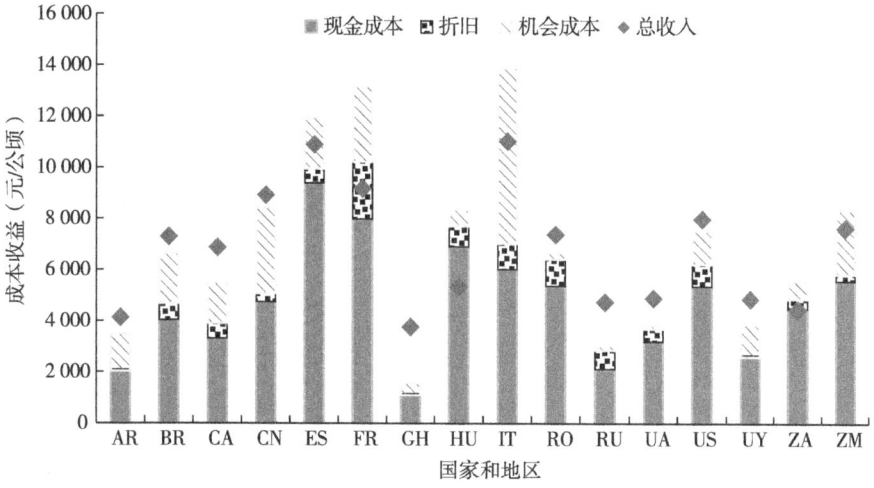

图 7.8 典型农户大豆成本收益结构（见书后彩图）

数据来源：根据 Agri-benchmark 调查数据整理，相关国家代码见表 7.1。

7.2.3 小麦生产成本收益比较

（1）小麦产量水平和收入比较。小麦单产水平差异。观测典型农户小麦单产量为5.77吨,其中,比利时、德国、丹麦、意大利、荷兰和英国等欧洲典型农户小麦单产量均高于8吨;而澳大利亚、巴西、加拿大、摩洛哥、乌拉圭和美国的小麦单产量为2.58吨、2.46吨、3.86吨、2.55吨、3.11吨和3.64吨,均低于平均水平。

小麦总收入水平差异明显。观测农户小麦生产平均总收入为8 250.93元,其中,比利时、德国、爱尔兰、荷兰和英国生产总收入均高于12 000元,而阿根廷、澳大利亚、巴西和乌拉圭典型农户因小麦单产量低导致较低的生产总收入,每公顷总收入均低于4 000元。

我国小麦每公顷产量为4.65吨,低于观测农户平均水平,仅占比利时、德国、丹麦、意大利、荷兰和英国等高产农户的50%左右。小麦生产总收入为11 422.77元,处于较高水平。我国小麦生产收入水平相对较高的原因可归因为我国最低收购价政策,2014—2017年我国小麦最低收购价一直维持在2 360元/吨的历史最高点销售价,保障了农户的生产收益(图7.9)。

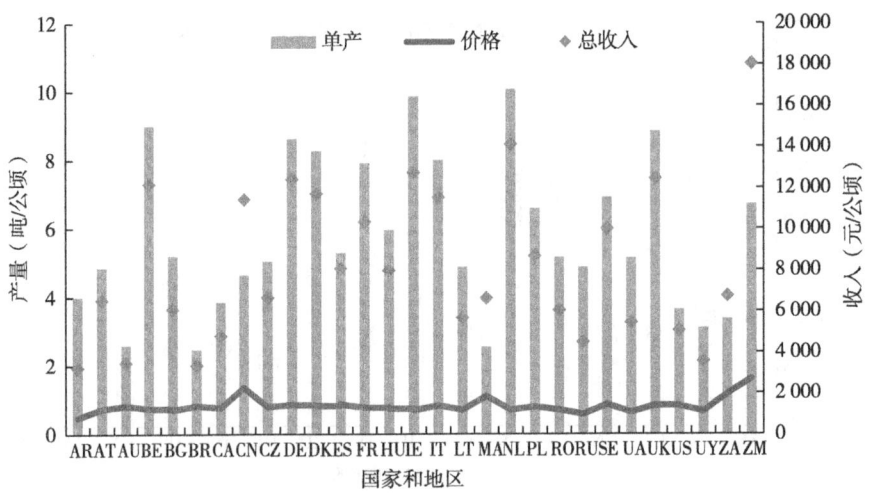

图7.9 小麦单产水平和收入(见书后彩图)

数据来源:根据Agri-benchmark调查数据整理,相关国家代码见表7.1。

(2)小麦生产物质投入结构比较。生产物质投入水平比较。观测典型农户生产物质总投入平均水平为2 317.5元,其中,德国、丹麦、法国、意大利、英国和赞比亚典型农户小麦生产中种子、肥料和农药投入均高于

3 000元；中国、比利时、匈牙利、西班牙、波兰等国典型农户每公顷生产物质总投入为2 500元左右，居于中等水平；而澳大利亚、俄罗斯和乌克兰农户每公顷物质投入分别为1 023.62元、1 123.41元和1 445.09元，远低于平均水平。

肥料是主要的物质投入。观测农户小麦生产中种子、肥料和农药投入平均占比分别为22.85%、49.04%和28.11%，中国、法国、匈牙利、瑞典、英国的典型农户每公顷肥料投入均高于1 400元，远高于平均水平；但比利时和荷兰小麦生产物质投入以农药为主，农药渣比分别为48.31%和41.33%（图7.10）。

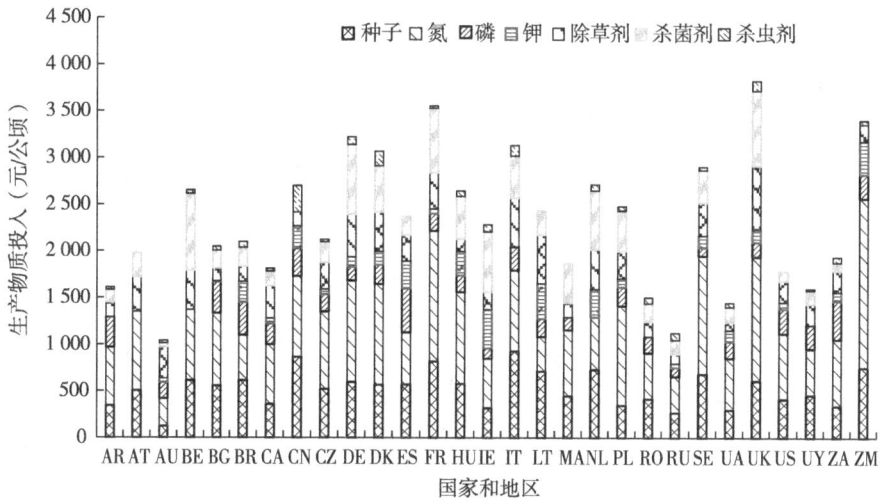

图7.10 小麦生产物质投入（见书后彩图）

数据来源：根据Agri-benchmark调查数据整理，相关国家代码见表7.1。

（3）小麦生产动力投入结构比较。小麦生产动力投入水平比较。观测典型农户生产的劳动、机械和燃油等动力投入的平均水平为3 580.13元/公顷，其中荷兰、中国和奥地利的小麦生产动力投入水平居于前三位，每公顷生产动力投入分别为9 138.22元、7 940.03元和6 649.23元；阿根廷、澳大利亚、加拿大、美国和乌拉圭生产动力投入水平居于后五位，每公顷投入分别为871.34元、1 129.68元、1 502.86元、1 378.29元和1 107.25元。

机械投入是主要的动力投入。所有观测农户小麦生产劳动和机械投入比例平均为30.33%和69.67%，平均每公顷投入水平分别为1 282.97元和2 297.16元。其中，阿根廷、加拿大、爱尔兰、意大利、俄罗斯和乌拉圭小麦生产机械动力投入占比均超过80%。奥地利、德国、意大利、立陶宛、荷兰、英国和赞比亚机械投入均超过3 000元/公顷。但中国和荷兰典型农户小麦生产动力投入主要以劳动投入为主。其中，我国小麦生产家庭劳动成本为5 477.49元/公顷，占比68.99%。荷兰小麦生产劳动投入为4 871.9元/公顷，占比53.31%（图7.11）。

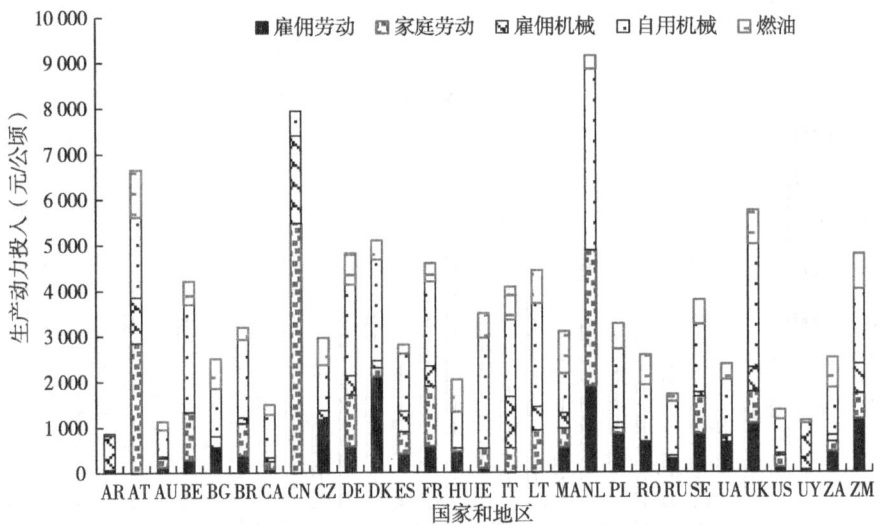

图7.11　小麦生产动力投入结构（见书后彩图）

数据来源：根据Agri-benchmark调查数据整理，相关国家代码见表7.1。

（4）小麦生产成本结构和收益比较。小麦生产总成本比较。观测农户平均生产成本为9 457.82元/公顷，其中，荷兰、比利时、中国和丹麦小麦生产总成本均超过15 000元，位于所有观测农户前四位。阿根廷、澳大利亚、加拿大、俄罗斯、美国和乌拉圭等国小麦生产投入成本较低，总成本低于5 000元，位于所有观测农户的后六位（图7.12）。

小麦生产成本结构比较。观测典型农户生产成本中现金成本、折旧和机会成本平均占比分别为66.00%、11.08%和22.92%。其中，保加利亚、捷克、西班牙、法国、匈牙利、爱尔兰、波兰、俄罗斯、乌克兰、美国等国家小麦的现金成本占比超过70%。中国和比利时小麦生产成本以机会成本投入为主，其机会成本占比分别为65.9%和48.31%，中国小麦生产的机会成本包括家庭劳动投入和自有土地（家庭劳动投入约为4 800元/公顷，土地机会成本约为5 500元/公顷），而比利时小麦生产机会成本主要为使用自有土地产生的机会成本（每公顷约7 500元）（图7.12）。

小麦生产收益比较。观测典型农户生产平均净收益为 -1 206.89元，现金收益平均为3 607.28元。除了澳大利亚、加拿大、捷克、匈牙利、爱尔兰、俄罗斯、乌克兰、南非和赞比亚外，其余国家典型农户小麦生产净收益均为负值，我国小麦生产净收益为 -4 362.36元。

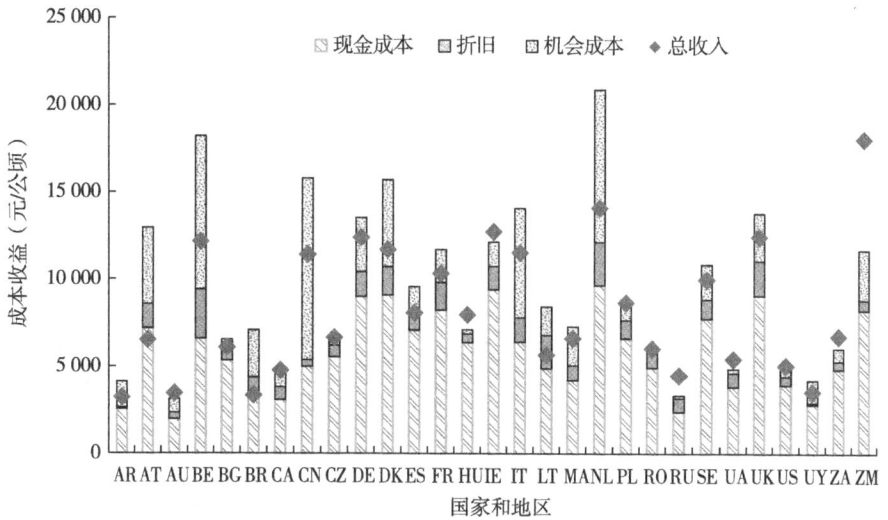

图7.12 典型农户小麦成本收益结构（见书后彩图）

数据来源：根据 Agri-benchmark 调查数据整理，相关国家代码见表7.1。

7.2.4 水稻生产成本收益比较

国内外典型农户水稻生产的观测国家主要包括布基纳法索、中国、加纳、印度尼西亚、印度、老挝、缅甸、尼日利亚、菲律宾、泰国、坦桑尼亚和越南等亚洲和非洲的热带和亚热带地区。

（1）水稻产量水平和收入比较。水稻产量水平。观测典型农户水稻单位面积产量平均为4.86吨,其中,印度和中国水稻单产量最高,分别为7.91吨/公顷和7.52吨/公顷,而加纳、缅甸、尼日利亚、菲律宾和泰国水稻单产均低于4吨/公顷。

水稻生产收入。典型农户水稻平均生产收入为9 955.31元/公顷,其中,印度尼西亚农户水稻生产收入水平最高,每公顷水稻总收入为18 536.26元,主要原因在于较高的市场销售价格。缅甸典型农户因水稻市场价格较低,每公顷生产总收入仅为4 605.49元,是平均收入水平的46.26%,仅为印度尼西亚的24.85%。我国典型农户水稻生产总收入为17 197.10元/公顷,仅次于印度尼西亚(图7.13)。

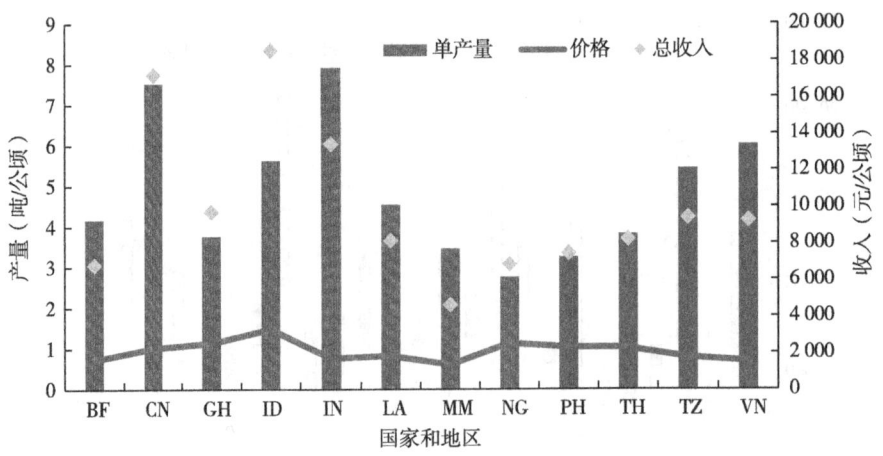

图7.13 水稻单产量及收入(见书后彩图)

数据来源:根据Agri-benchmark调查数据整理,相关国家代码见表7.1。

(2)水稻生产物质投入水平和结构。我国水稻生产物质水平最高。观测典型农户水稻生产物质投入成本平均为2 032.89元/公顷,我国水稻生产物质投入为3 812元/公顷,处于观测农户投入的最高水平;而布基纳法索、老挝、缅甸、尼日利亚和坦桑尼亚每公顷水稻生产物质投入均低于1 500元。

肥料是最主要的物质投入。观测典型农户种子、肥料和农药平均投入比例为18.57%、67.55%和13.88%,每公顷平均投入水平为389.20元、1 308.67元和335.01元。其中,印度尼西亚、印度和缅甸农户的肥料投入占比均高于80%。我国水稻生产物质投入均高于平均水平，每公顷种子、肥料和农药投入分别为1 293.19元、1 724.85元和793.97元，占比分别为33.92%、45.25%和20.83%（图7.14）。

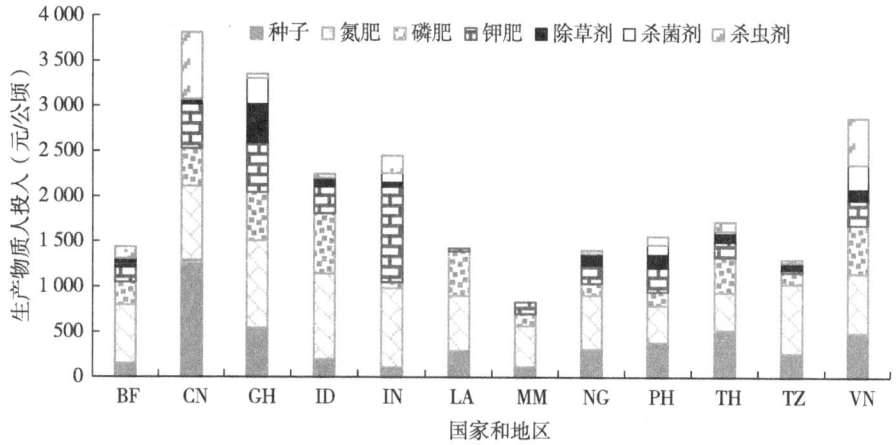

图7.14 水稻生产物质投入（见书后彩图）

数据来源：根据 Agri-benchmark 调查数据整理，相关国家代码见表7.1。

（3）水稻生产动力投入结构比较。水稻生产动力投入水平差异。典型农户水稻生产动力投入平均水平为4 876.59元，其中劳动和机械平均投入分别为3 237.94元/公顷和1 638.65元/公顷。缅甸典型农户生产动力投入最低，仅为1 932.91元/公顷。我国水稻生产动力投入最高，每公顷动力投入为10 277.65元，是平均动力投入的2.11倍。

劳动是主要生产动力投入。水稻生产动力投入中，雇佣劳动、家庭劳动、雇佣机械、自用机械和燃油投入平均占比分别为30.09%、32.74%、25.15%、10.07%和1.96%。其中，布基纳法索、印度尼西亚、老挝和缅甸以雇佣劳动投入为主，雇佣劳动占比分别为41.31%、70.41%、40.05%和41.93%；印度、泰国和越南以雇佣机械投入为主，占比分别为56.90%、47.40%和46.47%。我国水稻生产动力投入以家庭劳动投入为主，家庭劳动投入的机会成本高达7420.98元/公顷，占动力投入的72.21%，是所有观测农户平均水平的4.05倍（图7.15）。

（4）水稻生产成本结构和收益比较。水稻生产总成本水平比较。观

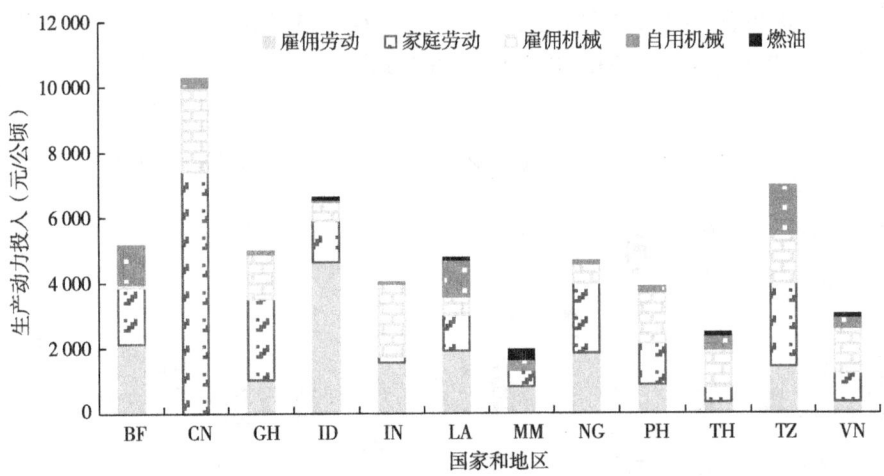

图 7.15 水稻生产动力投入结构（见书后彩图）

数据来源：根据 Agri-benchmark 调查数据整理，相关国家代码见表 7.1。

测农户水稻生产平均总成本为 8 841.07 元/公顷，其中现金成本、折旧和机会成本平均占比为 62.04%、3.67%和 34.29%。缅甸典型农户水稻生产总成本为 3 019.09 元/公顷，是观测农户的最低水平，仅为平均水平的 34%。我国典型农户水稻生产总成本为 17 028.78 元/公顷，为观测农户的最高水平，达到平均水平的 1.93 倍。

现金成本是最主要成本构成。典型农户平均现金成本为 5 281.82 元/公顷，其中，中国、加纳、印度和印度尼西亚的典型农户每公顷水稻现金生产成本分别为 7 800.93 元、6 072.52 元、8 237.65 元和 6 295.39 元。同时，机会成本也是我国和印度农户重要的成本构成，我国水稻生产机会成本主要为家庭劳动成本（约为 7 420.98 元/公顷），印度水稻生产的机会成本主要来自自有土地（约为 6 401.74 元/公顷）。

水稻生产净收益差距明显。观测典型农户水稻生产平均净收益为 1 114.24 元/公顷，其中布基纳法索、尼日利亚和坦桑尼亚净收益均为负，尼日利亚水稻生产净收益水平最低，为 -1 171.16 元/公顷；其余各国典型农户水稻生产净收益均为正值，其中，印度尼西亚水稻生产净收益最高，为 6 979.44 元/公顷；我国水稻生产净收益为 168.32 元/公顷，仅占观测农户平均水平的 15.11%（图 7.16）。

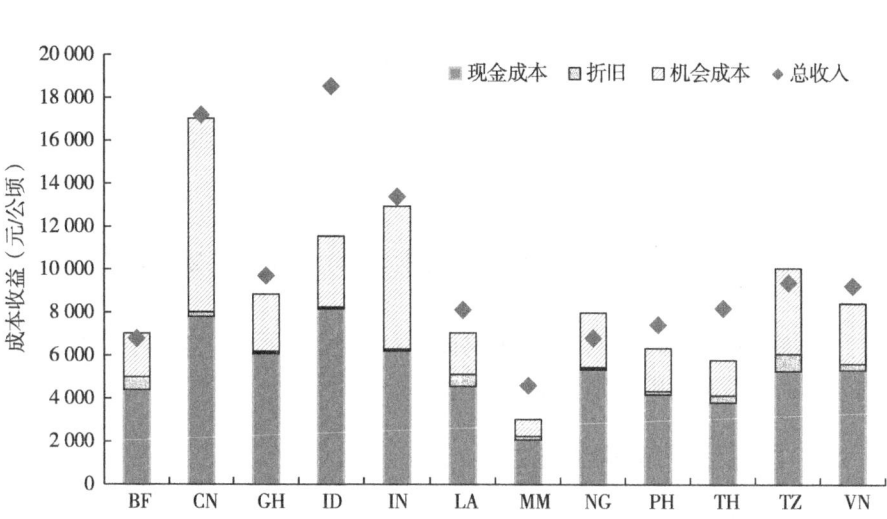

图 7.16　典型农户水稻成本收益结构（见书后彩图）

数据来源：根据 Agri-benchmark 调查数据整理，相关国家代码见表 7.1。

7.2.5　我国饲料粮生产成本收益特点

通过以上对国内外典型农户主要饲料粮生产成本收益的微观分析，可以看到，我国典型农户在生产层面具有以下特点。

（1）单产水平不高但市场收入水平较高。我国主要饲料粮产量水平与高产国家相比还存在差距，以玉米为例，我国典型农户每公顷产量为 7.71 吨，仅为法国、西班牙、意大利、加拿大典型农户单产水平的 59.58%、69.46%、70.09% 和 71.39%，但由于国内市场价格较高，农户单位面积生产总收入处于较高水平。这一特点在大豆、小麦生产中体现更明显。

（2）劳动投入过高，机械投入不足。我国饲料粮生产动力投入主要以劳动投入为主，尤其是家庭劳动投入。机械动力投入相对较低。以玉米生产为例，家庭劳动投入占到总动力投入的 66.37%，而机械及燃油投入仅占 17.33%，远低于美国、加拿大、法国等典型农户机械投入占比，大豆、小麦和水稻生产中，机械投入占比分别为 41.21%、31.01% 和 27.79%，同样是"高劳动、低机械"的动力投入结构。

(3) 生产机会成本高。生产机会成本主要包括家庭劳动使用成本和自有土地使用成本。我国饲料粮生产成本构成中，机会成本占比远超于欧美等发达国家。同样以玉米生产为例，总成本构成中机会成本占到55.91%，而美国、俄罗斯、加拿大、澳大利亚等国家典型农户机会成本仅占到13.63%、4.17%、23.86%和5.51%。

7.3 国内外典型农户主要饲草料生产成本与收益

根据 Agri-benchmark 数据库统计，对典型农户饲草料生产成本收益的分析以苜蓿和青贮玉米为主要分析对象。

7.3.1 苜蓿生产成本收益比较

(1) 苜蓿单产量和收入比较。西班牙苜蓿生产水平具有优势。西班牙是世界第二大苜蓿出口国，其苜蓿产量水平具有比较优势。观测农户苜蓿产量为15.25吨/公顷，分别是保加利亚和南非苜蓿单产量的2.72倍和8.37倍。西班牙苜蓿生产收入为14 588.42元/公顷，分别是保加利亚和南非收入的4.11倍和5.75倍。相较而言，西班牙在苜蓿生产中具有显著的产出优势（图7.17）。

(2) 生产物质和动力投入结构比较。生产物质投入水平。西班牙苜蓿生产种子、肥料和农药总物质投入为2 222.23元/公顷，分别为保加利亚和南非的3.46倍和1.73倍。每公顷种子、肥料和农药投入分别为514.25元、1 476.69元和231.30元，化肥投入占比66.45%（图7.18）。

生产动力投入结构。西班牙苜蓿生产劳动和机械总投入为5 568.62元/公顷，分别是保加利亚和南非的2.84倍和8.90倍，其中劳动和机械投入占比分别为8.13%和91.87%，雇佣机械投入占总投入的73.10%（图7.18）。

(3) 苜蓿生产成本结构和收益比较。现金成本是主要生产成本，生产净收益为负。西班牙苜蓿生产总成本为14 982.89元/公顷，分别为保加利亚和南非的3.08倍和5.56倍。保加利亚、西班牙和南非苜蓿生产现金成本占比分别为89.72%、82.66%和72.44%。从生产收益来看，三国典型农户每公顷苜蓿生产现金收益分别为 -807.29元、2 203.17元和585.75

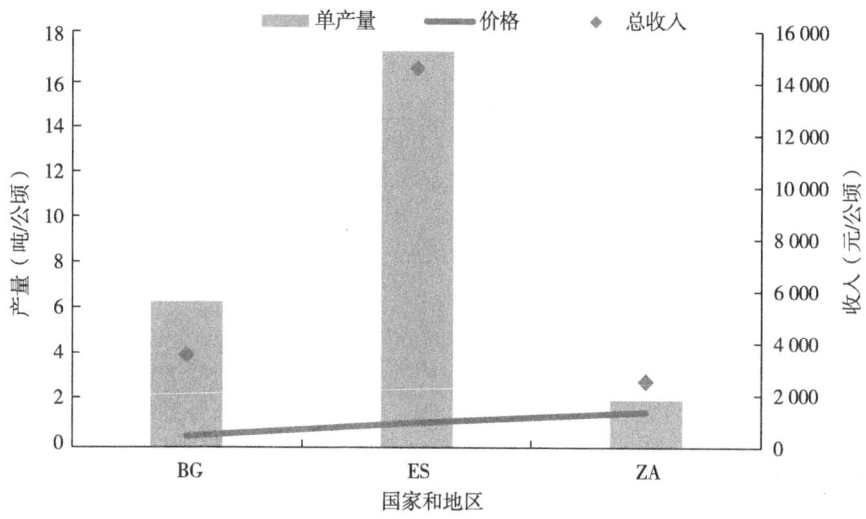

图 7.17 苜蓿单产量及收入

数据来源：根据 Agri-benchmark 调查数据整理，相关国家代码见表 7.1。

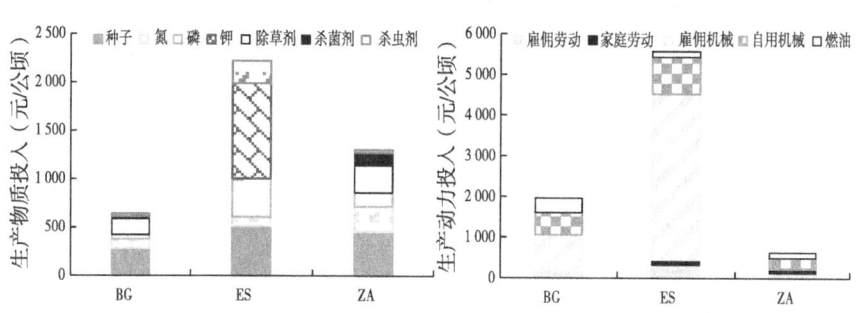

图 7.18 苜蓿生产物质和动力投入（见书后彩图）

数据来源：根据 Agri-benchmark 调查数据整理，相关国家代码见表 7.1。

元，但每公顷苜蓿生产净收益均为负，分别为 -1 306.68 元、-394.47 元和 -156.73 元（图 7.19）。

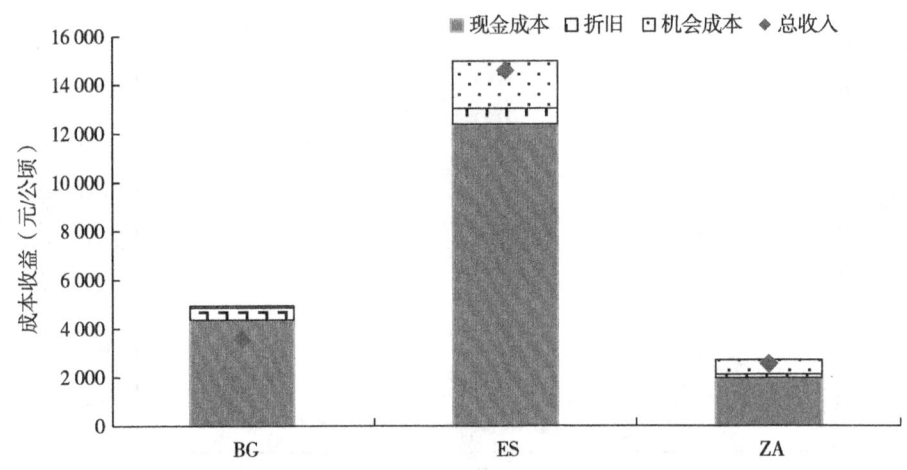

图 7.19　苜蓿生产成本结构和收益（见书后彩图）

数据来源：根据 Agri-benchmark 调查数据整理，相关国家代码见表 7.1。

7.3.2　青贮玉米生产成本收益比较

青贮玉米生产数据中，国外典型农户的生产数据来自 Agri-benchmark，国内数据来自实际调研，其中国外青贮玉米生产典型农户来自比利时、捷克和德国；国内青贮玉米生产典型农户来自云南、河北、黑龙江和新疆四省（区）"粮改饲"试点区。

（1）青贮玉米产量水平与收入比较。典型农户生产水平相差不大。典型农户青贮玉米平均单产为 50.31 吨，我国新疆青贮玉米产量最高，每公顷产量达到 62.10 吨。

我国青贮玉米生产收入水平较高。从青贮玉米总收入看，每公顷青贮玉米生产平均总收入为 12 866.20 元，我国四个省（区）典型农户平均收入为 16 128.14 元/公顷，远高于比利时、捷克和德国生产收入。主要原因在于我国"粮改饲"政策试点区青贮玉米的市场收购价格较高，尤其是云南省试点区青贮玉米市场价格达到 400 元/吨，分别是比利时、捷克和德国市场价格的 2.14 倍、3.11 倍和 1.82 倍（图 7.20）。

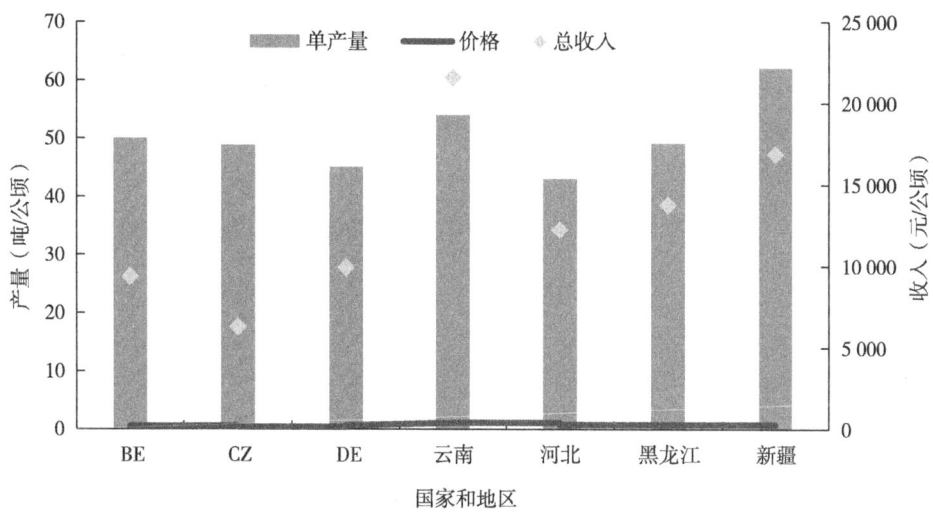

图 7.20 青贮玉米产量及收入（见书后彩图）

数据来源：根据 Agri-benchmark 调查数据和实际调研数据整理，相关国家代码见表 7.1。

（2）青贮玉米生产成本①。肥料是主要物质投入。典型农户青贮玉米主要成本包括种子、肥料、农药、机械、雇佣劳动和家庭劳动几个部分。从种子、肥料和农药等生产物质投入看，肥料是主要的物质投入，典型农户肥料投入平均占比（物质投入）为 55.90%，我国云南、河北、黑龙江和新疆试点区典型农户肥料投入占比分别为 70.59%、60.39%、64.94% 和 66.12%。

我国青贮玉米生产机械动力投入水平偏低，现金收益较高。从生产动力投入看，各典型农户生产动力平均投入为 5 779.58 元，机械投入是主要动力投入。比利时、捷克和德国典型农户青贮玉米生产机械投入占比分别为 82.74%、62.45% 和 71.12%，我国典型农户机械投入相对较少，四省（区）农户占比分别为 5.94%、39.83%、33.60% 和 54.94%；家庭劳动投入较高，以云南为例，家庭劳动投入占总动力投入的比例超过 80%，原因在于受地形限制，青贮玉米生产难以实现机械

---

① 受调研数据限制，此处青贮玉米生产成本仅包括种子、肥料、农药、机械、雇佣劳动、家庭劳动和土地成本几个主要部分（其中家庭劳动和土地成本看作机会成本）。调研数据和国际农户生产数据为 2018 年生产数据。

化作业，对劳动依赖度较高。

从青贮玉米生产的收益水平来看，我国青贮玉米生产现金收益均为正值（总收入中扣除现金成本），四省（区）典型农户每公顷现金收益分别为 15 787.99 元、6 833.94 元、8 071.95 元和 9 957.40 元，均高于比利时、捷克和德国典型农户（图 7.21）。

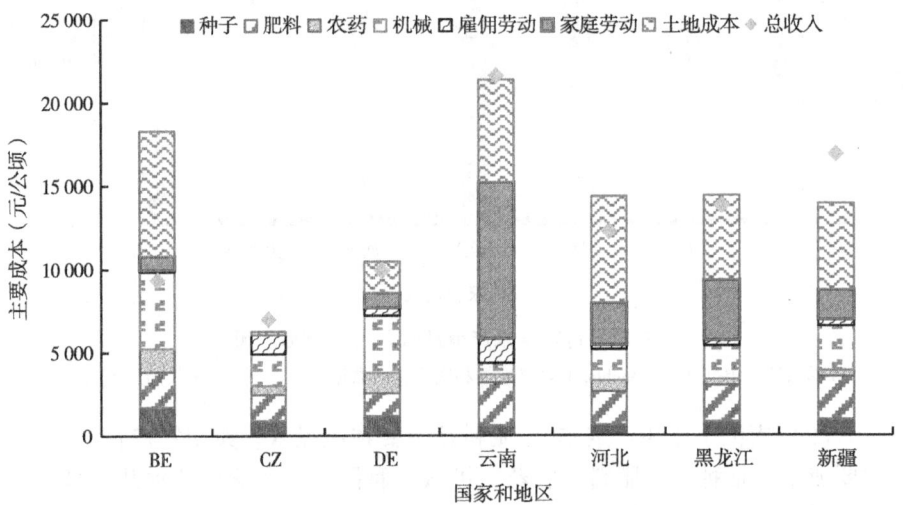

图 7.21　青贮玉米生产主要成本结构（见书后彩图）
数据来源：根据 Agri-benchmark 调查数据和实际调研数据整理，相关国家代码见表 7.1。

7.4　国外典型农户生产决策的政策因素

虽然欧美还没有针对"饲料粮"种植和粮饲种植结构调整直接相关的农业支持政策，但在结构调整、引导和保障农民生产收益方面，也有一些政策值得借鉴。

（1）重视环境保护与生态多样性。欧美国家在饲料粮生产和种植结构调整中存在一定引导政策，尤其是鼓励和支持农业生产环境保护和生态多样性方面。

欧盟"农业共同政策"要求，所有成员国必须将 30% 的直接支付预算用于支持农民开展保护永久性草场、生态重点区域（Ecologic Focus Area，EFA）和作物多样性等活动，促进农业生产地区环境保护和气候条件改善。

农民会因为保护自然环境、生物多样性等做出贡献而获得补偿。在作物多样性方面，10公顷以上的农场须种植2种以上的作物；30公顷以上的农场须种植3种以上的作物，其中最多作物的种植面积不得高于75%，最少作物的种植面积不得少于5%。可耕地面积大于15公顷的农场须保留5%的生态重点区域。生态重点区域在政策执行中有一定的灵活性，并不是只有休耕一种方式，还可以选择种植固氮作物、填闲作物、速生灌木等方式。生态重点区域不一定完全不能生产，符合要求的也可以生产。永久草地政策在成员国的国家层面和区域层面执行，由成员国决定有多少不可改变的永久草地，在保证现有草地面积不减少、生产水平不降低的基础上，更好地促进可持续发展。意大利、法国和西班牙农业生产制度中主要采用三圃制进行草田轮作，即牧草、粮食作物和休闲地进行轮换种植，这种方式有利于改良土壤，在提升土地生产能力的同时维护了种植作物多样化。

美国"农业法案"中，资源环境保护项目资金主要用于保护储备计划（CRP）、保护管理计划（CSP）、环境质量激励计划（EQIP）、农业保护地役权项目（A-CEP）和区域保护合作项目（RCPP）等。保护储备计划（CRP）中规定休耕面积上限定为2 700万英亩（1英亩约为0.40公顷），一般休耕补贴率上限设定为所在县平均地租的85%，持续休耕的土地补贴率设定为不超过所在县平均地租的90%。保护管理计划（CSP）向符合农林用地管理要求的生产者提供财政援助，2019—2023财年累计达39.75亿美元；环境质量激励计划（EQIP）通过向农业生产者提供财政援助，引导其开展诸如节水灌溉、土地健康示范等具有广泛资源环境效益的养护活动。保护性耕作的做法是直接通过EQIP等工作土地保护计划来激励，也可间接通过"保护合规性"要求来激励。保护合规性要求种植高侵蚀性农田的经营者需要采用保护性耕作，以保持联邦农业计划的资格。减少耕作或"免耕"制度可以最大限度地减少土壤干扰，从而减少土壤侵蚀，保持土壤水分，更好地促进土壤健康。2004—2017年，小麦种植户将保护性耕作的种植面积比例从37%提高到67%，玉米、大豆和棉花的种植面积也略有增加[①]。

---

① Daniel Hellerstein, Dennis Vilorio, and Marc Ribaudo (editors). Agricultural Resources and Environmental Indicators, 2019. EIB-208, U.S. Department of Agriculture, Economic Research Service, May 2019.

(2) 关注农民生产收入保障。欧盟在农业直接支付中要求成员国可以自愿选择挂钩支持、自然条件限制地区支持、再分配补贴和小农户计划。挂钩支持允许成员国为农业中潜在的易受影响产业提供有限的与产品挂钩的直补。成员国可以将不超过本国直接支付资金的8%用于支持对经济、社会和环境非常重要的农产品生产。如果理由充分合理，欧盟委员会有权批准成员国发放更高比例的挂钩补贴，如可能为蛋白质作物提供额外2%的挂钩支持。自然条件限制地区支持允许成员国对自然条件限制地区发放特定补贴，满足对特定环境和地区实施保护措施的需求，补贴金额不超过本国直接支付资金的5%。再分配补贴要求成员国可以把不超过本国直接支付总额的30%重新分配于农场主的第一个30公顷。即如果农场的土地面积大于30公顷，只补贴其中第一个30公顷；如果小于30公顷，则按实际面积补贴。小农户计划中，成员国单一面积支付计划国家的农场主、一个财年获得总支付低于100欧元的农场主和获得直接支付面积不足1公顷的农场主可以申请加入小农户计划。无论农场面积大小，农场主可以享受绿色和环保豁免，每年获得一笔固定的补贴，金额为500～1 250欧元，具体由各成员国自行确定①。

美国农业法案中农产品支持项目主要包括价格损失补贴（PLC）及农业风险补贴（ARC），用以弥补粮食生产及销售风险对粮食生产者造成的损失，覆盖玉米、小麦、水稻、高粱等粮食作物。其中，价格损失补贴（PLC）针对重要粮食作物设定参考价格，当粮食作物市场价格低于有效参考价格时，则启动对粮食生产者的补贴，实现"价补分离"，避免对粮食市场的直接性干预。作物保险项目（FCIP）也提供了弥补粮食生产者在产量、收入等方面的损失的方式。不同的保险险种、保险水平、保险单位形成差异化的保费补贴比例，以适应各州地理环境差异及不同规模、经济实力农户的投保需求，扩大保险覆盖面；同时给予参保农户及保险公司保费补贴和管理费补贴，进而降低参保农户保费负担，提高保险公司承保积极性。

(3) 重视农民教育培训和科技提升。欧盟成员国"青年农民计划"要求各成员国可以将不超过2%的直接支付资金来支持40岁以下的青年农

---

① https：//ec.europa.eu/info/food-farming-fisheries/key-policies/common-agricultural-policy_en。

民,从事农业生产的青年农民均可获得一定额外补贴,但补贴期限小于5年。美国也十分注重对新生农民及农民培训的扶持,如为扶持新生或处于劣势地位农民的发展,美国农业法案免除了上述群体贷款担保所要缴纳的1.5%的担保费用,同时向为农民提供培训、教育、技术援助的组织提供财政支持,2019—2023财年年度支持规模将由3 000万美元上升至5 000万美元。

7.5 小结

本章结合 Agri-benchmark 的典型农户调查数据和我国"粮改饲"试点区种植户调研数据,对国际主要饲料粮生产国和地区的典型农户饲料粮、饲草及青贮玉米生产的成本收益进行比较分析。通过对比发现,我国典型农户在生产层面与发达国家和地区相比差距表现为:单产水平不高;劳动投入过高,机械投入不足;生产机会成本过高等。虽然欧美还没有针对"饲料粮"生产的农业支持政策,但在结构调整、引导和保障农民生产收益方面,也有一些政策值得借鉴,例如重视环境保护与生态多样性、关注农民收入保障、重视农民教育培训和科技提升等。

8 研究结论与政策建议

8.1 主要结论

(1) 随着我国畜牧业的快速发展，对饲料粮的需求逐年增加，生猪仍然是耗粮最大的畜种，草食家畜的饲料粮消耗占比较小。目前，我国饲料粮缺口日益显著，需要调节畜牧业饲养结构，提升草食家畜的占比。具体表现如下。

根据测算我国饲料粮供给在2018年已达到32 260.42万吨，占到粮食生产的近50%，其中玉米是最主要的饲料粮，占到饲料粮的60%左右，玉米产量的近70%是作为饲用。饲料粮需求也已达到32 508.7万吨，其中生猪的饲料粮需求最大，占饲料粮需求的约50%，耗粮型畜牧业（生猪、禽蛋、禽肉）所消耗的饲料粮占到饲料粮需求的80%左右，草食畜牧业（肉牛、肉羊及奶牛）所消耗的饲料粮仅占饲料粮需求的10%左右，另有10%左右是水产品及其他。

通过供需情况可以看出，当前我国饲料粮供需矛盾仍然突出，饲料粮供需缺口日益显著，玉米库存正在不断消耗，原有高库存的现状正在改变。总量与结构都不平衡是饲料粮供需矛盾产生的根本原因，其次才是国内外价差。

草食家畜的确具备节粮优势，然而近年其单位产品生产饲料粮消费量与猪肉生产的差距在不断缩小。从缓解饲料粮需求增长的角度看，目前耗粮比例在前两位的生猪与家禽养殖中饲料粮比例，尤其是谷物比例相对较固定，可下降空间有限，因此，大力发展节粮的草食家畜业成为缓解饲料粮供需矛盾的关键抓手。

(2) 在"粮改饲"政策的补贴推动下，青贮玉米的播种和收获面积大幅度提高。但是如果没有补贴支持，农户进行种植业结构调整的意愿并不高。无论是青贮玉米还是籽粒玉米，生产效率总体呈上升趋势。随着籽粒玉米价格的上涨，农民种植青贮玉米的意愿会随之降低。具体表现在：虽然青贮玉米种植规模大于籽粒玉米，但是随着籽粒玉米价格回升，籽粒玉米的种植规模呈上升趋势，青贮玉米的总体种植规模略有下降，籽粒玉米的单位净面积收益亏损额逐渐低于青贮玉米。

云南省的青贮玉米单位面积产量和市场价格较高，其收益和生产效率都高于本省的籽粒玉米，生产优势明显。新疆地区的籽粒玉米单位面积产量最高，单位面积的净收益最高。河北省的籽粒玉米单位面积净收益高于青贮玉米。黑龙江省的籽粒玉米受市场价格回升的影响，净收益高于青贮玉米。

技术进步推动生产效率提高，玉米生产效率总体呈上升趋势。随着规模调整和技术进步，籽粒玉米和青贮玉米的生产效率差距缩小，但是各省（区）情况不同。新疆地区籽粒玉米生产的规模优势显著，青贮玉米生产技术进步而规模优势相对下降。云南省青贮玉米生产效率较好，种植规模还需适当调增。黑龙江省玉米生产技术相对较高，籽粒玉米生产效率赶超青贮玉米。河北省玉米生产效率呈下降趋势，是四省（区）最低。

"粮改饲"政策实施后青贮玉米播种面积显著增加，但农户对未来种植青贮饲料还存在较多不确定性。调研样本中，大部分农户对未来是否增加青贮饲草料的种植面积比较谨慎，只有1/3的农户表示未来愿意增加青贮饲草料的种植面积，37.65%的农户不清楚未来是否增加或者减少青贮饲草料的种植面积，主要是担心自然灾害和市场风险。

（3）"粮改饲"政策给养殖户带来了实惠，降低了养殖成本，但并不十分显著。奶牛养殖户/场对青贮玉米等青饲料的接受和使用程度略高于肉牛养殖户/场，肉牛的青贮饲料使用潜力还有待进一步挖掘。具体体现如下。

无论是肉牛养殖还是奶牛养殖，不同地区不同养殖模式的饲料粮构成比例差异较大，各地根据自身的资源禀赋和环境优势，形成了自己独特的饲草料和配比。

不同规模的养殖户对"粮改饲"政策以及使用青贮玉米饲料的接受程度不同，规模养殖场对利用青贮饲料的意愿更高，大型奶牛养殖场/企业，已经完成了对奶牛饲料日粮的优化，青贮玉米使用率较高。

奶牛养殖户对青贮玉米使用的满意度高于肉牛，体现在能够更好地提高产奶效率和牛奶的质量。而肉牛养殖的青贮饲料使用潜力还有待进一步挖掘。

在河北、云南等地的"粮改饲"试点地区，实施"粮改饲"政策后，养殖户的饲料成本降低，养殖效率、收益都提高，与非试点区的差异逐步显现。非试点区对政策需求增加。

（4）"粮改饲"政策的执行对种植户没有显著的影响，因为各地补贴对象是收储企业，种植户对政策的直观感受不强烈；仅靠补贴来提升养殖户的效益，效果并不显著，但是在购买青贮饲料时能够受到补贴实惠。

"粮改饲"政策执行对种植户收入并没有显著的影响，但对于四个省（区）的总体样本及黑龙江、新疆，政策执行试点县种植户收入有显著的正影响，河北、云南种植户收入的影响不显著。而对总体调查样本来说，政策执行时间节点与种植户收入没有明确的显著关系，通过调查所得到的信息判断，主要的原因如下：一是各省在选择"粮改饲"试点县时会优先选择经济基础、发展潜力好、畜牧业较为发达的地区，其发展速度本身就高于非试点县；二是在执行"粮改饲"政策时，各地区没有明确的时间节点，许多思维活跃的种植户在"粮改饲"政策执行前，已改种青贮玉米，因此，政策执行前后的影响并不显著；三是在调查中发现许多农户种植青贮是为了自用，种植收入增长部分转移到养殖收入中。

对养殖户而言，在2018年试点区实际补贴标准的基础上，养殖户因获得补贴标准提高产生的养殖收益及日粮结构变动幅度较小，仅依靠提升补贴标准产生的养殖效益增收效果不大；同等补贴标准下，青贮设施建设补贴产生的"增收"效果远低于收贮量补贴，而以限定种植户交售质量的全株青贮玉米生产补贴政策能同时实现种养主体双方的生产收益，实现种养共赢；以干物质为基础的全株青贮玉米定价方式能够较好地提高补贴效果，既能保障试点区全株青贮玉米种植收益，也可以提高青贮饲草收贮质量和养殖收益。

（5）尽管从模型冲击的结果来看，"粮改饲"政策所产生的效果在提升养殖效率方面尚不显著，但是该政策在调减非优势产区籽粒玉米，调整种植业结构方面起了良好作用。

"粮改饲"是调减玉米阶段性供过于求的有力举措，也是保障我国粮食安全，特别是饲料粮安全的重要手段。"粮改饲"政策的实施为我国畜

8 研究结论与政策建议

牧业发展提供了新的平台和机遇，饲料粮和饲草料种植面积快速增加对于我国种养效率的提高也有正向影响，为我国（中国）畜牧业发展打下坚实基础。

基于现有数据并构建局布均衡模型进行模拟中国饲料粮供需总体呈现出增长态势。预计到2025年中国饲料粮供给量达到3.30亿吨，其中国内产量2.25亿吨、进口量1.05亿吨、出口量26.17万吨；推动畜禽养殖呈现出增长态势，2025年畜禽养殖量达到40.71亿个羊单位，畜禽养殖饲料粮消费需求达到3.00亿吨。"粮改饲"政策效应明显，但未来饲料粮调减面积应保持在适度规模。"粮改饲"政策的进一步实施助推饲料粮产量下滑，但畜禽养殖呈现出持续增长态势，致使饲料粮进口增长而出口呈现出下滑态势，同时推动饲料粮价格上涨。比较不同"粮改饲"政策调减方案效果，若以畜禽养殖规模增长为政策目标，"十四五"时期保持每年500万亩左右的"粮改饲"调减规模更合适；若将适度降低饲料粮进口依赖度为政策目标，"十四五"时期延续"十三五"每年1000万亩左右的调减规模可行，但每年继续调减1000万亩左右的饲料粮面积对畜禽养殖规模增长的政策作用小。

（6）通过国内外典型农户比较发现，我国"典型农户"在生产层面与发达国家和地区相比差距表现为：单产水平不高；劳动投入过高，机械投入不足；生产机会成本过高等。说明我国在技术进步、提升劳动效率等方面还有较大潜力可以挖掘。

通过结合 Agri Benchmark 的"典型农户"调查数据和"粮改饲"试点区种植户调研数据，对国内外主要饲料粮生产国和地区的"典型农户"饲料粮、饲草及青贮玉米生产的成本收益进行比较分析。我国"典型农户"在生产层面与发达国家和地区相比差距表现为：单产水平不高；劳动投入过高，机械投入不足；生产机会成本过高等。虽然欧美还没有针对"饲料粮"生产的农业支持政策，但在结构调整引导和保障农民生产收益方面，也有一些政策值得借鉴，例如重视环境保护与生态多样性、关注农民收入保障、重视农民教育培训和科技提升等。

8.2 政策建议

根据上述结论，提出如下政策建议供参考。

(1) 在进行种植业结构调整的同时，注意保障玉米等饲料粮作物的种植面积，确保饲料粮供给稳定。

稳定玉米种植预期，降低草地贪夜蛾等病虫害对玉米生产的影响。适时开展临时性收储，稳定农民玉米种植预期，降低优势产区玉米播种面积下滑幅度。提早动手，强化西南地区草地贪夜蛾防控，对已经见虫的地区开展生物防控，尽可能降低草地贪夜蛾对玉米生产的影响，确保2020年玉米产量保持稳定。强化藏粮于技，培育营养型饲料专用玉米新品种。重点培育高蛋白饲用玉米专用品种，在有效保障能量供给的同时，可为蛋白质饲料提供重要补充。玉米蛋白每提高1个百分点，相当于每年多生产255.4万吨蛋白，按亩产大豆300千克、大豆蛋白含量35%计算，相当于节约2 432万亩耕地用于生产大豆蛋白饲料，有助于缓解蛋白饲料粮需求紧张态势。

(2) 由于当前"粮改饲"政策的补贴方式对种植户调整种植结构的效果并不显著，需要通过"粮改饲"补贴政策优化由"量补"到"质补"转变，继续发挥好"粮改饲"试点补贴政策的实施效果，保障和提升农牧民生产收益。

调整补贴重点，由"量补"到"质补"。转变当前"粮改饲"补贴仅关注青贮饲草收贮量的补贴方式，将补贴重点转移到青贮饲草收贮质量上来。设计"有条件"的全株青贮玉米生产补贴，即按照实际交售青贮干物质不低于32%的交售量为基础核算种植户获得的实际补贴量，以生产补贴的方式激励试点区种植户提高高干物质青贮玉米交售的积极性，为草食家畜养殖户提供优质青贮饲草来源，推动实现种养双赢。优化定价方式，助推补贴效果。完善以干物质含量为定价基础的全株青贮玉米定价方法，按照同等干物质价格水平计算试点区全株青贮玉米鲜重价格。根据当地籽粒玉米产量和市场价格核算种植户生产收益水平，在保障种植户生产收益的基础上，按照"高干物质高价格"的原则确定全株青贮玉米价格等级，对干物质含量高于32%全株青贮玉米可以放开收购，同时拒收干物质含量低于30%的全株青贮玉米。通过优质优价的等级定价方式，促进优质青贮饲草料生产。

(3) 应通过产业振兴、要素投入，积极带动"粮改饲"进一步发挥效果，提高养殖效率，改进动物饲养模式。

产业振兴带动"粮改饲"发挥作用。要下大力气保障"粮改饲"政策下游的养殖业的振兴,养殖业振兴会通过价格传导的方式,自然而然地带动种植业结构向更为合理的方向调整和发展。实现产业振兴的主要着力点有:首先以奶业振兴为核心。着力建设好绿色优质奶源基地建设工程、乳制品加工培育工程、产品质量提升工程和乳品知名品牌创建工程四大工程,全面实现奶业振兴,实现奶源基地、乳品加工企业、乳品品质、乳品品牌等"四个世界一流"的战略目标。推广"奶价保险",维护奶企和养殖场之间的利益联结。政府应当鼓励"奶价保险"的发展,当原奶年平均收购价格低于一定标准时,保险公司按照差价进行赔偿,保护奶农不亏损。政府重点要针对保险公司动力不足的情况,通过对保险公司补贴的方式激励其积极性。合理布局奶企。政府不仅要关注产业集聚效应的发挥,将乳企布局在养殖业发展基础好的地区;也要兼顾到更大范围地带动养殖业发展的角度,特别是要关注到有挖掘潜能的地区,合理分布乳企,降低养殖户运输成本,带动养殖业快速发展。其次以肉牛产业振兴为补充。一是通过发展屠宰等深加工产业来带动肉牛养殖,分享增值收益。二是通过"肉牛价格保险"来抵御市场风险。三是提高管理水平和全株青贮玉米饲喂水平,改善肉质、减少出栏周期,起到降低成本、增加收益的作用。

要素投入助推"粮改饲"政策。加强养殖业用地支持,特别是要鼓励利用现有场地资源。鼓励现有养殖场提升管理水平、扩大经营规模。通过降低空栏率、探索立体养殖等方式提高土地利用率。事实上,有些养殖场由于行业波动、经营不善或者转产经营,已超出养殖行业,但是养殖场地还在,可以充分利用这类土地为养殖场扩大规模提供场地资源。提供"粮改饲"收购专项金融业务。政府可以与邮储银行、农业银行联动,为收储企业开辟专项"青贮贷"业务,解决奶牛养殖场储备青贮饲料的资金需求。为了规避风险,发放对象主要为:可以确定,与金融机构认同的奶企签订原奶收购协议,贷款是用于收储加工青贮饲料并以原奶结算款作为主要还款来源的养殖场。以降低养殖户收购全株青贮玉米的资金压力,促进全株青贮玉米收购。加强耐旱、抗倒伏玉米专用品种的研发、推广与技术指导。加强技术指导,优先指导养殖场掌握优质高效专用品种种植方法,推动"粮改饲"模式更加多元化。

政府积极作为,护航"粮改饲"政策效果。积极推广和鼓励申报"粮改饲"项目,助力降低全株青贮玉米生产成本。在"粮改饲"项目补贴资金的获取方面,只依靠养殖企业的力量是薄弱的,必须由地方政府统筹协调推动。地方政府对"粮改饲"项目的积极争取和推广,可以增加养殖户发展养殖产业信心。二是协调好全株青贮玉米专业收购企业与养殖场之间的利益冲突,保障全株青贮玉米市场良性运行。一方面完善监督机制,监管专业收贮企业的全株青贮玉米质量,避免专业收贮企业的提前低质抢收行为,确保市场良性竞争。另一方面必要时可以通过调整补贴对象的方式来保障当地全株青贮玉米的市场秩序,如取消对严重扰乱市场的专业青贮玉米收购企业的补贴。三是做好玉米紧平衡状态下,对牛养殖业全株青贮玉米需求的保障工作。经历了非洲猪瘟疫情打击的寒冬后,目前生猪生产的恢复性势头比较明显,对籽粒玉米的需求会大量增加,在猪饲料中,玉米用量最大,比例高达60%左右。在当前玉米供需紧平衡状态下,生猪产能的恢复很可能在区域内形成与草食家畜争饲料粮的态势。政府要高度重视建立本县玉米供给预警机制,协调好生猪和草食家畜产业的玉米需求;非生猪养殖主产区也要做好预案,警惕畜禽产业间的争粮现象。

(4) 模型冲击结果表明,"粮改饲"政策的实施对于我国种养效率的提高也有显著的正向影响,应进一步推行"粮改饲"政策。一是进一步强化"粮改饲"政策支持,扩大政策覆盖范围,继续加大规模化草食家畜养殖场(户)、专业收储企业(合作社)及社会化服务组织的扶持力度,兼顾其他经营主体特别是传统小农户参与"粮改饲"、发展优质饲草料产业的积极性;同时确保"十四五"时期"粮改饲"政策规模每年维持在500万亩左右。二是强化饲料粮产业科技支撑力度。增强饲料粮产业科技政策供给,完善科技创新及成果转化体系,推动产学研深度融合;聚焦薄弱环节与关键技术,加大联合攻关,加强良种繁育与技术推广,加快新成果、新装备应用;推动优良品种、先进技术、实用装备等尽快进村、入户、到场、到田;通过强化科技支撑,确保饲料粮减面积但能稳产量。三是加强饲料粮贸易合作力度。积极向主要进口来源国发布需求信息,增强来源国饲料粮生产预期,稳定饲料粮对华出口能力;强化与俄罗斯、乌克兰等中东欧"一带一路"沿线国家的饲料粮贸易合作力度,拓宽贸易渠道,避免贸易市场过度集中带来的风险;构建应对突发事件的贸易应急管理机制,增设临时性、过渡性支持政策,确保遭遇突发事件时饲料粮稳定进口可得到有效保障。

参考文献

陈曦,2015. 关于辽宁实施"粮改饲"的思考[J]. 中国畜牧业(19):21.

陈香玉,2014. 提高中国粮食自给率的形势分析及政策建议[J]安徽农业科学,42(35):12695-12697.

陈永福,2004. 中国食物供求与预测[M]. 北京:中国农业出版社.

程国强,周应华,王济民,等,1997. 中国饲料供给与需求的估计[J]. 农业经济问题(5):25-29.

仇焕广,李登旺,宋洪远,2015. 新形势下我国农业发展战略的转变——重新审视我国传统的"粮食安全观"[J]. 经济社会体制比较(4):11-19.

仇焕广,徐志刚,吕开宇,等,2015. 中国玉米产业经济研究[M]. 北京:中国农业出版社.

储燕涛,2003. 中国饲料粮市场分析[D]. 北京:中国农业大学.

崔蓓琳,2019. "粮改饲"背景下沧州地区不同种植模式成本效益分析[D]. 保定:河北农业大学.

丁光省,2019. 从欧美青贮玉米产业发展看我国之差距[J]. 中国乳业(4):30-35.

古丽帕夏·吐尔逊,热依赛·阿不都外力,2017. 西门塔尔牛生长发育规律分析[J]. 中国乳业(9):30-33.

郭金花,刘晓洁,吴良,等,2018. 我国稻谷供给与消费平衡的时空格局[J]. 自然科学学报,33(6):954-964.

国家统计局,[2019-08-09]. 人民生活实现历史性跨越 阔步迈向全面小康——新中国成立70周年经济社会发展成就系列报告之十四[EB/OL].

新华网.http：//www.gov.cn/xinwen/2019-08/09/content_5420006.htm.

韩昕儒，陈永福，钱小平，2014.中国目前饲料粮需求量究竟有多少[J].农业技术经济（8）：60-68.

胡向东，2017.关于"粮改饲"种植结构调整的思考[J].价格理论与实践（2）：21-22.

胡向东，王济民，2015.我国生猪饲料粮消耗量估算及结构分析[J].农业技术经济（10）：4-14.

胡小平，郭晓慧，2010.2020年中国粮食需求结构分析及预测——基于营养标准的视角[J].中国农村经济（6）：4-15.

黄季焜，2013.农产品进入供需难平衡期的国家食物安全问题[J].江西农业大学学报（社会科学版）（1）：1-3.

黄季焜，李宁辉，2003.中国农业政策分析和预测模型——CAPSiM[J].南京农业大学学报（社会科学版）（2）：30-41.

黄琳，王刚，吕晓慧，等，2017.我国草食畜牧业饲草料需求及其对农业种植结构调整影响的分析[J].广东畜牧兽医科技，42（2）：8-16.

黄佩民，俞家宝，1997.2000—2030年中国粮食供需平衡及其对策研[J].管理世界（2）：154-160.

贾伟，秦富，2013.我国粮食需求预测[J].中国食物与营养（19）：40-44.

孔祥智，2016.农业供给侧结构性改革需关注三大重点问题[J].前线（10）：46-50.

蓝海涛，王为农，2008.中国中长期粮食安全重大问题[M].北京：中国计划出版社.

李国祥，2014.2020年中国粮食生产能力及其国家粮食安全保障程度分析[J].中国农村经济（5）：4-12.

李景芬，2016.后备奶牛饲养管理的要点[J].现代畜牧科技（1）：24.

李龙兴，杨丰，张明均，2019.贵州省"粮改饲"项目实施现状及问题探讨[J].中国畜牧业（15）：25-26.

廖永松，黄季焜，2004.21世纪全国及九大流域片粮食需求预测分析[J].南水北调与水利科技（1）：29-32.

林毅夫，陈锡文，梅方权，等，1995. 中国粮食供需前景［J］. 中国农村经济（8）：3-9.

刘加文，2009. 我国农区草业发展再思考［J］. 草地学报，17（3）：270-273.

刘连贵，2018. 创新驱动，率先实现中国饲料工业的现代化［J］. 湖南饲料（1）：6-7.

卢德勋，张子仪，2000. 中国饲料学［M］. 北京：中国农业出版社.

鲁珊，肖荷霞，徐玉鹏，等，2019. 青贮玉米发展现状及高产高效栽培技术［J］. 作物研究，33（6）：590-591.

陆文聪，黄祖辉，2004. 中国粮食供求变化趋势预测：基于区域化市场均衡模型［J］经济研究（8）：94-104.

吕新业，胡非凡，2012. 2020年我国粮食供需预测分析［J］. 农业经济问题（10）：11-18.

马恒运，2000. 在外饮食、畜产品需求和食品消费方式变化研究［D］. 北京：中国农业科学研究院.

马记成，[2018-09-03]. 如何根据玉米成熟度来判断青贮干物质与营养价值［EB/OL］. 搜狐. https://www.sohu.com/a/251560755_760631.

马菱艺，马晋，2018. 全株玉米青贮与秸秆青贮成本对比——以太谷县昌晟农牧奶牛养殖合作社为例［J］. 当代经济（7）：92-95.

马梅，王明利，达丽，2019. 内蒙古"粮改饲"政策的问题及对策［J］. 中国畜牧杂志，55（1）：147-150.

马有祥，2017. 推广"粮改饲"构建新型种养关系［J］. 甘肃畜牧兽医，47（3）：19-20.

梅方权，1995. 生产1万亿斤粮食迫切需要作出重大的战略调整［J］. 中国农村观察（1）：30-33.

农业部，2003. 关于促进饲料业持续健康发展的若干意见［J］. 饲料研究（2）：24-26.

农业部，[2016-04-28]. 农业部解读《全国种植业结构调整规划（2016—2020年）》［EB/OL］. 农业部网站. http://www.gov.cn/zhengce/2016-04/28/content_5068865.htm.

农业部，2017. 2017年河北省"粮改饲"面积将逾200万亩［J］. 现代食品（3）：35.

乔国华，李桂杰，肖志刚，等，2017. 甜菜颗粒替代玉米对奶牛消化及瘤胃消化动力的影响 [J]. 粮食与饲料工业（3）：38-44.

冉娟，2016. 中国精饲料供需研究 [D]. 北京：中国农业科学院.

任继周，林慧龙，2009. 农区种草是改进农业系统、保证粮食安全的重大步骤 [J]. 草业学报（5）：1-9.

撒旭东，2018. "粮改饲"政策效应分析与关键问题研究观点 [J]. 农民致富之友（6）：201.

申秋红，2007. 中国禽肉生产与消费分析 [J]. 中国家禽（12）：1-8.

史枢卿，2017. 青贮玉米的定价机制 [J]. 中国奶牛（8）：7-13.

孙雪莉，等，2018. 全株青贮玉米对西门塔尔杂交牛生产性能、表观消化率及血液生化指标的影响 [J]. 草业学报（9）：201-209.

田维明，周章跃，等，2007. 中国饲料粮市场供给需求与贸易发展 [M]. 北京：中国农业出版社.

王国刚，王明利，王济民，等，2015. 中国草食家畜养殖的时空动态及其影响因素 [J]. 地理学报（7）：1091-1100.

王晋莉，杨瑞娥，高照平，2008. 不同处理玉米秸育肥肉牛效果比较 [J]. 山西农业大学学报（自然科学版）（3）：320-323.

王明华，2012. 对我国饲料粮供需形势的分析 [J]. 调研世界（2）：24-27.

王明利，王美桃，杨春，等，2013. 构建我国"粮+经+饲+草"四元种植结构研究 [J]. 甘肃农业（5）：3-5.

王兴文，2014. 不同来源粗饲料和蛋白质日粮对奶牛瘤胃产甲烷菌群落结构和数量的影响 [D]. 兰州：甘肃农业大学.

吴连翠，2011. 基于农户生产行为视角的粮食补贴政策绩效研究 [D]. 杭州：浙江大学.

伍德里奇，2007. 横截面与面板数据的经济计量分析 [M]. 北京：人民大学出版社.

武婷婷，等，2017. 日粮中不同粗饲料组合对南方肉牛生长性能及血清生化指标的影响 [J]. 中国牛业科学，43（4）：21-26.

辛贤，尹坚，蒋乃华，2003. 中国畜产品市场：区域供给、需求和贸易 [M]. 北京：中国农业出版社.

徐贤权, 1996. 世界粮食供应紧张与对我国粮食进口的一些看法 [J]. 中国食物与营养 (2): 32-33.

许尚忠, 魏伍川, 2002. 肉牛高效生产实用技术 [M]. 北京: 中国农业出版社.

薛凤蕊, 乔光华, 苏日娜, 2011. 土地流转对农民收益的效果评价——基于DID模型分析 [J]. 中国农场观察 (2): 36-44.

薛莉萍, 郑爱华, 马平, 2013. 全株玉米青贮饲料饲喂肉牛增重效果试验 [J]. 中国牛业科学, 39 (1): 18-20.

杨春, 韩振, 2017. "粮改饲" 试点推进探索 [J]. 农业展望, 13 (10): 32-35.

杨库, 等, 2007. 不同干物质含量全株玉米青贮营养成分及有机酸比较 [J]. 中国奶业 (8): 18-20.

杨万江, 1999. 危机与出路: 中国粮食结构与农业发展新论 [M]. 北京: 社会科学文献出版社.

杨艳涛, 秦富, 2017. "十三五" 时期我国饲料粮供需与进口再平衡调控政策选择 [J]. 经济纵横 (2): 104-110.

杨艳涛, 吴敬学, 2014. 基于市场均衡模型的中国玉米供需变化与趋势预测 [J]. 经济问题 (12): 98-103.

张慧, 2019. 奶牛干奶期的饲养管理 [J]. 现代畜牧科技 (8): 34-35.

张雷, 魏澍, 张维, 2016. 常用粗饲料营养成分和饲用价值分析 [J]. 饲料工业, 37 (24): 32-34.

张明华, 1996. 持续发展节粮型畜牧业的挑战、优势与对策 [J]. 中国草地 (4): 59-64.

张文娟, 许金新, 贺淼, 等, 2019. 山东省东营市 "粮改饲" 政策效应浅析 [J]. 中国乳业 (4): 68-70.

张笑涓, 曲长祥, 1997. 21世纪我国粮食消费的新趋势 [J]. 农业经济问题 (6): 9-12.

张旭晖, 王恬, 2008. 反刍动物饲料间的组合效应及其调控技术 [J]. 饲料与畜牧 (5): 26-29.

章勇, 刘晓晨, 郝娜, 等, 2016. 为 "养" 而 "种" 以 "养" 改 "种"——10省区 "粮改饲" 试点工作综述 [J]. 休闲农业与美丽乡村（1）：12-15.

赵懿真，王帅，徐玥，等，2019. 河北省"粮改饲"政策实施现状与对策研究［J］. 中国乳业（2）：9-13.

郑瑞强，刘小春，杨丽萍，2016. "粮改饲"政策效应分析与关键问题研究观点［J］. 饲料工业，37（3）：62-64.

中共青岛市即墨区委，［2015-08-12］. "粮改饲"两亩地多养一头牛［EB/OL］. 即墨政务网. http：//www.jimo.gov.cn/n28356061/n5706/n5723/180108154027128362.html.

中华人民共和国中央人民政府，［2016-09-20］. 农业部在全国100个县试点"粮改饲"［EB/OL］. 中华人民共和国中央人民政府网. http：//www.gov.cn/zhengce/2016-09/20/content_5109667.htm.

周慧，王济民，2017. 中国主要农产品价格差内外部影响因素研究［J］. 黑龙江粮食（4）：34-35.

朱霞，杨文钰，任万君，2008. 不同粮饲兼用型玉米品种饲用营养价值的研究［J］. 农业科技通讯（8）：45-47.

AARON K H, 2005. Re-integrating crops and livestock in maine: an economic analysis of the potential for and profitability of integrated agricultural production [D]. Edmonton: University of Alberta.

AUBERT C, 2008. Food security and consumption patterns in China: the grain problem [J]. China Perpectives (2): 5-23.

BALLOU R D, 1989. The impact of the federal feed grain program on corn Production [D]. New Haven: Yale University.

DANIEL H, DENNIS V, MARC R, 2019. Agricultural resources and environmental indicators [M]. Washington DC: USDA's Economic Research Service.

DONG W, WANG X, YANG J. Future perspective of China's feed demand and supply during its fast transition period of food consumption [R]. ICAE Italy, August.

ERS USDA, [2019-08-20]. Feedgrains Sector at a Glance [EB/OL]. https://www.ers.usda.gov/topics/crops/corn-and-other-feedgrains/feedgrains-sector-at-a-glance.

FULLER F, TUAN F, WAILES E, 2002. Rising demand for meat: who will feed China's Hogs [J]. China's Food and Agriculture: Issues for the 21st Century / AIB-775: 17-19.

HANSEN J, GALE F, 2014. China in the next decade: rising meat demand and growing imports of feed [R]. USDA ERS.

IFPRI, 2010. Outlook [M/OL]. http://www.fapri.iastate.edu/outlook/2010.

JOSE DE J G V, 1995. The Mexican livestock, meat, and feed grain industries: A dynamic analysis of U.S. Mexico economic integration [D]. College Station: Texas A&M University.

KEYZER M A, et al., 2005. Diet shifts towards meat and the effects on cereal use: can we feed the animals in 2030 [J]. Ecological Economics, 55: 187-202.

QU W, 1999. A comparison framework of seven China agriculture models. China in the Global Economy Agriculture in China and OECD Countries: Past Policies and Future Challenges [R]. OECD Proceedings: 250.

RAE A, 2008. China's agriculture, smallholders and trade: driven by the livestock revolution [J]. Australian Journal of Agricultural and Resource Economies, 52 (3): 283-302.

SCHMIT T M, VERTERAMO L, TOMEK W G, 2009. Implications of growing biofuels demands on northeast livestock feed costs [J]. Agriculturaland Resource Economics Review, 38 (2): 200-212.

SIWA M, et al., 2014. Integrating livestock feeds and production systems into agricultural multi-market models: The example of IMPACT [J]. Food Policy, 49: 365-377.

TIAN W, CHUDLEIGH J, 1999. China's feed grain market: development and prospects [J]. Agribusiness, 15 (3): 393-409.

USDA, 2000. China: situation and outlooks series [R]. International agriculture and Trade Report.

VAN T, FRANK VAN M, HAN S, 2001. Global models applied to agricultural and trade policies: a review and assessment [J]. Aagricultural Enocmocs (26): 172-184.

WISNER R, et al., 2012. Future patterns of U.S. grains, Biofuels, and livestock and poultry feeding summary [R]. Livestock Marketing Information Center Report, Jun.

WORLEY, CHARLES T, 1990. Implications of liberalized U. S. −Canada trade on regional production and consumption of grain and livestock [D]. Columbus: The Ohio State University.

附录1 调研报告

云南省"粮改饲"调研报告

2019年8月11—17日,为深入了解"粮改饲"政策对种养殖户的影响,项目组前往云南省"粮改饲"项目施行试点区和非试点区进行调研。试点区以曲靖市沾益区为代表,非试点区以玉溪市峨山彝族自治县为代表,共计获得调研问卷115份,其中,曲靖市沾益区种植户56份,肉牛养殖户4份;玉溪市峨山彝族自治县种植户44份,肉牛养殖户11份。

一、调研地区概况

沾益区位于云南省东部,曲靖市中部,地处东经103°29′~104°14′、北纬25°31′~26°06′。面积2 814.89千米^2,人口44.85万人,辖4街道2镇5乡,属亚热带半湿润山区季风气候,年平均气温14.5℃,全年无霜期256天,年平均日照数2 098小时,年均降水量1 008.9毫米,地貌以滇东高原丘陵为主,土壤以偏酸性的红壤、沙壤为主。曲靖市总播种面积116.63万公顷,其中粮食播种面积68.5万公顷,占云南省粮食总面积的16.43%;玉米播种面积22.51万公顷,占云南省玉米总播种面积的12.78%。牛肉产量14.76万吨、羊肉产量6.23万吨,分别占全省牛、羊肉产量的41.23%和34.42%。

峨山彝族自治县位于玉溪市中部,全县辖3镇3乡2街道、76个村(社区),面积1 972千米^2,总人口17万人,少数民族人口、彝族人口、农业人口分别占总人口的68%、57%、80%,山区面积占总面积的96%。玉溪市总播种面积28.02万公顷,其中粮食播种面积11.38万公顷,占云南粮食总面积的 2.73%，玉米播种面积 5.59 万公顷，占云南省玉米总播种面积的 3.17%；全年牛肉产量 2.58 万吨，羊肉 0.87 万吨，分别占全省牛羊肉产量的 7.21% 和 4.81%。

二、"粮改饲"政策实施情况与效果

（一）"粮改饲"政策实施情况

云南省自 2016 年开始以沾益区、个旧市两个县（市）作为"粮改饲"试点，2016 年共计完成"粮改饲"总面积 8 万亩，收储优质饲草料 29.55 万吨。2017 年，云南省"粮改饲"任务种植面积 48.7 万亩，收储任务 146.2 万吨，实际完成种植面积 49.33 万亩，实际收储量 153.56 万吨；2018 年，完成"粮改饲"种植面积 64.5 万亩，收储优质饲草 182.33 万吨（其中全株青贮玉米 177.55 万吨，苜蓿 1.23 万吨，大麦、小麦等其他饲草料 3.55 万吨）。

2016 年，沾益区"粮改饲"项目批复总投资 1 382.82 万元，其中，中央财政投资 674.5 万元，建设单位自筹 708.32 万元，完成"粮改饲"面积 4 万亩，青贮饲料 16.7 万吨，建青贮窖 39 200 米^3，建草料库 5 900 米^3，种植紫花苜蓿 1 000 亩，青贮玉米收贮 7.87 万吨。

2017 年，沾益区"粮改饲"补贴项目获得中央补贴资金 620 万元，其中收贮补贴 600 万元，项目管理费 20 万元。2017 年"粮改饲"补贴试点在全区 11 个乡（镇、街道）由 13 个公司（规模养殖场、合作社、种植园）种植青贮玉米 31 000 亩，其中自种面积 6 010 亩、合同订单面积 24 990 亩；收购青贮玉米 10 万吨，每吨补助 60 元，合计补助 600 万元。

2018 年沾益区"粮改饲"种植面积 8 万亩，其中青贮玉米种植 2.9 万亩，紫花苜蓿种植 2 000 亩，其他饲草种植 4.9 万亩，收购优质饲草 30 万吨。

（二）政策实施效果

"粮改饲"政策顺应了农牧业发展的新形势，有力促进了种植业结构调整和畜牧业节本提质增效，实现了种养双赢，助力脱贫攻坚，产生了良好的经济效益、社会效益和生态效益。

1. 经济效益

从全省来看范围来看，"粮改饲"项目试点提升了种养效益。据统计，2017年，云南试点地区全株青贮玉米平均亩产达3.12吨，市场收购均价为每吨371.68元，亩均产值达1 159.64元，而种植籽实玉米平均亩产为416千克，按每千克收购价1.9元计算，种植籽实玉米亩均产值为790.4元，种植青贮玉米比种植籽实玉米亩均增收369.24元。同时，养殖效益也有显著提升。据统计测算，奶牛饲喂全株青贮饲料后，生鲜乳中的乳蛋白、乳脂肪两大营养指标平均值分别提高15%以上；肉牛饲喂全株青贮饲料后，日增重分别提高20%以上，牛羊（奶业）产业养殖效益显著提升。

沾益区"粮改饲"项目实施也有效推动种植业和养殖业节本增效。据统计，2017年，项目在种植环节上实现增收3 460万元，在养殖环节上可降低养殖企业饲料成本4 783.3万元，在草产品加工环节上可外销增收490万元，合计增收8 733.3万元；辐射带动项目区1 500余户农户从事草食畜牧业，110户贫困户脱贫摘帽，增加1 000个就业机会。2018年，通过项目实施，试点区种植户纯收入达3 369.28万元，养殖企业降低饲料成本8 777.05万元，草产品外销收入达550万元，辐射带动项目区490多户农户从事草食畜牧业，增加就业岗位约1 000个，实现户均增收600元。有力推动了全区种植业、养殖业向规模化、标准化、良种化、无害化方向发展。

2. 社会效益

推进种养结合。"粮改饲"的实施，推动云南"养殖企业+种植大户""养殖企业+贫困户""养殖企业+流转土地自种"等多种种养结合模式迅速发展，养殖企业流转土地自种、草畜一体化经营的比例逐步提高，种养结合紧密度提高。据统计，2017年项目实施地区收储主体与种植户签订合同收贮的青贮玉米量，占总收贮量的90%以上。通过合同订单等方式，使龙头企业、养殖大户与周边农户建立青贮玉米播种、收贮一体化的利益共享机制，定向收购全株青贮玉米，一方面有效提高了贫困户家庭收入水平，另一方面保障了青贮饲料收购来源，通过提高青贮玉米收购价格，提高农户青贮玉米种植的积极性，保障养殖场青贮饲料的供应，实现种养共赢（附图1）。

助力精准扶贫。沾益区采取养殖企业+贫困户的帮扶模式，把"粮改饲"补贴项目与扶贫攻坚相结合，助推项目试点区域贫困户脱贫摘帽。2018年，在实施"粮改饲"补贴项目上，沾益区积极引导项目区18个行政村260户贫困户种植青贮玉米,由各收贮企业与辖区内贫困户签订青贮玉米收购合同,采取优先签订种植合同、免费提供良种、优先种植面积、收购量不设上限、种植收储期安排人力全程帮扶等措施开展产业扶贫。经统计,全区"粮改饲"政策贫困户覆盖率达9.17%(2018年5月数据,全区建档立卡贫困户2 835户),贫困户累计种植青贮玉米2 198亩,户均8.45亩,户均交售青贮玉米25.35吨,纯收入4 230元,增收最小的一户贫困户也有3 788元。实践证明,"粮改饲"增收效果显著,是实现贫困户快速脱贫摘帽的高效途径。

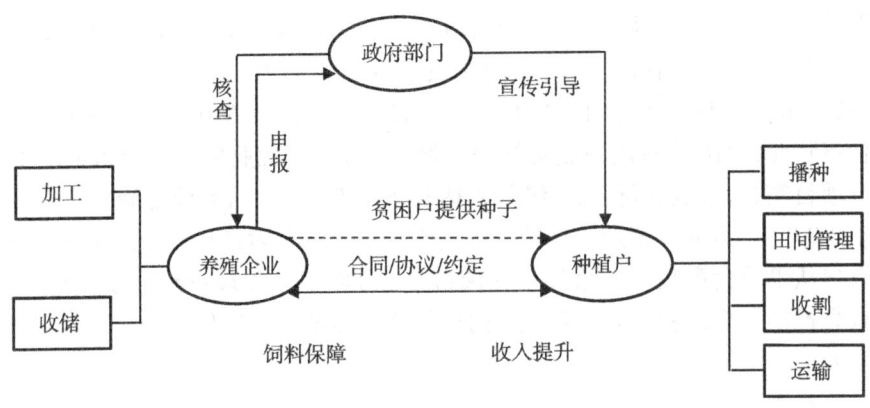

附图1 "粮改饲"试点区相关主体协作机制

3. 生态效益

通过实施"粮改饲",采用全株玉米青贮技术,避免了秸秆焚烧引起的环境污染问题。养殖粪污施肥还田,增加了土壤有机碳含量,改善了土壤物理结构,提高了土壤肥力。实施"粮改饲"面积中,养殖企业流转土地自种、草畜一体化经营的比例达19.38%,减少化肥使用量50%以上,真正做到了农牧结合,种养循环。

三、种植业结构调整情况

1. 试点区种植结构变动明显

附图2显示沾益区56个调研样本的主要作物种植面积和结构变化。相比"粮改饲"政策实施前,调研样本种植总面积增长88亩,增长面积主要源于玉米种植面积的扩大。"粮改饲"政策实施后,籽粒玉米种植面积显著减少,青贮玉米种植面积显著增加。调研样本籽粒玉米种植面积由523亩减少到96亩,种植比例由69.55%减少至11.43%,青贮玉米种植面积由0增长至542亩,占比64.52%。

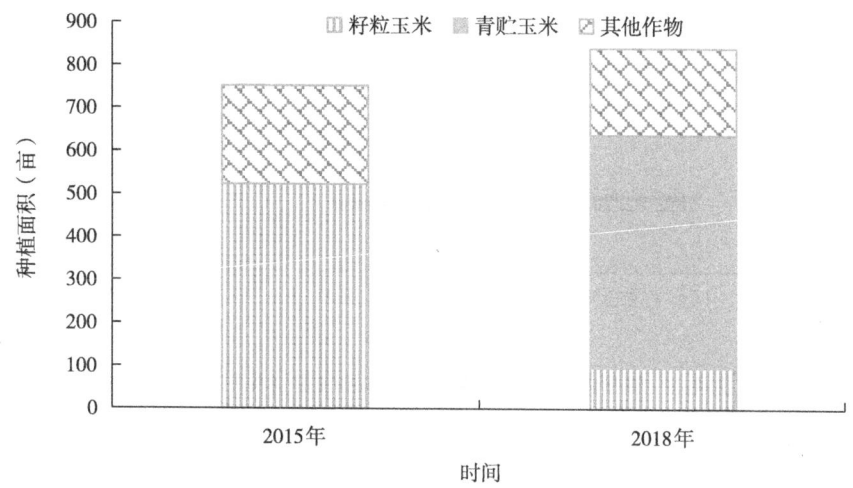

附图2 沾益区调研样本种植结构

2. 种植户增收效果显著

青贮玉米毛收入水平显著提升。沾益区全株青贮玉米收购指导价格为400元/吨,调研样本全株青贮玉米亩产水平为3.5~4吨,亩均毛收入为1 512元,同期籽粒玉米亩均产量525.8千克,亩均毛收入100.75元。

青贮玉米种植有效节约劳动成本。相比传统籽粒玉米,青贮玉米更加省时省力。播种、施肥、喷洒农药等环节,两者基本无差异,青贮玉米生长至蜡熟期整株收割,没有去棒、脱粒、晾晒等环节,亩均节省劳动力工时2~3天,节省人工费用362.4元(附图3)。

四、"粮改饲"政策对养殖业影响

试点区"粮改饲"补贴发放标准为60元/吨,已达到"粮改饲"补贴的最高指导标准。补贴按照养殖场实际收贮青贮玉米数量发放,对于需要大量外购粗饲料的养殖场来说,补贴起到了降成本的效果。同时,受

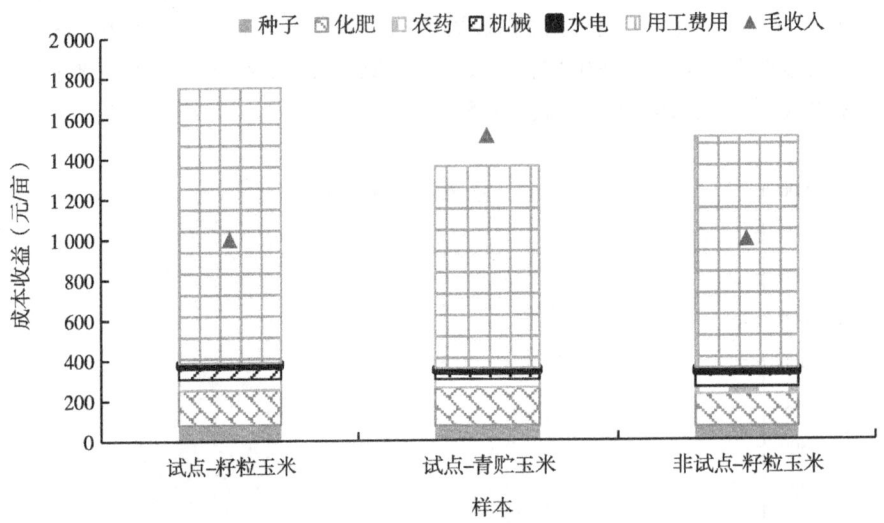

附图3　调研农户玉米种植亩均成本和收益（见书后彩图）
注：用工费用包括家庭用工和雇工费用。

"粮改饲"补贴政策激励，养殖企业（场）积极转变和调整饲料结构，日粮结构中增加青贮玉米用量，减少或不用黄贮等干饲草料。饲料结构的调整带来最显著的变化是提高肉牛生长速度，出栏时间缩短1~2个月，养殖效益明显提升。

1. 养殖规模化程度提高

生产方式加快转变，规模化养殖程度提高。通过项目实施，加快转变了牛羊养殖生产方式，牛羊规模化养殖水平明显提高。据统计，2017年，肉牛规模养殖比例达19.37%，比2016年提高1.5个百分点，出栏50头以上的比例达10.82%，比2016年提高1.2个百分点；肉羊规模养殖比例达33.93%，比2016年提高1.9个百分点，出栏100只以上的比例达12.67%，比2016年提高2个百分点；奶牛规模养殖比例达49.24%，比2016年提高2.1个百分点，存栏50头以上的比例达23.21%，比2016年提高2.4个百分点。

根据试点区调研数据，样本养殖场年末肉牛总存栏量由2015年的920头提升到2018年的1 520头，养殖规模扩大了1.45倍。与此同时，养殖场成年牛销售收入由532.7万元增长至869万元（附图4）。

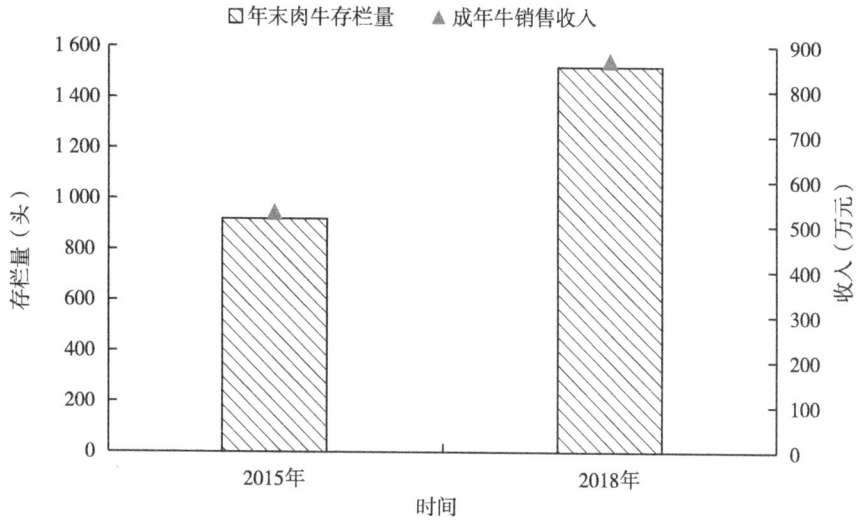

附图4 试点区调研样本养殖规模

2. 养殖场粗饲料结构变化明显

全株青贮玉米成为主要饲料来源。"粮改饲"政策试点区日粮结构由"干草+苜蓿+精料"转变为"苜蓿+青贮玉米+精料",2018年全株青贮玉米在日粮总量中占比达到74.1%,成为主要的饲料成分。同时受到"粮改饲"政策的影响,非试点区农业部门也在尝试推广青贮玉米品种,肉牛养殖场也有了饲料结构转变的苗头。根据调研样本数据,非试点区肉牛养殖场日粮结构由"干草+苜蓿+禾本草+精料"转为"干草+苜蓿+青贮玉米+禾本草+精料",青贮玉米用量占比达到32.6%。

推动养殖品种更新换代。试点区饲草平均日进食总量显著增加的一个重要原因是,养殖场更换了肉牛品种,淘汰部分本地黄牛,更换为西门塔尔杂交肉牛。本地黄牛体型小、采食量少,体重增长缓慢,出栏周期较长。西门塔尔杂交肉牛体型相对较大,采食量大,出栏体重高(附图5)。

五、调研中发现的问题

通过对云南省"粮改饲"政策实施试点区和非试点区的实际调研,发现进一步推进"粮改饲"政策还存在一些限制性因素。

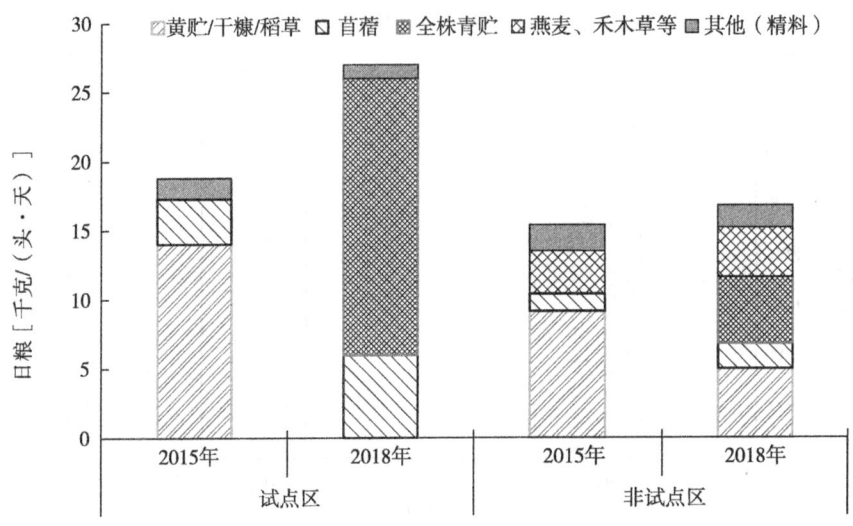

附图5 肉牛养殖场成年牛日粮结构（见书后彩图）

1. 饲草专业化种植、收割、加工机械投入不足，雇工成本较高

云南地区山地、坡地较多，大型机械作业很难开展，没有适合山地、坡地作业的青贮收割、粉碎一体化机械。青贮玉米种植、收割基本依靠人工作业，用工成本较高。同时，秸秆收割、切碎、揉搓、打捆、裹包机械多为单一机械，功能不能满足全株玉米青贮制作要求，直接影响了青贮玉米的收贮速度和质量，制约了"粮改饲"政策的深入推进。

2. 青贮玉米品种选择有待进一步优化

云南气候类型多样，立体气候明显，加之全株青贮玉米种植起步较晚，针对不同海拔气候选育的全株青贮玉米品种较少，试点区可供选择的专用全株青贮玉米品种较少，种植户更偏好兼用型籽粒玉米品种。

3. 养殖企业扩大规模受限因素较多

一是资金限制。青贮饲料收购环节，养殖企业（养殖场）需一次性支付饲草收购成本，短时间内存在较大资金需求量。试点区养殖规模还未达到最大设计存栏量，继续扩大存栏受资金限制。当前还没有金融机构提供针对"粮改饲"政策的金融业务。二是用地限制。在非试点区，受养殖建设用地要求及山区地形限制，符合养殖场建设要求的场地较少，即使存在可利用场地，也会因偏远面临运输成本高、用水受限等问题，新建养殖场成本又高。三是雇工成本。农村青壮年流出，农村劳动人口老龄化严重，养殖企业自配青贮饲草场因缺少大型机械需雇佣大量劳动力，雇工日工资120~150元，雇工成本占种植成本的40%以上。

4. 养殖企业和种植户利益联结还有待深化

目前试点区青贮玉米的收割运输环节由种植户承担，农户负责收割全株青贮玉米并运送至养殖企业（场），养殖企业（场）负责全株青贮玉米粉碎、压片和贮藏。种养双方缺少收购约定和其他合作关系约束，增加了双方风险。调研中，许多农户希望由收贮企业完成收割运输环节，可以接受收购价格50~100元/吨的下调。

5. 非试点区养殖规范化程度不高

非试点区养殖业发展基础相对薄弱，养殖企业发展基本沿用传统养殖模式，规模化、规范化程度不高，与周围种植户利益联结不紧密。肉牛养殖基本为自繁自养，规模较小，存栏多在50头以下。养殖品种多为本地黄牛，生长周期一般为4年左右，出栏体重300千克左右。采用放养、圈养相结合饲养模式，夏秋季节为山地放养，春冬季节为圈养；饲料结构为"干草+精混料"，基本不使用青贮饲料，即使用也没有青贮窖等配套设施。

6. 非试点区种养观念仍待转变，农户种植模式有待改革

受传统种植观念和种植习惯的影响，大部分农户对青贮玉米品种认知较少，不愿意将土地调整出来种植饲草或将籽粒玉米处理为全株青贮玉米；即便有意愿种植，因当地规模牛羊场数量不多，很难实现有机结合；加之市场利益分配不均，农户通常处在产业链条终端，没有价格决定权，要承担较大风险，不能确保收益，"粮改饲"工作开展难度较大。

六、政策建议

1. 完善青贮机械配套建设机制

加大购机补贴范围和购机补贴额度。研发和推广适合在坡地作业的青贮收割加工的联合机械。减少对人工收割和半自动收割的依赖，应对农村耕种人口缺失危机，有效降低成本，提高青贮质量。

2. 培育和推广粮饲兼用型玉米品种

培育和推广适合坡地地形和自然条件的粮饲兼用品种，玉米籽粒成熟时茎叶保绿度好，适宜青贮。既可产粮，又可产草，转变种植观念，提升

农户种植收益，推动养殖饲料结构调整，提升养殖效益，达到以农养牧、以牧促农，农牧结合的效果。

3. 建立"粮改饲"金融扶持发展机制

加大金融服务的支持力度和范围，在"粮改饲"工作中设立适当的贷款贴息资金用于"粮改饲"收贮；探索以圈舍、畜群等实物作为抵押申请贷款，为企业解决融资难、财务成本高的难题。在落实好农机补贴基础上，探索引入金融租赁和融资租赁等方式，鼓励社会资本购买大型收储机械，提供租赁服务等，提高饲草料生产的现代装备支撑能力。

河北省"粮改饲"调研报告

2016年，我国121个"粮改饲"试点县落实"粮改饲"种植面积678万亩。在改种的饲草中，全株青贮玉米占613万亩，高粱、苜蓿、燕麦等其他优质饲草料64.9万亩，全株青贮玉米已成为我国"粮改饲"的主流作物。

基于良好的养殖业发展基础，河北省成为全国首批"粮改饲"试点省。2015年，河北省选择石家庄行唐县、张家口围场县和塞北管理区3个县（区）进行"粮改饲"试点工作。2019年，试点区扩大到包括唐山、保定市等26个市、县（市、区），计划收贮面积168.5万亩，补贴资金合计2.33亿元。

河北省"粮改饲"以籽粒玉米改用为全株青贮玉米的方式为主，由于河北省养殖水平高、规模大，2018年河北奶牛存栏115万头，居全国第三位[①]，在"粮改饲"政策推行（2015年）前就已经提高了全株青贮玉米在粗饲料中的占比。

一、研究区域概况

为了解河北"粮改饲"现状以及对未来态势做出预判，在2019年8月和9月，先后两次赴河北展开调研。调研组对政府相关部门、养殖户、种植户进行了访谈调研与问卷调研，有效问卷148份。样本区"粮改饲"

---

① 资料引自新浪财经. 河北出台奶业振兴规划：2025年实现"四个世界一流" http://finance.sina.com.cn/roll/2019-04-26/doc-ihvhiqax5112506.shtml。

试点区4个县：石家庄市行唐县、保定市望都县和唐县、唐山市滦南县；非试点区1个县：邢台市（柏乡县）。样本区除滦南县部分村种植"花生—小麦"两季作物外，其他调研地区主要为"玉米—小麦"两季种植模式。养殖业规模化水平高，奶牛品种为荷斯坦，每个养殖场平均养殖776头；肉牛品种为西蒙塔尔，每个养殖场平均养殖166头（附表1）。

附表1 样本情况简表

序号	地点	养殖头数（头）		青贮玉米收获面积（万亩）	补贴标准（元/吨）	补贴面积（万亩）	2018年补贴金额（万元）	补贴主体	
		奶牛	肉牛					1. 收贮青贮玉米的养殖主体	2. 专业青贮饲料收贮企业
1	石家庄行唐县（试点区）	54 000	20 000	11.2	48	11.2	1 400	√	—
2	保定市望都县（试点区）	6 653	1 700	2.64	58.5	2.52	批复584（只落实了303）	√	—
3	保定市唐县（试点区→非试点区）	1 000	30 000	未获取	58.5（2017年60元）	0	0（被整合）	√	√
4	唐山市滦南县（试点区）	73 600	13 421	12.32	27（2017年31.25元）	12.32	1 100	√	—
5	邢台市柏乡县（非试点区）	400	1 000	0	—	0	0（非试点）	√	—

资料来源：根据调研数据整理；《2019年行唐县"粮改饲"试点项目申报书》；《滦南县2018年"粮改饲"试点项目自评报告》。

二、"粮改饲"的特征

（一）"粮改饲"以改变利用方式为主、改变种植结构为辅

河北省"粮改饲"可分为两种方式：一是把玉米的利用方式由传统的籽粒收储利用变为全株青贮利用，为"粮改饲"的主要方式；不仅种植户更偏好种植籽粒玉米品种而非专用青贮玉米品种，甚至养殖户也保持相同偏好，除个别养殖场尝试自种了少量青贮专用品种外，绝大多数养殖场采取的是收贮当地种植的籽粒玉米；二是改变作物种植结构，即将原种植籽

粒玉米的土地用来种植苜蓿、甜高粱等牧草,这是次要方式(附图6)。

以籽粒玉米青贮化为主要方式的具体原因有:①在长期的生产实践中,农民积累了丰富的玉米栽培经验,对市场风险较大、技术掌握难度大的其他饲草种植的接受程度较低,并且种植成功率不高,如行唐县独羊岗乡郑家庄村高姓养殖大户在2007年尝试苜蓿种植,最终由于产量低、收割人力物力成本高等因素限制,而改种籽粒玉米,进行全株青贮方式利用。②当地养殖场和畜牧部门普遍认为,虽然专用品种的产量和效益高,但易倒伏、销路单一,一旦出现养殖场经营困难,无力收贮的情况,将给种植农户带来很大损失。处于抗风险的需要,玉米种植户多随行就市,在收获时期根据市场价格、劳动力条件、收获便利程度等决定是否按照青贮玉米收割售卖。

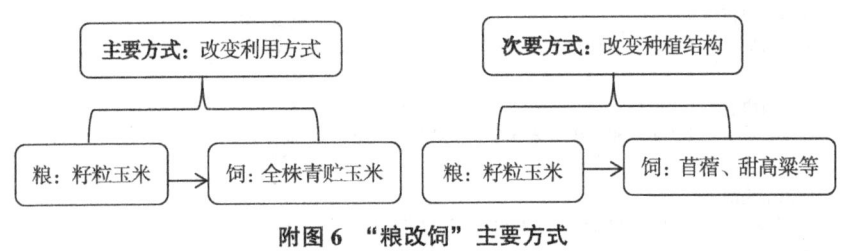

附图6 "粮改饲"主要方式

(二)"粮改饲"补贴对象以养殖主体为主,按照实际收贮量进行补贴

补贴对象为试点市、县区域内适度规模草食家畜养殖场(户、企业、合作社)或专业青贮饲料收贮企业(合作社)等新型经营主体。优先向流转土地自种、订单收购等形式收贮的组织倾斜,优先扶持奶牛存栏300~1 000头的规模化养殖场(户、企业、合作社)。除保定市唐县有一家青贮玉米专业收贮企业2019年预报了3万吨补贴支持外,其余调研样本的补贴主体均为养殖场(户、企业、合作社)。

以实际收储量为标准,每吨优质饲草料补贴标准由试点市、县(市、区)管理部门确定,原则每吨不超过60元。各试点市、县(市、区)可在确保"粮改饲"面积、收储量任务全面完成的基础上,安排一定资金用于青贮设施改扩建补助。对草食家畜养殖场(户、企业、合作社)、专业收储企业(合作社)新建、改(扩)建青贮窖、堆放场等设施进行直接补助。青贮窖每立方米补贴不超过 120 元；地面堆贮场每平方米补贴不超过 50 元。调研样本中，各试点地区均补贴实际收储数量，2018 年行唐县、望都县和滦南县补贴额度分别为 45 元/吨、58.5 元/吨和 27 元/吨，补贴均为涉及青贮窖和堆贮场。

（三）样本户泌乳牛和育肥牛全株青贮饲喂率达到 100%

调研数据显示，试点县和非试点县的样本户泌乳牛全株青贮饲喂率达到 100%，与"试点县泌乳牛全株青贮饲喂率达到 100%"文献结论相符。河北省的肉牛养殖户对全株青贮玉米的饲喂也很重视，被调研的两户在"粮改饲"前就开始饲喂全株青贮玉米。

（四）"粮改饲"的种养结合以收购为主

被调研养殖主体获得全株青贮玉米的方式有以下特点：一是主要通过收购方式获得全株青贮玉米；二是多采用口头协议收购方式，与农户代表签订协议或者口头协议（居多），由一个或几个农户代表帮助组织青贮玉米收购；三是不提前约定价格，根据籽粒玉米行情，由市场形成青贮玉米收贮价格。

呈现这些特点的原因：一是当地缺乏种植合作组织，与种植户直接签订合同谈判和执行成本较高；二是集中连片的土地流转租金太高，每亩 800~1 000 元，与养殖场流转土地自种相比，协议收购方式成本更低，也符合当地交易习惯；三是虽然和种植户联系相对松散，但是由于当地玉米是主要农作物，不用担心供给不足；四是青贮玉米价格受籽粒玉米价格影响较大，随行就市有助于获得充足的饲料供给。

（五）相关主体对"粮改饲"政策推动态度积极

1. 种植户整体态度积极

（1）在试点区，把籽粒玉米改全株青贮玉米的方式来销售意愿更高：一是因为省事；二是受大环境影响，"大家都这么卖"。

（2）在非试点区，意愿较低：一是觉得青贮玉米收购价格低于籽粒玉米。柏乡县一般籽粒玉米的亩均销售收入在 1 000 元左右，而青贮玉米的亩均收购价为 800 元；二是非试点地区，对青贮玉米的宣传不足，市场需求量不大。如邢台市柏乡县农户觉得，若是能选育出需水量更少，更耐旱的青贮玉米品种，也会考虑种植专用青贮品种。

2. 养殖户对"粮改饲"的态度非常积极

(1) 在获得"粮改饲"补贴的试点区：养殖户积极申报、积极收贮，部分养殖户积极流转土地种养结合，部分养殖户准备开始尝试种植苜蓿或其他牧草。

(2) 对于并未获得"粮改饲"补贴的试点区养殖户认为：补贴少总比没有好，希望资金不要被整合。

(3) 对于非试点区，希望得到补贴，提高与周边养殖户的竞争力。

3. 地方政府整体上对"粮改饲"政策积极推广

调研样本地方政府整体上对"粮改饲"政策的推广态度很积极。大部分补贴资金发放到位，积极支持当地养殖户的全株青贮玉米收购（附表2）。

附表2 地方政府"粮改饲"的推进情况

序号	地点	推进情况
1	石家庄行唐县（试点区）	石家庄行唐县是2015年河北省开始的首批"粮改饲"3个试点县之一，"粮改饲"资金能及时落实到位。行唐县是贫困县，"粮改饲"补贴资金属于整合性资金，县委县政府非常重视奶牛养殖业，2015年1 000万元、2016年1 000万元不属于整合资金；2017年1 357万元、2018年1 400万元整合后县财政给予了补贴，2019年度1 439万元政府批复不予整合。2019年，全县全株青贮饲草实际收储能力达到23万吨以上，"粮改饲"面积达到8.5万亩以上
2	保定市望都县（试点区）	不仅支持养殖场，还支持收购企业，2017年国家拨付"粮改饲"补贴资金526万，实际执行250万，2018年国家拨付资金580万，实际执行303万。需要防范专业收贮企业由于获得补贴而实施的不正当竞争行为
3	保定市唐县（试点区）	2018年资金被整合，2019年由于机构改革的关系，唐县没有申报"粮改饲"项目
4	唐山市滦南县（试点区）	奶牛养殖规模大，青贮玉米主要来源于当地及周边县市。当地青贮玉米不足的原因在于部分乡镇土壤条件不适宜种植青贮玉米、花生产业也有较好的经济效益
5	邢台市柏乡县（非试点区）	柏乡县为华北漏斗区，地下水位下降严重，该县正在积极审计"粮改饲"试点，2020年拟成为试点区。积极推进奶牛养殖业的发展，但养殖规模较小，饲养场地供给难。从长远来看，受到水资源、可利用土地的限制，奶牛产业发展受制约，暂不具备成为奶牛、肉牛大县的条件

三、"粮改饲"对种植业的影响

(一)"粮改饲"政策对种植环节没有直接影响

由于河北畜牧业发展水平较高,全株青贮玉米饲喂工作开展较早,"粮改饲"政策对河北种植户没有直接影响。原因有:一是补贴不发给种植环节,发放在收贮环节;二是补贴没有传导给种植户。收贮主体获得"粮改饲"补贴后,收购全株青贮玉米时,主要是参照籽粒玉米价格,随行就市,并不会把获得的"粮改饲"补贴以价格传导的方式让种植户受益;三是种植户是否把籽粒玉米以全株青贮玉米方式出售根本取决于市场价格。首先,农户对玉米出售形态的选择取决于籽粒玉米价格与全株青贮玉米的价格差异,以及是否有收获籽粒玉米的劳动时间。其次,青贮玉米产业发展的根本动力在于下游价格的传导,只要奶业振兴、奶价可观,全株青贮玉米价格就有吸引力。

(二)"粮改饲"使种植户亩均净收益增加

籽粒玉米改用作青贮玉米的效益几乎与籽粒玉米的收益相当(附表3)。在种子、化肥等其他成本相当的情况下,青贮玉米收获时租用大型机械进行全株收获,无需再投入人工运输秸秆、晾晒玉米等工时,节约人工成本。若将劳动力节约的因素考虑在内,籽粒玉米改用作青贮玉米的销售方式净收益是高于售卖籽粒玉米方式的。

附表3 2018年玉米收益情况

项目	籽粒玉米改用作青贮玉米	籽粒玉米
单产(吨/亩)	3.33	0.655
平均收购价(元/吨)	250	1 300
亩均收益(元/亩)	832.5	851.5

数据来源:根据调研数据计算得出。

(三)"粮改饲"生态效益显著

籽粒玉米收获方式是将玉米籽粒和秸秆分开处理,而全株青贮玉米,则是将玉米籽粒与秸秆一起制作成青贮饲料。不仅不用考虑秸秆的二次收贮问题,还减少了秸秆废弃和秸秆焚烧引起的环境问题。玉米全株青贮不仅省去了饲料加工环节能源的消耗，而且节约了淡水资源，秸秆经过牛羊过腹还田，增加了土壤肥力，减少化肥施用量，对发展有机农业具有重要意义。

四、"粮改饲"对养殖业的影响

（一）"粮改饲"有效降低养殖主体的成本

2016年，河北省牛羊养殖从玉米籽粒饲喂向全株青贮饲喂适度转变，促进了草食畜牧业节本增效，牛羊养殖饲料成本降低5%以上。

（二）"粮改饲"补贴有助于提高收购质量和市场竞争力

望都当地收贮企业大量收购本地青贮玉米并销往内蒙古等地，造成了青贮玉米收获季节的抢收和干物质含量不足30%的现象，由于获得"粮改饲"补贴，养殖户有勇气通过提高价格的方式，让农户再晚收获1周时间，达到30%的干物质含量，满足奶牛的饲喂品质需求。

（三）"粮改饲"有助于养殖业节本增效

与全株青贮玉米相比，传统饲喂方式提供的营养物质总量和生产效率都低了不少。奶牛饲喂全株青贮玉米后，结合科学管理，日均产奶量20千克左右的奶牛可增加4千克及以上产量，最高达35千克，乳蛋白、乳脂肪等质量指标也明显提高。

五、"粮改饲"存在的问题

（一）经费缺位

根据规定，"粮改饲"工作不许安排费用，而实际工作中，技术培训、技术指导、宣传、验收等工作需要一定的经费支持，这部分经费存在缺口。

（二）金融支持缺位

收贮环节需要大量资金，养殖户很希望"能多渠道加大金融扶持，贷款容易点儿"。以行唐县为例，每年的青贮资金超过1.4亿元，大部分需要银行借贷或者民间借贷。"粮改饲"补贴资金对于数额巨大的借款某种程度上等同于提供了相当于利息的款项，远远不能满足产业发展需求。调研地区中，仅滦南县有"青贮贷"，邮储银行为收贮企业发放贷款12

笔，供给1 384万元。

（三）机械补贴不足

青贮饲料收贮季节性强，国产中小型机械效率比较低、效果比较差，影响收获进度和青贮玉米品质。进口大型收获机械效率高质量好，但是价格也比较高，同时也不享受政府的补贴，机械化收储能力应该说还是不足的。

（四）专用青贮玉米种植市场空间小，其他饲草遇难题

种植户更偏好种植籽粒玉米品种而非专用青贮玉米品种，甚至种养结合的养殖户也保持相同偏好。种植户在籽粒玉米有价格优势或者有劳动力的情况下，选择以籽粒玉米出售，这样可以降低专用品种用途专一的市场风险。也有部分养殖户为了自身需求，尝试种植牧草，失败后又恢复籽粒玉米种植。

（五）养殖户和种植户之间缺少长期稳定的合作关系和信任机制

实际调研中，养殖场和种植户间的青贮玉米收购多为口头协议，约束性不强。一方面，养殖户不想承担由于信息不对称带来的道德风险（即种植户可能会存在提前"去棒"行为或田间管理疏忽等）；另一方面，种植户则担忧若籽粒玉米市场价格上涨，自己会错失挣更多钱的机会。

（六）青贮收购市场竞争激烈，养殖企业面临收贮风险

调研了解到，当地收贮企业大量收购本地青贮玉米并销往内蒙古等地，造成了青贮玉米收获季节的抢收现象。抢收一方面提前了青贮玉米收获时间，导致青贮玉米干物质含量不足30%，达不到奶牛青贮饲料的饲用要求；另一方面降低了本地养殖企业青贮饲料可供收储量，若出现异常年份，本地奶牛养殖企业需要从外地购入青贮饲料，加大养殖风险。

如望都县一个收购企业，2018年把在望都收购的全株青贮玉米卖到张北，没有提供收购和销售合同，2018年没有成功获得补贴。2019年申报了收购3万吨的计划，当地养殖户担心会干扰到本县市场，养殖户说"收购企业获得外面订单1万吨，目标能挣1元，有补贴后，一吨赔钱都敢干，变相压价，扰乱市场，质量更难保证。而我们奶企没有精力，收的时候站在喂牛的角度，饲料质量会高，蜡熟期也就多保持1周时间，干物质含量就上到32%了。"

（七）"粮改饲"补贴资金执行与发放还有待规范

（1）国家拨付资金与实际执行资金不匹配。望都县 2017 年国家拨付"粮改饲"补贴资金 526 万元，实际执行 250 万元，2018 年国家拨付资金 580 万元，实际执行 303 万元，未利用资金由县财政统一整合。造成拨付与执行不匹配的原因在于大量小规模养殖场因收贮量偏小或不具备配套收贮设施等难以达到补贴资金发放标准。而唐县 2018 年资金被整合，没有发放给养殖户。

（2）补贴对象确立仍需改进。2019 年望都县补贴对象的确定标准为"有营业资质；具有对公账户；配套青贮设施（如青贮窖）"，并将专业化收贮企业纳入补贴范围。这样做的后果是专业化收贮企业的市场趋利性导致收购环节的不良竞争，青贮饲草外销，对本地养殖企业构成威胁。

（八）用地约束

建设用地配套难。有些养殖场想扩大养殖规模，但是没有场地。以柏乡县为例，蒙牛集团想建设 500 头规模的现代化养殖场在用地方面困难重重。种植用地流转难。集中连片的土地一方面较少，另一方面流转费用较高，800~1 000 元/亩，如果没有环保对粪污处理的强制性要求，养殖户流转土地自己种植没有购买全株青贮玉米划算。

（九）市场风险

奶价的市场风险。河北奶牛现存的养殖户是经过前几年奶业寒冬而幸存的群体，他们说"大浪淘沙，留下来的都是精英"。这些养殖户一方面为现在较高且稳定的奶价感到高兴，又害怕奶价低谷的再次来临。与猪争玉米。猪产能回归过程中，会增加对籽粒玉米的需求，在玉米供需紧平衡状态下，有可能形成与牛养殖业挣玉米的态势。

六、河北省青贮玉米供需预测

（一）需求量展望：奶牛强省，青贮玉米发展潜力很大

畜牧业发展迅速，青贮饲料需求空间广阔，具体原因如下。

一是河北奶业振兴战略的实施。《河北省奶业振兴规划纲要（2019—2025 年）》要求，到 2022 年，全省奶业实现跨越式发展，生鲜乳总产量 595 万吨，销售收入 100 亿元人民币以上的乳品集团达到 3 家；到 2025

年，全面实现奶业振兴，全省生鲜乳产量达到 1 000 万吨，在全国率先实现奶业现代化。《河北省奶业振兴规划纲要（2019—2025 年）》的目的是对标国际先进，把建设世界一流奶源基地、世界一流乳品加工企业、世界一流乳品品质、世界一流乳品品牌作为发展目标，力争经过 7 年努力，使奶牛养殖水平、乳制品生产水平、乳制品质量安全水平和知名品牌进入世界先进行列。

二是中美贸易摩擦对苜蓿等进口牧草的价格影响，苜蓿价格提高带来的青贮玉米在饲料结构中占比有加大趋势。

三是肉牛饲料结构存在较大的优化空间。未来，肉牛规模会进一步扩大，并且粗饲料结构占比会继续提高。

四是空栏率还可以补充。以滦南县为例，2019 年牛空栏率 42%，空栏数 5 万头。

（二）供给量展望：籽粒玉米转全株方式利用短期内仍是主流

由于传统种植习惯及风险规避的需求，种植户依然会选择籽粒玉米转全株玉米售卖的方式，对于其他饲草的种植，则会在种养结合的养殖户范围内进行小范围尝试，短期内不会井喷式发展。

（三）价格展望：地域性较强，价格波动有限

由于青贮玉米流动性较差，消费的区域也基本上局限在当地消化，外流不多。从近些年的价格来看，青贮玉米均价变动幅度有限，基本是按照当地市场的籽粒玉米价格确定当年定价。随着生猪对籽粒玉米需求量的增加，未来可能会出现籽粒玉米价格上涨的情况，若不出现极端天气等事件，价格波动幅度不会太大。

七、政策建议

根据上述分析，提出如下建议：一是补贴对象要调整或者建立良好的竞争机制，如取消对专业青贮玉米收购企业的补贴。二是提供"粮改饲"金融业务，让养殖户收购全株青贮玉米的资金压力降低，促进河北奶业振兴。三是"粮改饲"试点选取要有重点地推进。如柏乡县正在积极审计"粮改饲"试点，但总体感觉奶牛或肉牛产业规模小、没有新建养殖场的用地规划，漏斗区的水资源限制条件下，暂不具备成为奶牛、肉牛大县的

成熟条件。四是促进养殖场种养结合。1头奶牛消纳粪污需要2.5亩耕地，够1头奶牛吃得4亩以上，只要将全株青贮玉米自给率保持到50%以上就可以有效克服供给风险，因此，头均2.5亩是一个牛场合理的配套用地面积。可实施整县推进化肥替代行动，帮助养殖企业消纳粪污，降低土地流转成本。五是加强作物新品种培育与推广。先从种养结合户入手，推广优质高效品种，另外要针对河北地下水漏斗区的区位劣势，研发高产、抗旱、优质的品种。

新疆维吾尔自治区"粮改饲"调研报告

2019年8月，中国农业科学院"粮改饲"课题组团队赴新疆维吾尔自治区"粮改饲"试点地区（伊犁哈萨克自治州伊宁县、呼图壁种牛场）和非试点地区（昌吉回族自治州木垒县）对"粮改饲"项目开展情况进行调研。课题组走访了130余家养殖户、养殖企业、种植户和种植大户，并与新疆维吾尔自治区畜牧厅及当地畜牧局相关领导、养殖企业负责人、种粮农户等近百人座谈，先后共召开4次座谈会，对新疆"粮改饲"项目开展情况有了更加深入地了解，并发现了"粮改饲"项目开展过程中存在的一些较为普遍的问题，课题组结合调研情况和分析形成本报告。

一、新疆维吾尔自治区"粮改饲"工作开展基本情况分析

新疆维吾尔自治区地处我国西北部，属于温带大陆性气候，降水稀少，年均降水量154毫米，天然草场7.2亿亩，占全国可利用的草原面积的14.5%，是全国牛羊等草食家畜养殖大区，优质饲草料的需求大，青贮饲草种植和使用有一定的发展基础。

（一）顺利推进"粮改饲"项目

2016年，新疆维吾尔自治区在昌吉市、和静县等7个县（市）开展"粮改饲"项目试点，当年种植青贮玉米和苜蓿等优质牧草47万余亩。2017年，新疆进一步扩大试点，按照饲草种植面积大、牛羊存栏数量多、规模化养殖比例高、饲料加工利用水平高的标准选取12个地（州、市）中的32个县（市、区）和1家畜牧龙头企业（呼图壁种牛场），推进"粮改饲"项目试点。整合"粮改饲"专项项目资金12 894万元，带动种植青贮

玉米、苜蓿等优质牧草总规模达到64.5万亩以上，收储全株青贮玉米等优质饲草料193.4万吨以上；试点县（市）全株青贮玉米收贮量较上年提高10%以上，养殖户使用优质青贮，日均饲料综合成本降低5%以上。2018年，又在2017年选取的12个地（州、市）中新增16个县（市、区），这样新疆地实施"粮改饲"项目的试点范围包括43个县（市、区）及1家龙头企业，当年整合"粮改饲"专项项目资金8 582万元，计划推广青贮玉米74.6万亩，收储282万吨的青贮玉米。截至2019年2月下旬，新疆完成青贮玉米种植76.656万亩，收储286.524万吨，其中伊犁哈萨克自治州、昌吉回族自治州和阿克苏地区实际收储面积为39.58万亩，青贮玉米收储量为152.412万吨，占实际收储量的53.19%。

新疆地区项目补助资金主要用于补贴全株青贮等优质饲草料收储环节（以实际收储量为核算依据），以及少量的青贮窖建设和购买饲草加工机械。每吨优质饲草料补贴标准由试点地（州、市）、县市畜牧、财政部门确定，原则上每吨不超过50元；青贮窖建设和购买饲草加工机械，中央补助资金不超过投资的30%。

（二）建立"粮改饲"工作机制

新疆畜牧兽医局确定一名分管局领导牵头负责，具体工作由局畜牧处实施，并以畜牧总站为技术依托单位。各试点地（州）、县（市）畜牧部门也分别明确项目的责任人和单位，强化组织管理。合理选择试点地区"粮改饲"工作责任领导和负责人，落实责任单位，指定专人开展工作，为项目顺利开展提供了强有力的组织保障。合理确定试点地区及工作方案。畜牧兽医局对全区各地饲草料种植及产量情况、年末牲畜存栏情况及当年计划种植饲草料情况进行摸底，并赴重点县市进行调研，在此基础上确定试点县市，为合理制定"粮改饲"工作方案奠定基础。严格项目申报，合理确定项目实施县市和实施主体。明确项目建设原则、实施主体的申报条件、建设内容及目标任务、补助环节及标准以及绩效考核内容等。按时完成"粮改饲"统计数据填报和月报统计工作，并加强项目的监督、检查力度，重点开展项目绩效考核等工作。

（三）加强"粮改饲"项目推广培训

2018年新疆畜牧兽医局分别在伊犁哈萨克自治州、乌鲁木齐市举办3期"粮改饲"相关技术培训会，邀请近200位相关专家学者对自治区

2018年项目实施主体及各地州、县区项目负责人进行青贮玉米制作及应用、项目执行及管理等方面的专题培训。截至目前，自治区各实施地州开展"粮改饲"培训36场，累计培训6 000余人次，发放宣传材料2 600余份。

（四）创新"粮改饲"推广举措

开展优质青贮计划示范基地评推工作。新疆地区评选并推荐呼图壁种牛场、伊犁新褐种牛场、乌鲁木齐市康牧兴社养殖农民专业合作社、新峰奶牛养殖专业合作社为优质青贮计划示范基地。通过优质青贮计划示范基地典型经验推广，加深了种植户对青贮玉米品种选择、田间技术、合理确定收储时间及收割长度等技术的了解。发挥区、地财政引导作用，扩大"粮改饲"项目影响。2018年畜牧兽医局从新疆财政支持畜牧业发展资金中拿出1 500万元，在巴楚县、昌吉市、洛浦县、新源县、福海县等5个重点县（市）开展"四良一规范"（良种、良料、良舍、良法、规范化防疫）示范县创建工作，其中的"良料"就是指全株青贮玉米、苜蓿等优质饲草的种植、推广和使用。各实施县（市）加大财政支持力度，鼓励种植青贮玉米，保障"粮改饲"项目实施效果。

二、新疆地区畜牧养殖特点分析

（一）以家庭养殖为主，种养结合模式明显

新疆地区散户养殖多以家庭养殖为主，种养结合模式明显。昌吉市木垒县（非"粮改饲"试点区）和伊犁哈萨克自治州伊宁市（"粮改饲"试点区）两个地区的散户养殖均以家庭养殖为主，一般由夫妻二人负责饲养工作。散户养殖肉牛（奶牛）年末存栏数在10~100头，极少数可将年末肉牛存栏量维持在超过100头的水平；同时，肉牛（奶牛）年出栏数维持在50~150头的水平。散户肉牛（奶牛）养殖规模化程度较低。

家庭肉牛（奶牛）养殖过程中种养结合模式明显。新疆伊犁地区"粮改饲"推广过程中一个特点是，种养结合模式十分突出且发展比较好。一些规模养殖户在向农户收购青贮玉米的同时，自己还利用流转的一部分土地种植青贮玉米，而且掌握的青贮玉米种植技术更专业，产量和品质更高。此外，一些规模较小养殖户自己也会种植青贮玉米用作青贮饲料。在新疆一些地区，青贮饲草的种养结合模式较为普遍的原因，一方面是较好的养殖基础和种植自然条件,另一方面是新疆地区地域广袤,土地流转比例较高。还与养殖规模有关,种养结合模式一般适合中小型养殖场。基于这样的实际情况,未来其他地区随着土地流转比例的提高,推进种养结合模式也会成为可能。新疆地区散户肉牛(奶牛)养殖过程中家庭所拥有的土地均配套种植肉牛(奶牛)养殖所需饲草料,对于小麦秸秆、油渣等精饲料主要从饲料公司等专业机构购买。就大部分养殖主体而言,配套土地所种植饲料并不能有效满足自身需求,供给相对短缺。且在饲料种植过程中,苜蓿等饲草料因需水量大、种植成本高等原因并未被大量种植,而肉牛(奶牛)养殖户均反映有增加苜蓿占饲草料比例的意愿。

就养殖主体特征而言,散户负责人平均年龄为47.55岁,平均受教育年限为6.79年,处于小学毕业水平,平均从事养殖业年限为17.83年。由此可以看出,肉牛(奶牛)养殖主体年龄偏大,且受教育程度较低,不具备发展为新型经营主体的条件。

(二)畜牧养殖投资较大

按养殖场建成总投资和最大存栏量计算,散户单位肉牛(奶牛)成本为49 788.87元,合作社等组织单位肉牛(奶牛)成本为14 293.15元,后者养殖成本远低于前者,在扣除散户虚高养殖投资因素后,合作社等组织得到了规模化肉牛(奶牛)养殖所带来的成本优势。

新疆地区散户养殖主体投资来源主要为自有资金,部分哈萨克族散户养殖主体在国家建立的肉牛(奶牛)养殖区进行养殖,这大大减小了其资金压力;合作社等规模化养殖主体凭借自身优势可获得银行贷款以满足投资需求。

(三)合作社等规模化养殖模式显现,散户存在退出趋势

在国家政策的支持帮扶下,新疆地区肉牛(奶牛)养殖合作社等规模化养殖模式显现,散户存在退出趋势。在调研样本中,合作社等规模化养殖模式占比为20.75%。同时,合作社等肉牛(奶牛)养殖组织因其具有较好的资产抵押担保资质,相较于个人养殖户更容易获得贷款和其他政策性资金支持,进而更容易更新养殖基础设施,获得更高养殖效益。基于此,散户逐步退出肉牛(奶牛)养殖行业也是必然趋势。

此外,肉牛养殖群体年龄偏大,调研样本中散户负责人平均年龄为47.55岁,未来20~30年后散户退出肉牛(奶牛)养殖行业是一种刚性

退出，其下一代并无接班从事肉牛（奶牛）养殖倾向，故合作社等规模化肉牛（奶牛）养殖组织会越来越多。同时，肉牛（奶牛）养殖规模化的开展应以政府的政策性引导为主，并配套相应的土地和资金。

（四）养殖户多为少数民族，养殖品种为肉奶两用牛

肉牛（奶牛）养殖投资要求较高，技术门槛也很高。当前，新疆昌吉市木垒县和伊犁哈萨克自治州伊宁市肉牛（奶牛）养殖主体多为回族、哈萨克族、维吾尔族等少数民族经营主体。在实地调研过程中，部分汉族人反映，因为不懂养殖技术，且肉牛（奶牛）养殖技术存在一定的保密性，故部分汉族人无法从事肉牛（奶牛）养殖。

新疆地区是传统肉牛（奶牛）养殖区，即使是散户养殖主体也掌握了有效的饲料配比等养殖技术，"粮改饲"政策的实施为当地提供更多地青贮玉米，但对肉牛（奶牛）饲料配比等养殖技术的影响较小，当地肉牛（奶牛）养殖过程中青贮玉米长期大约维持在粗粮配比的60%。此外，粗料和精饲料的配比因不同阶段的肉牛（奶牛）而异，对于成长期的小牛犊，以精饲料为主；对于成年牛，粗料占比维持在40%~50%。

新疆地区肉牛（奶牛）养殖主要品种为西门塔尔牛。西门塔尔牛是一种典型的肉奶两用牛。这源于西门塔尔牛产乳量高，产肉性能也并不比专门化肉牛品种差，是乳、肉兼用的大型品种。需要注意的是，肉奶兼用牛为养殖户观望市场提供了机会，是卖牛奶还是卖牛肉取决于市场价格。

（五）养殖主体老龄化

调研样本中散户负责人平均年龄为47.55岁，合作社等规模化养殖组织负责人平均年龄48.89岁，合作社等规模化养殖组织负责人主要是养殖经验丰富的养殖户，其平均从事养殖业年限为19.44年，相对高于散户养殖主体。同时，合作社等规模化养殖组织负责人平均受教育年限为10.05年，达初中毕业水平，高于家庭养殖户，由此可见，受教育程度是影响肉牛（奶牛）养殖规模化进程的一个重要因素。

三、新疆"粮改饲"工作开展的主要经验做法

（一）建立集饲草加工、仓储和交易市场为一体的综合服务园

长期以来，饲草短缺问题是制约新疆畜牧业发展的重大瓶颈，而南北

疆区域经济社会发展不平衡所带来的饲草料流通体系不健全、饲草交易成本高等问题尤为突出，严重影响到了南疆畜牧业的发展。新疆福海县九州农业发展有限公司建立加工、仓储和交易市场为一体的综合服务园，首先，采用"农户+龙头企业"的经营模式，带动107户农户种植玉米，建成1万亩饲料基地；此外，该公司还与科研院所合作生产裹包青贮，解决青贮远途运输问题；最后，成立地区级草料交易市场，为饲草供需双方搭建交易平台，降低交易成本，在一定程度上缓和了饲草供需不平衡的矛盾。

（二）种养结合提高社会经济效益

新疆养殖户多采用种养结合的生产模式，这种生产模式可以有效提高社会经济效益。从提高经济效益角度看，一是提高养殖业的收益，例如，青贮玉米喂养奶牛的相关数据显示，由于奶牛的膳食结构更加科学，泌乳期的奶牛可以日均多产3千克牛奶，单产可提高10%左右，生产1吨鲜奶可节约饲料成本300元，养殖户实现了节本增效的目的。二是降低种植业的成本，相比较于籽粒玉米，青贮玉米不需要脱粒、晾晒、处理秸秆，能有效缓解农忙时节农村缺乏劳动力的问题，降低了劳动力成本。从社会生态效益看，种养结合的生产模式是一种循环经济，种植业为养殖业提供安全优质的饲草，养殖业为种植业提供有机肥，通过牲畜粪污还田的方式，减少环境污染、增加土壤肥力、促进农业的可持续发展。

（三）以养带种促进种植结构转变

新疆的养殖业具有深厚的发展基础，通过以养带种的方式，推进粮食作物种植向饲草作物种植转变，调整传统的粮食、经济作物二元种植结构，构建粮食作物、经济作物和饲草料的三元经济结构。对于规模养殖户而言，他们对养殖技术掌握程度较高，明白科学的饲草配比对增加产量的重要性，即使没有"粮改饲"政策的引导，他们种植、使用优质饲草的积极性依旧较高，在政策推动之后，补贴减少了饲草的成本，促进饲草需求进一步扩大，而且由于饲草需求量较大，往往需要外购饲草，形成青贮玉米、苜蓿等饲草的市场需求；对于种植户而言，传统的种植模式是玉米和小麦的轮作，在"粮改饲"项目开展后，如果当地或者周边有养殖户或者养殖企业就会有青贮玉米的需求，而青贮玉米相比较于普通籽粒玉米的收获时间较早、所需劳动力较少，因此，政策的推进可以促进种植户种植全株青贮玉米的积极性。总之，以养带种的方式可以促进青贮玉米市场的发育，进而推动种植结构的转变。

（四）订单农业保障饲草质量、降低种植户的风险

新疆的试点中有一家龙头企业——呼图壁种牛场，据种牛场负责人介绍，该企业有自己的种植基地，包括16万亩耕地，但是，考虑到基地土壤的可持续性，一般会采取轮作的方式种植玉米，因此，所需的全株青贮玉米饲草除了自己种植，还需要向周边种植户购买。该企业会和农户签订订单，对企业而言，企业全程可以把控青贮玉米的质量，他们不仅要求农户根据自己的生产标准进行种植，而且，在收割时，由于青贮玉米收割的时间会影响到淀粉、干物质等营养成分，企业还会严格把控收割时间。对于种植户而言，由于有订单的保障，种植户种植玉米就不愁销路，种植青贮玉米所面临的市场风险就会减少，而且，一般来说，企业签订的订单价格会略高于市场价格，农户的收益有保障。

（五）建立利益联接机制，促进农户增收

南疆的南达新企业建立多种形式的利益联接机制，带动周边农牧民经济增收。一是建立"公司+基地+农户"的联接模式，与农户签订青贮玉米的购销合同，引导农户生产全株青贮玉米；二是与村经济合作组织签订用工合同，形成临时性、季节性用工，实现户均增收2 500元，并将300多名农户转化成产业工人、销售人员，解决隐性失业问题；三是组织科技进村入户活动，对农牧民进行疫病防治、养殖技术、饲料配方等技术服务，不仅提高了农牧民种植、养殖技术，还与当地农牧民建立、维持了深厚的情感。

四、新疆"粮改饲"工作存在的问题

（一）专用品种效果差，"粮改饲"持续性较差

适宜新疆本地青贮玉米品种筛选试验示范工作滞后，市场上可供选择的青贮玉米品种较少，特别是一些规模化养殖水平低的地方，青贮玉米品种不分、生熟不分，多数都是收贮农户种植的籽粒全株玉米，以致单产较低，农户受益有限。相比传统青贮玉米品种，粮饲兼用型青贮玉米更具有推广优势，一方面植株产量高、饲用营养价值高，另一方面其籽粒产量也比较高。因此，种植粮饲兼用型玉米弹性大、风险小，可根据当年的市场

行情进行调整。

(二) 试点面积不断扩大，整合资金逐渐下降

2017年，"粮改饲"试点面积为64.5万亩，整合"粮改饲"专项项目资金12 894万元，收储全株青贮玉米等优质饲草料193.4万吨以上。2018年，"粮改饲"试点面积为76.656万亩，整合"粮改饲"专项项目资金8 582万元，收储282万吨的青贮玉米。2019年，预计整合资金的量进一步减少。2017年，每吨青贮玉米的收储补贴为50元，2018年，下降到29元。"粮改饲"的补贴力度不断下降，可能会打击到养殖企业（户）收储积极性。

(三) "粮改饲"宣传不到位，种植观念改变难

试点地区的农户对于"粮改饲"了解较少，许多农户混淆"粮改饲"补贴和耕地地力补贴，对种植青贮玉米的优势认识不足，没有认识到青贮玉米在节约劳动力、降低生产成本方面的优势。青壮年劳动力更愿意种植经济作物，以便于获得更高的收益；老年人习惯于种植籽粒玉米，对种植青贮玉米的好处认识不足。

(四) 资源环境的约束，影响青贮玉米种植

新疆地区气候干旱，需要进行灌溉，但是新疆水资源较为紧张，尤其是南疆，不利于发展青贮玉米种植。并且新疆地区大风天气多，一般青贮玉米的秸秆长得较高，容易出现倒伏现象，降低青贮玉米产量。再加上，新疆地广人稀，各个地区之间相距较远，而青贮玉米的运输时间是有限制的，最好要控制在4小时、距离养殖场200千米以内，否则会影响青贮玉米的品质，这就限制青贮玉米只能种在养殖场周围的地区。

(五) 销售渠道较窄，影响农户种植积极性

青贮玉米的销售对象单一，需要在一定的时间内，联系好收购主体，否则就错过青贮玉米的最佳收获季节，影响青贮玉米的收获产量，降低农户的销售收入。大型养殖企业都有自己固定的收购对象或者代理人，而中小规模的养殖户则较多选择种养结合，以节约成本和控制青贮玉米的品质。因此种植户寻找销售渠道较难，也成为他们改种青贮玉米最担忧的问题。

(六) 补贴传导有限，农户收益变化不大

"粮改饲"试点的补贴重点放在了收储环节，希望增加青贮玉米的收

购需求,以提高青贮玉米的收购价格,从而使种植户间接获得收益。但是"粮改饲"的补贴辐射范围有限,享受"粮改饲"补贴的大型养殖企业收储的青贮玉米的收购价较高,被中小养殖户收购的青贮玉米价格较低,收益低于籽粒玉米。种植户即使享受到了"粮改饲"补贴带来的福利,种植收益增长幅度较小。

五、对改进"粮改饲"工作的建议

(一)加强科技研发,稳定青贮玉米种植面积

设立品种研发专项资金。从"粮改饲"专项项目资金中拿出部分资金和科研单位进行合作,用于开展全株青贮玉米品种筛选工作,选育出适宜新疆地区生产环境,并符合养殖需求的品种。推广青贮玉米专用品种,选择部分试点地区进行品种示范推广。同时发挥基层农技推广体系的作用。农技推广人员下到村子里,宣讲青贮玉米专用品种,并讲解种植专用青贮玉米需要注意的事项。

(二)加大金融扶持,缓解资金压力

针对养殖户或养殖企业普遍存在的发展资金不足问题,引导金融机构积极参与"粮改饲"项目。政府应通过支持普惠金融发展,对"粮改饲"收贮企业探索建立贷款贴息政策,鼓励地方农担公司积极为养殖企业和养殖户担保,引导金融机构支持"粮改饲"开展。同时,支持发展供应链金融,鼓励社会化服务组织从生产资料购买、青贮玉米良种引进和推广、机播机种机收等机械化服务以及运输等产前、产中、产后环节参与"粮改饲"项目。

(三)强化宣传报道,引导农户转变观念

充分利用多种媒体宣传报道"粮改饲"成效,总结成功模式,挖掘亮点、树立典型,引导社会各界支持、关心、参与"粮改饲"试点工作,营造良好的社会氛围。加强宣传力度,鼓励农民从比较效益来看,种植青贮玉米比籽粒玉米将增收 5 025 元/公顷。种植青贮后的收割等基本以机械化为主,相应减小了劳动强度,降低了生产成本。

(四)以养定种,合理布局青贮玉米种植区域

"粮改饲"项目试点旨在优化种植结构,推进玉米供给侧结构性改

革,增加饲草供给,促进草食畜牧业发展。"粮改饲"试点要围绕"草畜结合、为养而种、以养改种、就地转化",进行适当调整。一方面,要坚持"为养而种、以养改种"。结合当地草食畜牧业未来发展规模、饲草市场供求等情况,科学合理规划和引导青贮饲草种植规模,既要保障饲草供应,又要避免盲目扩大种植规模,导致供过于求,损害农民利益。另一方面,要围绕"草畜结合、就地转化",积极探索和推广草畜结合的典型模式。

(五)规范合同,稳定种养户利益联结机制

从独立的种植户与养殖户的利益联结看,由于种养户合作及利益联结机制不完善,互相不信任。农户的青贮收购合同易毁约,按合同执行时农户在收割前将玉米棒子掰走,另外存在不好好进行田间管理、杂草较多的问题。规模奶牛场都尽可能租地,扩大青贮与牧草种植面积以保障饲料供应。这种情况影响"粮改饲"政策对种植户收入提高和参与度。因此要重视种植农户参与,引导种养户合作,需要规范合同和推进青贮饲料的标准生产,保障农民收益。

(六)以合作社为引导,保障"产销衔接"

当前,合作社、龙头企业以及家庭农场在内的新型农业经营主体加速发展,在"粮改饲"项目推广中发挥着非常重要的作用。"粮改饲"的推广离不开产销有效衔接。在青贮玉米的供求"量"的方面,一定区域内,青贮玉米种植面积过大将导致供过于求,养殖户(养殖企业)难以消化全部青贮玉米,种植面积过小,难以满足养殖户(养殖企业)青贮饲养需求。在供求"质"的方面,合作社通过与种植户开展订单种植等形式,对农户从种子选用、化肥用药以及收割等环节进行指导,确保青贮原料的品质。可以说,小农户与大市场的有效衔接离不开合作社和龙头养殖企业的牵引,通过"企业+合作社+农户"模式,通过订单生产等模式,将大批农户有效组织起来,建立起种养、农牧结合的产业链,既能解决种植户"销"的问题,也能解决养殖户(养殖企业)"购"的问题。

黑龙江省"粮改饲"调研报告

黑龙江是种粮大省,为降低畜牧业养殖成本、提高经济效益,黑龙江省积极开展"粮改饲"试点，在全省耕地面积较多、牛羊养殖数量多、养殖企业规模化水平较高的地区，以大规模养殖企业为主体通过采用土地流转等方式将散户的土地集中连片之后种植青贮玉米和优质牧草。草畜有机结合既保证饲草料均衡供应，又降低了饲养成本。

课题组于2019年10月11日至2019年10月15日在黑龙江省展开调研，调研主体包括肉牛养殖户、奶牛养殖户和种植户，其中，玉米种植户在种植结构调整过程中起着关键作用。调研区域覆盖黑龙江省哈尔滨市双城区、黑龙江省齐齐哈尔市昂昂溪区和黑龙江省齐齐哈尔市龙江县，其中，哈尔滨市双城区、齐齐哈尔市龙江县为试点区，齐齐哈尔市昂昂溪区为非试点区，共收获问卷144份，其中养殖问卷42份，种植问卷102份。

一、调研地区概况

黑龙江省是玉米种植大省。2018年，全省玉米种植面积为631.78万公顷，占全国玉米种植面积的比例为15%；全省玉米产量达3 982.2万吨，占全国玉米总产量的比例为15.48%，两项指标均远高于吉林、山东、河南等产粮大省。因此，黑龙江省于2015年被国家确定为第一批"粮改饲"试点区之一。

黑龙江省开展"粮改饲"试点以来，已经初步形成了适宜当地的模式。黑龙江省哈尔滨市双城区、黑龙江省齐齐哈尔市龙江县于2016年正式实施"粮改饲"补贴。2017年，国家下达黑龙江省"粮改饲"任务面积为5.7万公顷，青贮任务贮量258.1万吨，根据各地青贮生产计划，黑龙江省实际落实青贮量352.23万吨。2019年，黑龙江省"粮改饲"项目资金下达16 647.37万元，覆盖哈尔滨市、齐齐哈尔市、佳木斯市等地，其中，哈尔滨市、齐齐哈尔市为黑龙江省"粮改饲"项目重点实施市，下达"粮改饲"项目资金均位列黑龙江省前三。

1. 哈尔滨市双城区

哈尔滨市双城区位于黑龙江省西南部，东经125°41′~126°42′，北纬45°08′~45°43′。东、东南与阿城、五常接壤；南、西以拉林河为界，与吉林省的榆树、扶余为邻；西北、北隔松花江与肇源、肇东相望；东北紧靠哈尔滨南岗区。双城区全境为冲积平原和阶地。无山，地势平坦，呈东高西低，属中温带大陆性季风气候。特点是：春季风多，少雨干旱；夏季高温多雨；秋季凉爽早霜；冬季严寒少雪。年均气温4.4℃，年均降水量

481毫米，有效积温2 700~2 900℃。

双城区以奶牛养殖为主，本次调研规模化奶牛场8个，平均养殖奶牛390头，哈尔滨市双城区奶牛养殖主要有以下特点。

（1）规模化程度较高。哈尔滨市政府主导了双城区奶牛养殖规模化的进程，散户刚性退出，主要原因为散户养殖的奶牛牛奶质量难以达到收购企业的要求，整合后的规模化企业生产的牛奶在乳脂率、体细胞数上更符合市场需求。

（2）奶牛养殖粪污处理上因国家环保政策要求，将牛粪进行干湿分离等要求导致奶牛养殖成本增加。受国家环保政策影响，当前奶牛场粪污处理需通过仪器进行干湿分离，以达到粪污排放要求，不仅仅是通过粪污自然发酵还田，养殖成本有所上升。

2. 齐齐哈尔市昂昂溪区

昂昂溪区位于齐齐哈尔市中心城区南部，地处东经122°24′~126°38′，北纬45°53′~48°56′，东接铁锋区及杜尔伯特蒙古族自治县，西与富拉尔基区及梅里斯达斡尔族区隔江相望，南与泰来县为邻，北与龙沙区接壤。昂昂溪区面积740千米²，总人口9万人（截至2000年），辖6个街道、1个民族镇、1个乡。

昂昂溪区2016年首次推行"粮改饲"政策，但因当地养殖量少，"粮改饲"政策并未得到有效落实，种植户不愿改种青贮玉米，且在最终收储环节无有效市场需求，籽粒玉米也难以改作青贮玉米用途，故此后当地并无"粮改饲"补贴至养殖户，而当地政府是否在此之后仍拿到国家"粮改饲"项目资金整合后另作他用，并不明确。因此，当地被当作"粮改饲"政策非试点区进行调研。

昂昂溪区奶牛、肉牛养殖量较少。调研共获得奶牛问卷2份（一家2018年末存栏280头，另一家为180头），肉牛问卷4份（平均养殖量为190头），种植问卷26份。不同于哈尔滨市双城区，昂昂溪区面积较大，玉米种植户较多，6家初具规模养殖场（户）不足以支撑"粮改饲"项目落实。

3. 齐齐哈尔市龙江县

龙江县位于齐齐哈尔西部，距齐齐哈尔市72千米，地处大兴安岭南麓与松嫩平原过渡地带，境内山峰耸峙，江河蜿蜒，阡陌纵横，沃野千里，具有得天独厚的自然优势。农副产品资源丰富，是全国著名的玉米产区,粮食生产百强县之一,绿色食品生产先进县,也是黑龙江肉羊第一大县,东北细毛羊养殖基地县。此外,齐齐哈尔市龙江县也是肉牛养殖大县,所辖景星镇是黑龙江省肉牛第一镇,国家于2015年将龙江县确认为第一批"粮改饲"试点区。

龙江县肉牛养殖以家庭养殖为主,规模化程度较低,养殖数量在10头左右,少数养殖场养殖数量可维持在100~200头。不同于哈尔滨市双城区奶牛养殖,肉牛养殖不存在较大的出肉标准问题,故龙江县散户养殖较多。

二、粮改"饲政策"实施情况与效果

1. 补贴发放以收储环节为主

黑龙江省"粮改饲"补贴下发主要集中在青贮玉米收储环节,补贴主体为肉牛(奶牛)养殖场(户),种植环节的补贴主要体现为齐齐哈尔市龙江县发放的青贮玉米种子补贴,补贴额度为青贮玉米种子市场价格的50%,补贴后种植户支付价格在7.5元/千克左右。

2. 以青贮窖容积确定补贴数量

当前政策落实手段主要体现为测量养殖户青贮窖容积,根据容积大小确定补贴额度。政府人员会通过测量养殖场(户)青贮窖容积换算至可存储多少吨的青贮,进而对养殖企业发放不高于60元/吨的"粮改饲"补贴。

3. "粮改饲"补贴下发不完整

哈尔滨市双城区2018年"粮改饲"补贴额度为60元/吨,整个地区当前仅下发30元/吨,其余额度暂未下发,原因未知。

4. 青贮玉米以粮饲通用型为主

黑龙江省青贮玉米种植品种以粮饲通用型青贮玉米为主,2019年专用型青贮玉米种植逐步展开,双城区专用型青贮玉米种植主体主要为当地春艳养殖场与鑫富村村民的订单协议,由春艳养殖场为种植户免费提供专用型青贮玉米种子和化肥等农资;齐齐哈尔市专用型青贮玉米种植主要得益于当地实行的专用型青贮玉米种子补贴。

5. 政策实施应遵循以养定种原则

若当地存在青贮玉米市场需求,籽粒玉米改用青贮玉米情况较多,但种植品种一般为籽粒玉米;种植专门青贮玉米主要体现在订单农业上,养殖场（户）与农户签订订单，种植养殖场（户）所需的专用青贮玉米。

6. 青贮窖配套机械一般为雇佣铲车

规模化养殖场（户）一般配套青贮窖，散户养殖因不具备条件鲜有配套青贮窖。青贮窖配套机械一般为雇佣的铲车，大型规模化养殖场（户）也会自己购买铲车和联合收割机。

三、种植业结构调整情况

目前黑龙江省种植专用青贮玉米主要有两种模式：一是主要是养殖户、养殖企业自养自种，养殖户、养殖企业大多兼营种植业，在自营或流转的土地上种植专用青贮玉米，收获的青贮玉米仅用于喂养牲畜、满足自身需求而不用于出售；二是养殖企业或养殖大户与种植户签订订单合同，带动种植户在自营和流转的土地上种植专用青贮玉米，以满足订单需求。调研的102个种植户中，种植过青贮玉米的农户占42.2%，品种为专用青贮玉米与籽粒玉米改用作青贮玉米两种，其中种植专用青贮玉米品种的农户占22.5%，种植籽粒玉米改用作青贮玉米的占20.6%，只有在当年受自然灾害影响严重、籽粒玉米歉收或是当年青贮玉米收购价格较高、农民认为有利可图的情况下，才会将籽粒玉米改用作青贮玉米进行销售，以此降低损失。

1. 种植结构调整稳步推进

2018年，哈尔滨市双城区"粮改饲"任务面积为14.19万亩，齐齐哈尔市龙江县"粮改饲"任务面积3.15万亩，总计17.34万亩，占黑龙江全省"粮改饲"任务面积的比例为29.06%。按黑龙江省青贮玉米亩产2.8吨计算，哈尔滨市双城区、齐齐哈尔市龙江县2018年共计供给青贮玉米48.55万吨。

2. 玉米种植效益提高

在不考虑成本的情况下，种植专用青贮玉米的经济效益明显高于籽粒玉米，籽粒玉米改用作青贮玉米的效益几乎与籽粒玉米相当（附表4）。在种子、化肥等其他成本相当的情况下，青贮玉米收获时租用大型机械全株收获，节约人工成本，而籽粒玉米需要将籽粒与秸秆分开处理，人工成本增加。由此得出，种植专用青贮玉米净收益显著高于种植籽粒玉米。

附表 4　2018 年玉米收益情况

项目	平均单产 （吨/亩）	平均收购价 （元/吨）	平均收益 （元/亩）
专用青贮玉米	3.4	300	1 020
籽粒玉米改用作青贮玉米	2.8	300	840
籽粒玉米	0.65	1 300	845

数据来源：根据调研数据计算得出。

四、"粮改饲"政策对养殖业影响

"粮改饲"政策背景下，黑龙江省养殖业成本小幅降低，这主要是因为政府提供的青贮玉米补贴。

在相同单位面积耕地上，全株玉米青贮的营养价值比玉米籽粒加干玉米秸秆的营养价值高出 30%~50%。多数养殖企业与养殖户反映，奶牛饲喂全株青贮饲料后，泌乳期奶牛日产奶量提升 4 千克左右，生鲜乳中的乳蛋白、乳脂肪两大营养指标提升 10%~20%；肉牛饲喂全株青贮饲料后，胴体重与肉质均有所提升，进而缩短出栏时间，养殖收入随之提高。

五、调研中发现的问题

1. 农户调整积极性不高

农民种植青贮玉米积极性不高。调研的农户中，大多数（56.7%）表示今后没有种植青贮玉米意愿，表示今后想要增加种植青贮玉米面积的仅占 20.6%；种植户市场观望行为明显，21.6% 的种植户表示将根据市场行情确定是否种植专用青贮玉米。结合当地调研情况分析得出，影响农户种植青贮玉米的主要原因有以下 4 个方面：一是青贮玉米缺乏销售渠道，非养殖户与附近无养殖企业的种植户几乎不种植专用青贮玉米，因为盲目增加青贮玉米种植面积很有可能滞销，而种植籽粒玉米既可以在正常年份卖作粮食，又可以在受灾年份改卖作青贮玉米，因此鲜少有种植户大量种植青贮玉米；二是农民对青贮玉米营养价值、饲养效果及经济价值缺乏正确的认识，部分兼业养殖户（26.2%）认为喂食青贮玉米对提高奶牛产奶量与品质、肉牛体重与肉质无显著影响，没有种植意愿，而籽粒玉米种植户认为种植籽粒玉米有种粮补贴且经济效益更高，不愿调整；三是农户自身种植习惯与种植知识限于传统籽粒玉米的种植，对专用青贮玉米种植知识与技术不了解，不敢调整；四是下发给收储环节的补贴的确降低了养殖场（企业）的成本，但青贮玉米收购价格并未随之提高，补贴政策最终未落实到种植户，极大地影响了种植户的种植积极性。

2. 订单种植多以口头协议

当前种植户与大型养殖场订单签订多以口头协议的形式，并无具备法律效力的书面合同，该模式下，无论在种植环节，还是在收储环节，均存在违约的可能，致使种植户或养殖场利益受损。

3. "粮改饲"资金整合后移作他用

2016年"粮改饲"政策在当地首次实施，一年后经黑龙江省政府同意便将"粮改饲"项目资金整合后用于扶贫等其他农业项目，这主要是因为：第一，当地肉牛养殖以散户养殖为主，每年养殖户青贮采购量不便于测算，且专门青贮品种种植面积少，肉牛养殖以籽粒玉米用作青贮玉米或籽粒玉米秸秆为主；第二，"粮改饲"项目政策补贴主体为收储量大于200吨的养殖户，以散户为养殖主体的龙江县高于该规模的肉牛养殖户较少。

六、结论及建议

当前，黑龙江省"粮改饲"政策得以有效贯彻，种植结构调整稳步推进，"粮改饲"补贴并未有效改变养殖场（户）实际养殖情况，但补贴的确降低了养殖成本，该政策对当地种植户的影响小于对养殖环节的影响。为进一步完善落实"粮改饲"相关工作，本研究提出以下政策建议。

1. 以养定种，坚持市场需求导向

青贮玉米运输存在运输范围限制，运输半径为5万米，故跨区域调运难以实现，当地养殖企业的总规模直接决定了青贮玉米的种植数量。因此，扩大青贮玉米种植面积要适当考虑扩大养殖规模。

此外，审慎设定"粮改饲"补贴方式，对于专用青贮玉米种植和收储环节的增量多补、存量少补甚至不补，用有限的资金更多地去激发增量。

2. 加大对专用型青贮玉米的宣传力度

一方面是在肉牛和肉羊饲养区通过电视、广播、报纸、微信公众号等媒介、村级宣传人员张贴宣传报、发放宣传册等形式对青贮玉米的营养价值、最佳饲喂比例以及喂养效果进行宣传，推广使用青贮玉米饲养牲畜，引导调整饲料结构，科学配比；同时对专用青贮玉米的补贴政策、成本收益状况和预期经济效益进行宣传，激发非养殖户种植积极性，鼓励农民调整种植结构、积极寻求销售途径，将土地流转给有需求的养殖大户、养殖企业或与附近养殖大户、养殖企业展开合作签订青贮玉米订单合同。另一方面是在青贮玉米种植区建立种养结合示范点（户），同时组织农业技术人员到村中以小型培训班或是以走街串户的形式为农户普及青贮玉米种植、贮制方法。在青贮玉米播种、收储等关键环节，派遣技术人员、专家团队、监管人员进行动态监管、指导，既可以及时发现并指正播种与收储过程中出现的各种技术问题，又可以降低为冒领种植补贴以种植籽粒玉米品种充当专用青贮玉米品种现象的发生概率。

3. 培育适宜当地的专用型青贮玉米品种

保障"粮改饲"政策效果，提高整体技术水平是关键。提高青贮饲料种植标准化程度，将"粮改饲"政策补贴中的资金一部分用于组建技术团队、建立专项资金，用于良种培育、高效种植、科学喂养、推广示范等工作。大力培育发展粮饲兼用型品种，即玉米籽粒完全成熟时，茎秆仍然保持鲜绿，并且秸秆的产量比普通玉米高，这样玉米籽粒卖作粮食的同时，茎秆还可以卖作青贮，既提高经济效益，又保障了营养价值。完善基层农技推广服务体系建设，优化政策、提高基层人员待遇，吸引农业技术人员积极投入基层建设，为农民种植、养殖提供更加专业优质的技术服务，带动农民增产增收。

附录2 调查问卷

种植调查表

_____省_____市_____县_____乡/镇_____村

被访问人姓名：_____ 联系电话：_____ 调查员：_____

2019年___月___日

一、种植主体基本情况（2018年情况）

1. 种植主体基本情况

种植决策者姓名	决策者属性 ①家庭户主；②合作社负责人；③饲草企业负责人；④养殖企业负责人；⑤其他人员_____	性别 ①男 ②女	出生年份	受教育年限（年）	从事种植业年限（年）	如果是散户或大户		
						家庭常住人口数（人）	家庭劳动力人数（人）	家庭从事农业劳动力人数（人）

注：家庭常住人口指在家生活6个月以上，或外出务工但收入主要用于家庭。

2. 种植结构基本情况

项目	实施"粮改饲"前一年，_____年	2018年
种植主要作物种类 ①籽粒玉米；②全株青贮玉米；③玉米秸秆青贮；④苜蓿；⑤其他饲草_____；⑥其他作物_____；⑦只收购不种植		
自有土地面积（亩），没有填0		
流入土地面积（亩），没有填0		

3. 类别：_____

(1) 小规模散户；(2) 大户（流转土地）；(3) 种植合作社；(4) 饲草公司；(5) 养殖企业；(6) 其他_____

4. 种植模式：_____

(1) 专业种植；(2) 兼业种植（除种植饲草作物外，还从事哪些活动_____）

A. 饲草以外的种植；B. 养殖；C. 非农

是否种植过青贮饲草 ①是 ②否	若种植过，曾在以下年份种植 □2014；□2015；□2016；□2017；□2018；□2019	种植品种 ①专用全株青贮玉米；②籽粒玉米改用作全株青贮玉米；③玉米秸秆青贮；④苜蓿；⑤其他饲草____	种植青贮饲草原因 ①饲草效益更好；②玉米市场价格低；③订单种植有保障；④节约劳动力；⑤饲草有补贴；⑥受灾害影响小；⑦其他___	若没种植过，原因 ①没有市场需求（附近没牛场）；② 收益不高；③怕受灾；④其他____

5. 村子（种植基地）周围是否有养殖户/养殖企业____。

(1) 是；(0) 否

若有，距离最近的养殖户/养殖企业_____千米，养殖户/养殖企业名称_____。

6. 村子（种植基地）距离最近的公路（□县道/□省道/□国道）的距离_____千米。运输成本____元/吨。

二、种植主体农业生产情况

1. 玉米或饲草种植情况

项目	种植饲草前一年，____年				2018 年			
种植作物种类	籽粒玉米	专用全株青贮玉米	籽粒玉米用作全株青贮玉米	其他____	籽粒玉米	专用全株青贮玉米	籽粒玉米用作全株青贮玉米	其他____
播种时间（月）								

(续表)

项目	种植饲草前一年，＿＿年				2018 年			
收割时间（月）								
总播种面积（亩）								
其中：流入土地（亩）								
产量（吨）								
总销售收入（元）								
销售区域代码								
获得"粮改饲"补贴额（元）								
受灾面积（亩）								
受灾损失（元）								

注：销售区域代码中，1＝本县；2＝本省外县；3＝外省（注明省份＿）。

2. 生产成本投入情况

项目	种植饲草前一年，＿＿年				2018 年			
种植作物种类	籽粒玉米	专用全株青贮玉米	籽粒玉米用作全株青贮玉米	其他	籽粒玉米	专用全株青贮玉米	籽粒玉米用作全株青贮玉米	其他
种子用量（千克）								
种子金额（元）								
化肥用量（千克）								
化肥金额（元）								
农药金额（元）								
机械投入（元，含燃料费、维修费等）								
水费（元）								
电费（元）								
总人工费（元）								
总用工（天）（含家庭人工用量）								

(续表)

项目	种植饲草前一年，_____年			2018年		
当地雇工价格[元/（人·天）]						
雇工工日（天）						
雇工费用（元）						
土地租金（元）						
其他成本（元）						
总成本（元）						

3. 如果是饲草企业，除自己种植外，直接收购青贮情况

项目	实施"粮改饲"前一年，_____年	2018年
收购青贮饲料数量（吨）		
收购总成本（万元）		
收购区域代码		
销售青贮饲料数量（吨）		
销售总（毛）收入（万元）		
销售区域代码		
获得"粮改饲"补贴额（万元）		
获得"粮改饲"补贴数量（吨）		
销售纯收入（万元）		

注：收购和销售区域代码中，1=本县；2=本省外县；3=外省（注明省份__）。

三、种植主体种植意向

1. 是否知道"粮改饲"政策____。
（1）非常了解；（2）了解；（3）一般；（4）不了解；（5）非常不

了解

2. 你主要通过哪些渠道了解"粮改饲"政策？（多选）____
（1）电视、报纸；（2）广播；（3）村干部；（4）亲邻朋友；（5）信用社、财政所；（6）合作社或协会；（7）订单企业；（8）政府；（9）其他（请注明_____）

3. 您是否知道"粮改饲"政策有补贴？____
（1）知道；（0）不知道

4. 若有补贴，你清楚补贴的标准吗？____（1）清楚；（0）不清楚
补贴形式____
（1）直补农户（直接给农户发钱）；（2）补贴种子；（3）补贴养殖企业；（4）补贴饲草种植企业或合作社；（5）没有补贴；（6）其他____

5. 您获得过"粮改饲"补贴吗？____
（1）有；（0）没有

6. 如果获得过，补贴标准是____元/吨，或____元/亩（农资折算成现金数目）。

7. 未来是否有增加饲草种植面积的意愿？____
（1）有；（2）没有；（3）不确定

8. 若有增加饲草种植面积的意愿，计划增加_____亩。

9. 对饲草种植技术了解程度____。
（1）非常了解；（2）了解；（3）一般；（4）不了解；（5）非常不了解

10. 若不了解饲草种植技术，希望从____获得饲草种植技术的知识。
（1）农技人员宣传；（2）周围种植饲草农户；（3）网上自学；（4）不需要；（5）其他____

11. 找到买家的难易程度____。
（1）非常容易；（2）比较容易；（3）一般；（4）不容易；（5）非常不容易

12. 种植饲草作物时，最担心的问题是____。
（1）市场价格风险；（2）没有销售渠道；（3）自然灾害风险；（4）劳动力投入量增加；（5）种植成本上涨；（6）其他____

四、家庭收入情况（适用小规模散户和大户）

年份	种植业（元）	养殖业（元）	非农经营（元）	务工（元）	其他_____（请注明）（元）
实施"粮改饲"前一年，_____年					
2018 年					

肉牛养殖调查问卷

_____省_____市_____县_____区/镇_____村
肉牛养殖场（户）名称：_____
肉牛养殖场负责人姓名：_____ 电话：_____
调查时间：___年___月___日 调查员：_____ 电话：_____

一、养殖场（户）基本情况

1. 基本场（户）情况

决策者属性 ①家庭户主；②合作社负责人；③养殖企业负责人；④其他人员_____	性别 ①男 ②女	年龄（岁）	受教育年限（年）	从事种植业年限（年）	家庭劳动力人数（人）	家庭从事养殖劳动力人数（人）

2. 基本情况

养殖场总占地面积（亩）	养殖场总投资（元）	养殖场最大存栏量（头）	养殖场投产运营年份（年）	养殖场所处阶段
				□扩群阶段 □稳定阶段

3. 肉牛情况

年份	年末肉牛存栏量（头）	成年牛数量（头）	年出栏数（头）	至出栏饲养天数（天）	胴体重（千克）	消耗饲草料总量（头/千克）
"粮改饲"前一年（＿＿年）						
2018年						

4. 肉牛养殖场（户）销售收入情况

| 年份 | 成年牛销售收入 | | 犊牛销售收入 | | 牛粪销售收入（元） | 其他 |
	单价（元/头）	数量（头）	单价（元/头）	数量（头）		
"粮改饲"前一年（＿＿年）						
2018年						

5. 青贮窖建设情况

项目	容量（米³）	投入使用年份（年）	投资（万元）
青贮窖1			
青贮窖2			
青贮窖3			
青贮窖4			
青贮窖5			

6. 青贮饲料的配套机械情况

项目	数量（台）	投入使用年份（年）	投资（万元）
压窖机			
联合收割机			
运输车			

7. 养殖场配套种植饲草土地面积_____亩

8. 若存在外购饲料，收购价格

年份	籽粒玉米（元/千克）	全株青贮玉米（元/千克）	苜蓿干草（元/千克）	青贮秸秆（元/千克）	燕麦（元/千克）	其他
"粮改饲"前一年（___年）						
2018年						

9. 肉牛养殖场（户）成本情况

年份	外购犊牛成本（元）	饲料成本（元）	人工成本（元）	医疗防疫成本（元）	其他成本1（元）	其他成本2（元）
"粮改饲"前一年（___年）						
2018年						

二、饲料结构

1. 饲料干物质结构

养殖类型	年份	籽粒玉米		全株青贮玉米		苜蓿干草		青贮秸秆		其他	
		用量[千克/(头·天)]	占日粮比例(%)	用量[千克/(头·天)]	占日粮比例(%)	用量[千克/(头·天)]	占日粮比例(%)	用量[千克/(头·天)]	占日粮比例(%)	用量[千克/(头·天)]	占日粮比例(%)
成年牛	"粮改饲"前一年（___年）										
	2018年										
犊牛	"粮改饲"前一年（___年）										
	2018年										

(续表)

养殖类型	年份	籽粒玉米		全株青贮玉米		苜蓿干草		青贮秸秆		其他	
		用量[千克/(头·天)]	占日粮比例(%)	用量[千克/(头·天)]	占日粮比例(%)	用量[千克/(头·天)]	占日粮比例(%)	用量[千克/(头·天)]	占日粮比例(%)	用量[千克/(头·天)]	占日粮比例(%)
其他	"粮改饲"前一年(___年)										
	2018年										

注：其他可能的饲草为羊草、燕麦、麦秸、稻秸等。

2. 您感觉日粮中各种饲草用量是否达到了最优配比？

全株青贮玉米	苜蓿	燕麦	其他_____
□已达到最优配比； □需要增加较少比例； □需要大量增加； □需要减少。	□已达到最优配比； □需要增加较少比例； □需要大量增加； □需要减少。	□已达到最优配比； □需要增加较少比例； □需要大量增加； □需要减少。	□已达到最优配比； □需要增加较少比例； □需要大量增加； □需要减少。

三、肉牛粗饲料使用情况

1. 养殖场自己种植的粗料

项目	全株青贮玉米	苜蓿	燕麦	其他
面积（亩）				
数量（吨）				
总成本（元）				

2. 养殖场外购的粗料

项目	全株青贮玉米	苜蓿	燕麦	其他
数量（吨）				
总费用（元）				

3. 外购粗料的主要渠道

全株青贮玉米	苜蓿	燕麦	其他_____
□散户；□大户；□合作社；□牧草公司；□其他_____	□散户；□大户；□合作社；□牧草公司；□其他_____	□散户；□大户；□合作社；□牧草公司；□其他_____	□散户；□大户；□合作社；□牧草公司；□其他_____

四、"粮改饲"补贴效果

1. 您觉得"粮改饲"补贴是否有效？（1）是；（0）否
2. "粮改饲"补贴的获得情况。
（1）饲草补贴情况。

项目	全株青贮玉米	苜蓿	燕麦	其他
补贴标准（元/吨）				
获得补贴的数量（吨）				

（2）种子补贴情况。

项目	种子1 (_____)	种子2 (_____)	种子3 (_____)	种子4 (_____)
补贴标准（元/吨）				
获得补贴的数量（吨）				

3. 补贴下发形式
（1）收储环节，主要给养殖户或收储公司；（2）种植环节，主要给种植户；（3）其他环节_____。
4. "粮改饲"补贴对饲草种植面积的影响
（1）"粮改饲"补贴对养殖场决策全株青贮玉米种植面积的影响：
①补贴本身并不会影响全株青贮玉米的种植；②扩大了种植面积____

亩；③其他_____。

(2)"粮改饲"补贴对养殖场决策（□苜蓿、□燕麦、□其他）种植面积的影响：

①补贴本身并不会影响全株青贮玉米的种植；②扩大了种植面积____亩；③其他____。

5. "粮改饲"补贴对饲草收购量的影响

(1) 是否因为享受"粮改饲"补贴而提高了全株青贮玉米的收购量？

①增加了_____吨，提高了_____%；②没有变化；③减少了_____吨，减少了_____%。

(2) 是否因为享受"粮改饲"补贴而提高了（□苜蓿、□燕麦、□其他）的收购量？

①增加了_____吨，提高了_____%；②没有变化；③减少了_____吨，减少了_____%。

6. "粮改饲"补贴对饲草收购价的影响

(1) 是否因为享受"粮改饲"补贴而提高了全株青贮玉米的收购价？

①提高了_____元/吨，提高了_____%；②没有变化；③降低了____元/吨，减少了_____%。

(2) 是否因为享受"粮改饲"补贴而提高了（□苜蓿、□燕麦、□其他）的收购价？

①提高了_____元/吨，提高了_____%；②没有变化；③降低了_____元/吨，减少了_____%。

7. "粮改饲"补贴对饲草成本的影响

"粮改饲"补贴对全株青贮玉米成本的影响：

①降低了饲料成本_____元/吨，约_____%；②没有太多影响；③其他_____。

8. 饲草的合理配比对肉牛料肉比的影响

(1) 饲草中全株青贮玉米的合理配比，对肉牛的最大的影响是：

①提升胴体重量；②提升肉质；③既提升产量，又提升质量；④其他_____。若存在提产提质，则每头肉牛料肉比提升____%。

(2) 饲草中（□苜蓿、□燕麦、□其他）的合理配比，对肉牛的最大的影响是：

①提升胴体重量；②提升肉质；③既提升产量，又提升质量；④其他

_____。若存在提产提质,则每头肉牛料肉比提升____%。

9. 饲草的合理配比对肉牛排泄物的影响

(1) 饲料中全株青贮玉米的合理配比,对肉牛排泄物的影响?
①环境友好,减少了甲烷,减少了有机质;②没有显著影响;③其他_____。

(2) 饲料中(□苜蓿、□燕麦、□其他)的合理配比,对肉牛排泄物的影响?
①环境友好,减少了甲烷,减少了有机质;②没有显著影响;③其他_____。

10. 您对"粮改饲"补贴的评价:
①补贴方式和补贴额度都很合理;②补贴额度太少;③补贴方式不合理;④补贴额度和补贴方式均不合理。

11. 对"粮改饲"补贴改进的建议:_____。

奶牛养殖调查问卷

____省____市____县____区/镇____村
奶牛养殖场(户)名称:_____
奶牛养殖场(户)负责人姓名:_____ 电话:_____
调查时间:____年____月____日 调查员:_____ 电话:_____

一、养殖场(户)基本情况

1. 基本场(户)主情况

决策者属性 ①家庭户主;②合作社负责人;③养殖企业负责人;④其他人员____	性别 ①男 ②女	年龄 (岁)	受教育年限(年)	从事种植业年限(年)	家庭劳动力人数(人)	家庭从事养殖劳动力人数(人)

2. 养殖场（户）基本情况

养殖场总占地面积（亩）	养殖场总投资（元）	养殖场最大存栏量（头）	养殖场投产运营年份（年）	养殖场所处发展阶段
				□扩群阶段 □稳定阶段

3. 生产水平

年份	年末奶牛存栏量（头）	成年母牛数量（头）	泌乳牛平均日产奶量[千克/(头·天)]	平均泌乳周期（天）	体细胞数（万个/毫升）	乳脂（%）	乳蛋白（%）	菌落数（CFU/毫升）
"粮改饲"前一年（___年）								
2018年								

4. 奶牛养殖场（户）销售收入情况

产品	出售牛奶		出售淘汰母牛		出售犊牛		出售牛粪	其他___
	单价（元/千克）	数量（千克）	单价（元/头）	数量（头）	单价（元/头）	数量（头）		
"粮改饲"前一年（___年）								
2018年								

5. 青贮窖建设情况

项目	青贮窖1	青贮窖2	青贮窖3	青贮窖4	青贮窖5
容量（米³）					
投入使用年份（年）					
投资（万元）					

6. 收储青贮饲草的配套机械情况

项目	压窖机	联合收割机	运输车
数量（台）			
投入使用年份（年）			
投资（万元）			

7. 养殖场配套种植饲草土地面积_____亩
8. 若存在外购饲料，收购价格（元）

年份	籽粒玉米（元/千克）	全株青贮玉米(元/千克)	苜蓿干草（元/千克）	青贮秸秆（元/千克）	燕麦（元/千克）	其他（元/千克）
"粮改饲"前一年（___年）						
2018 年						

9. 奶牛养殖场（户）成本情况

年份	外购奶牛成本（元）	饲料成本（元）	人工成本（元）	医疗防疫成本（元）	其他成本1（元）	其他成本2（元）
"粮改饲"前一年（___年）						
2018 年						

二、饲料结构

1. 日粮中粗饲料干物质含量

生产阶段	年份	籽粒玉米		全株青贮玉米		苜蓿干草		青贮秸秆		其他___	
		用量[千克/(头·天)]	占日粮比例(%)	用量[千克/(头·天)]	占日粮比例(%)	用量[千克/(头·天)]	占日粮比例(%)	用量[千克/(头·天)]	占日粮比例(%)	用量[千克/(头·天)]	占日粮比例(%)
泌乳期奶牛	"粮改饲"前一年(___年)										
	2018年										
干奶期奶牛	"粮改饲"前一年(___年)										
	2018年										
后备奶牛	"粮改饲"前一年(___年)										
	2018年										
其他	"粮改饲"前一年(___年)										
	2018年										

注：其他可能的饲草为羊草、燕麦、麦秸、稻秸等。

2. 您感觉日粮中各种饲草用量是否达到了最优配比

全株青贮玉米	苜蓿	燕麦	其他_____
□已达到最优配比； □需要增加较少比例； □需要大量增加； □需要减少。	□已达到最优配比； □需要增加较少比例； □需要大量增加； □需要减少。	□已达到最优配比； □需要增加较少比例； □需要大量增加； □需要减少。	□已达到最优配比； □需要增加较少比例； □需要大量增加； □需要减少。

三、奶牛粗饲料使用情况

1. 养殖场自己种植的粗饲料

项目	全株青贮玉米	苜蓿	燕麦	其他
面积（亩）				
数量（吨）				
总成本（元）				

2. 养殖场外购的粗饲料

项目	全株青贮玉米	苜蓿	燕麦	其他
数量（吨）				
总费用（元）				

3. 外购粗饲料的主要渠道

全株青贮玉米	苜蓿	燕麦	其他＿＿＿
□散户；□大户；□合作社；□牧草公司；□其他＿＿＿	□散户；□大户；□合作社；□牧草公司；□其他＿＿＿	□散户；□大户；□合作社；□牧草公司；□其他＿＿＿	□散户；□大户；□合作社；□牧草公司；□其他＿＿＿

四、"粮改饲"补贴效果

1. 您觉得"粮改饲"补贴是否有效？＿＿＿＿（1）是；（0）否
2. "粮改饲"补贴的获得情况
（1）饲草补贴情况。

项目	全株青贮玉米	苜蓿	燕麦	其他
补贴标准（元/吨）				
获得补贴的数量（吨）				

（2）种子补贴情况。

项目	种子1 (_____)	种子2 (_____)	种子3 (_____)	种子4 (_____)
补贴标准（□元/吨；□元/亩）				
获得补贴的数量（□千克；□元）				

3. 补贴下发形式

（1）收储环节，主要给养殖户或收储公司；（2）种植环节，主要给种植户；（3）其他_____。

4. "粮改饲"补贴对饲草种植面积的影响

（1）"粮改饲"补贴对养殖场决策全株青贮玉米种植面积的影响：

①补贴本身并不会影响全株青贮玉米的种植；②扩大了种植面积____亩；③其他_____。

（2）"粮改饲"补贴对养殖场决策（□苜蓿、□燕麦、□其他）种植面积的影响：

①补贴本身并不会影响全株青贮玉米的种植；②扩大了种植面积____亩；③其他____。

5. "粮改饲"补贴对饲草收购量的影响

（1）是否因为享受"粮改饲"补贴而提高了全株青贮玉米的收购量？

①增加了____吨，提高了____%；②没有变化；③减少了____吨，减少了____%。

（2）是否因为享受"粮改饲"补贴而提高了（□苜蓿、□燕麦、□其他）的收购量？

①增加了____吨，提高了____%；②没有变化；③减少了____吨，减少了____%。

6. "粮改饲"补贴对饲草收购价的影响

(1) 是否因为享受"粮改饲"补贴而提高了全株青贮玉米的收购价？
①提高了_____元/吨，提高了_____%；②没有变化；③降低了_____元/吨，减少了_____%。

(2) 是否因为享受"粮改饲"补贴而提高了（□苜蓿、□燕麦、□其他）的收购价？
①提高了_____元/吨，提高了_____%；②没有变化；③降低了_____元/吨，减少了_____%。

7. "粮改饲"补贴对饲草成本的影响

(1) "粮改饲"补贴对全株青贮玉米成本的影响是：
①降低了饲料成本_____元/吨，约_____%；②没有太多影响；③其他_____。

8. 饲草的合理配比对泌乳牛的影响

(1) 饲草中全株青贮玉米的合理配比，对泌乳期奶牛的最大影响是：
①提升牛奶产量；②提升牛奶质量；③既提升产量，又提升质量；④其他_____。

若存在提产提质，则每头奶牛日产奶量提升____千克，约____%；牛奶乳蛋白提升_____%；乳脂率提升_____%。

(2) 饲草中（□苜蓿、□燕麦、□其他）的合理配比，对泌乳期奶牛的最大影响是：
①提升牛奶产量；②提升牛奶质量；③既提升产量，又提升质量；④其他_____。

若存在提产提质，则每头奶牛日产奶量提升____千克，约____%；牛奶乳蛋白提升_____%；乳脂率提升_____%。

9. 饲草的合理配比奶牛排泄物的影响

(1) 饲料中全株青贮玉米的合理配比，对奶牛排泄物的影响？
①环境友好，减少了甲烷，减少了有机质；②没有显著影响；③其他_____。

(2) 饲料中（□苜蓿、□燕麦、□其他）的合理配比，对奶牛排泄物的影响？
①环境友好，减少了甲烷，减少了有机质；②没有显著影响；③其他_____。

10. 您对"粮改饲"补贴的评价：
①补贴方式和补贴额度都很合理；②补贴额度太少；③补贴方式不合理；④补贴额度和补贴方式均不合理。

11. 对"粮改饲"补贴改进的建议：＿＿＿＿＿＿。

致　　谢

本书是国家社会科学基金面上项目"'粮改饲'种植结构调整对中国饲料粮供需结构冲击分析"（项目编号：17BJY113）的终期研究成果，该项目在后期还获得了中国农业科学院创新工程项目资助，在此向资助单位表示衷心的感谢。

国家社会科学基金面上项目"'粮改饲'种植结构调整对中国饲料粮供需结构冲击分析"是由本人及中国农业科学院农业经济与发展研究所的周慧副研究员、崔奇峰副研究员、石自忠助理研究员等团队成员共同完成。此外，农业农村部食物与营养发展研究所的王济民研究员、中国农业科学院农业经济与发展研究所的朱希刚研究员、王明利研究员在研究框架设计给予了宝贵的意见，麻吉亮助理研究员、宁爱照助理研究员、博士研究生郭世娟同学、硕士研究生张宁宁同学、硕士研究生李元鑫同学、中国农业科学院环境与可持续发展研究所王晨博士实地参与调研和数据收集。农业农村部发展计划司的欧阳儒彬主任科员、云南省农业科学院的李兴丽老师、新疆农业职业技术学校的冉娟老师、河北省农业区划委员会办公室的缪丽萍老师、河北农业大学的崔姹老师、黑龙江省八一农垦大学的杨树果老师等在人员组织、协调实地调研中给予了大量帮助，中国农业科学院农业经济与发展研究所"中国农村微观经济数据库"平台在资料收集过程中给予了大力支持，一并表示感谢。

胡向东
2020 年 12 月 15 日

彩 图

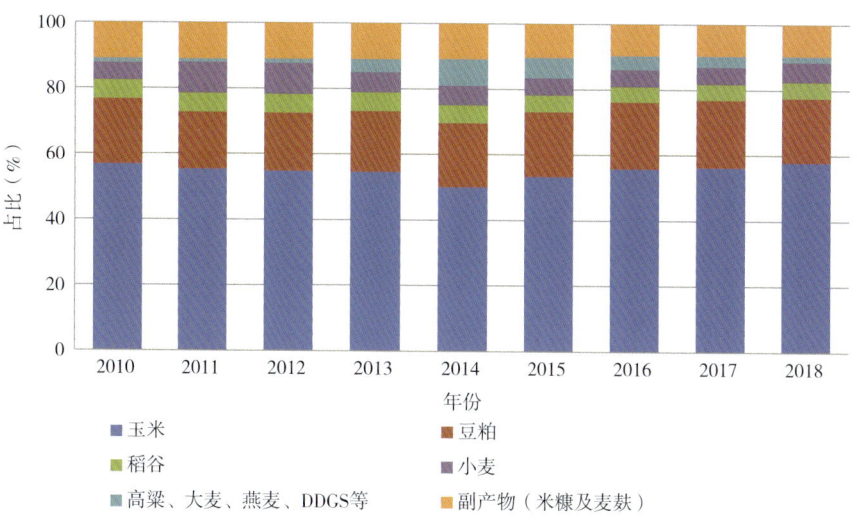

图2.2 2010年以来主要饲料粮供给占比情况

资料来源：《中国统计年鉴》、USDA数据库及作者计算。

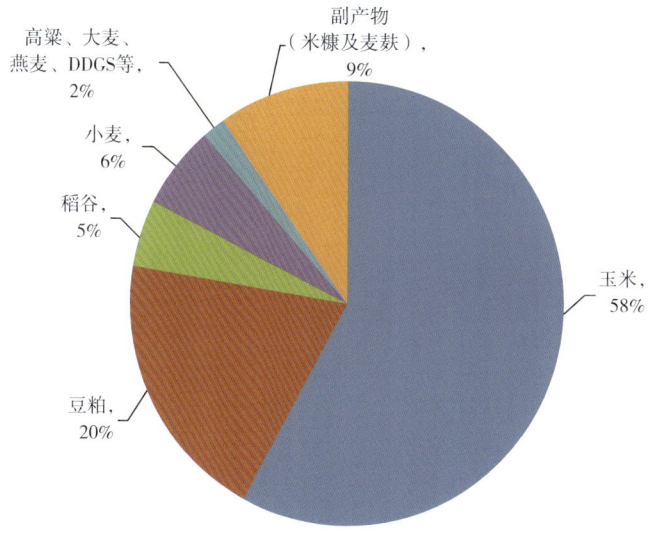

图2.3 2018年饲料供给情况

资料来源：《中国统计年鉴》、USDA数据库及作者计算。

— 1 —

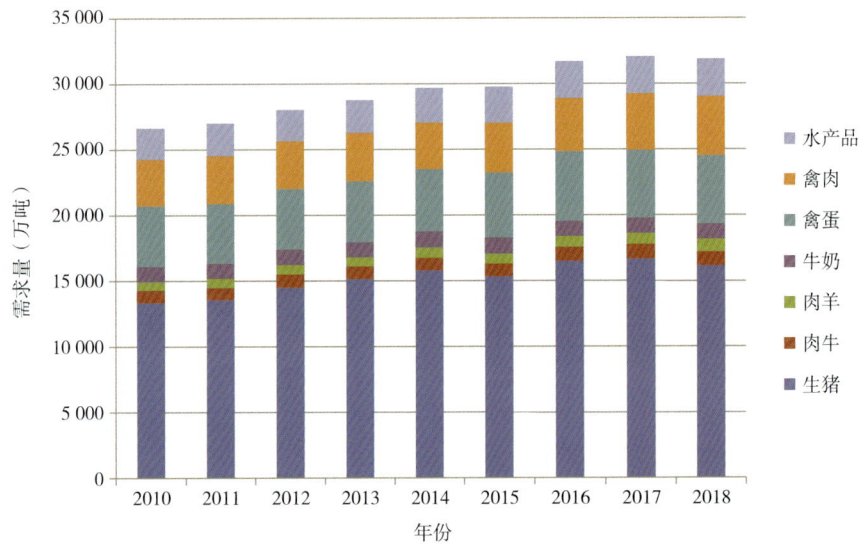

图2.4 我国近年来主要畜产品饲料粮需求情况

数据来源：根据历年《全国农产品成本收益资料汇编》调整、计算获得。

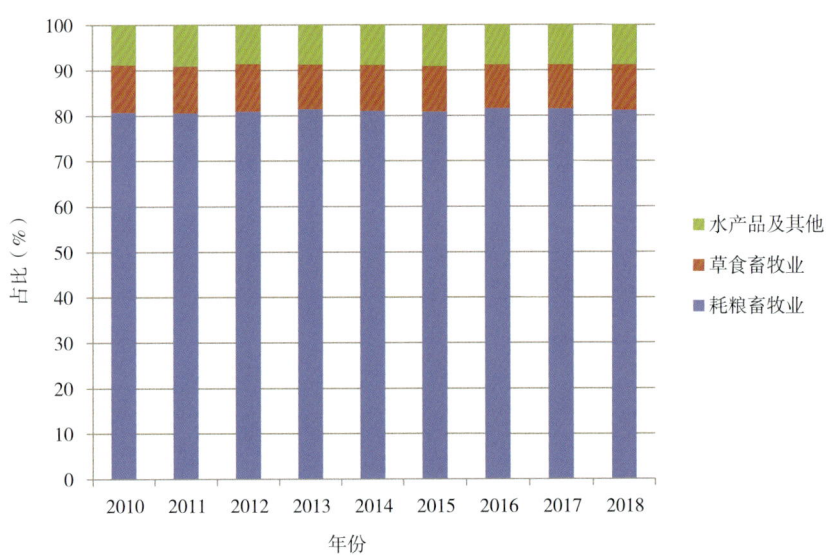

图2.5 我国近年来不同养殖业消耗饲料粮情况对比

数据来源：根据历年《全国农产品成本收益资料汇编》调整、计算获得。

彩　图

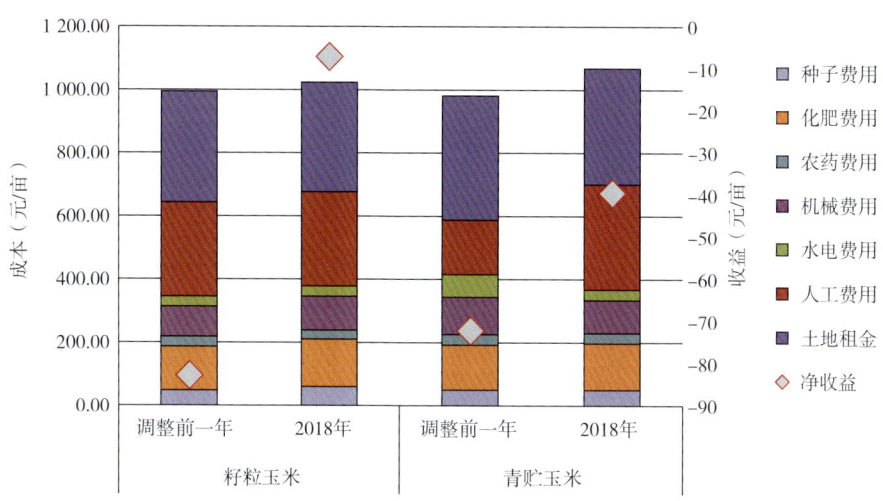

图3.1　籽粒玉米和青贮玉米成本收益变化情况

数据来源：调研数据。

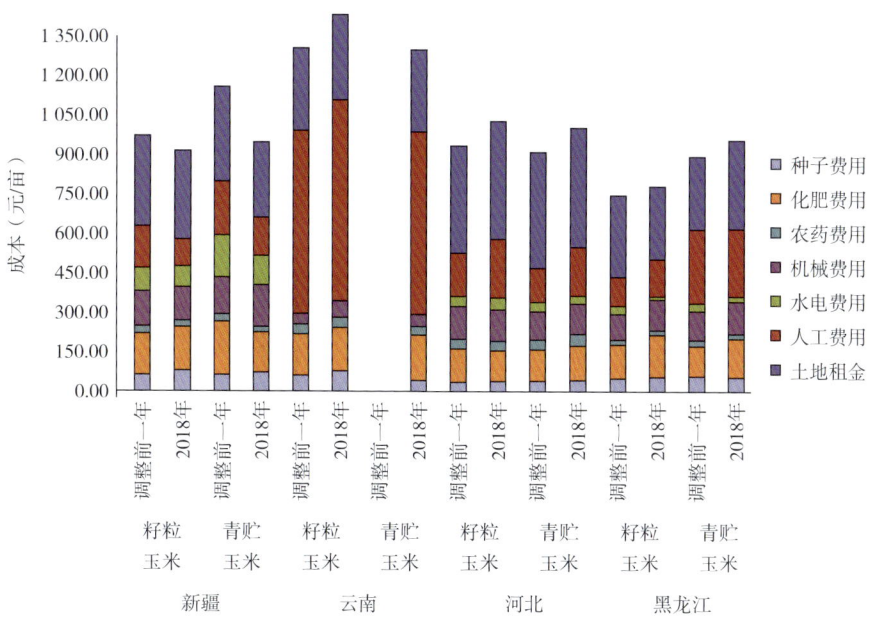

图3.3　四省（区）玉米亩均成本情况

数据来源：调研数据。

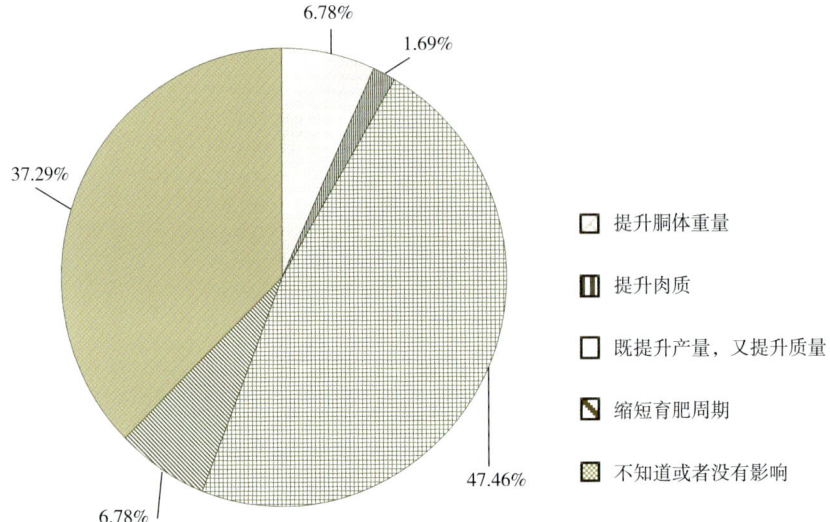

图4.2 肉牛养殖户全株玉米饲喂效果评价

资料来源：根据调研问卷数据整理。

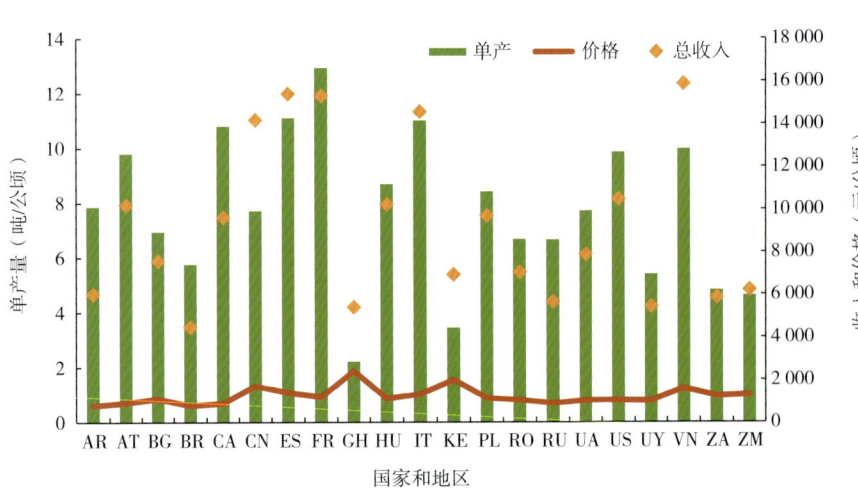

图7.1 典型农户玉米生产水平和收入

数据来源：根据Agri-benchmark调查数据整理，相关国家代码见表7.1。

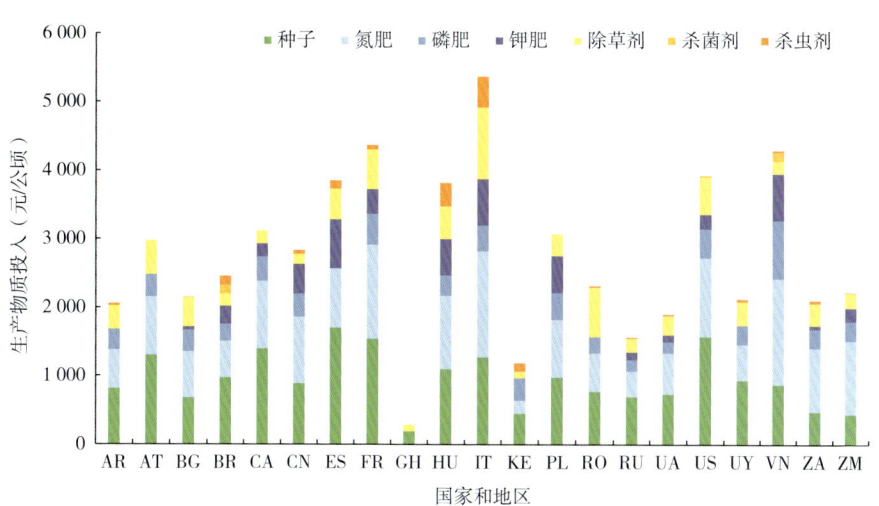

图7.2 玉米生产物质投入结构

数据来源：根据Agri-benchmark调查数据整理，相关国家代码见表7.1。

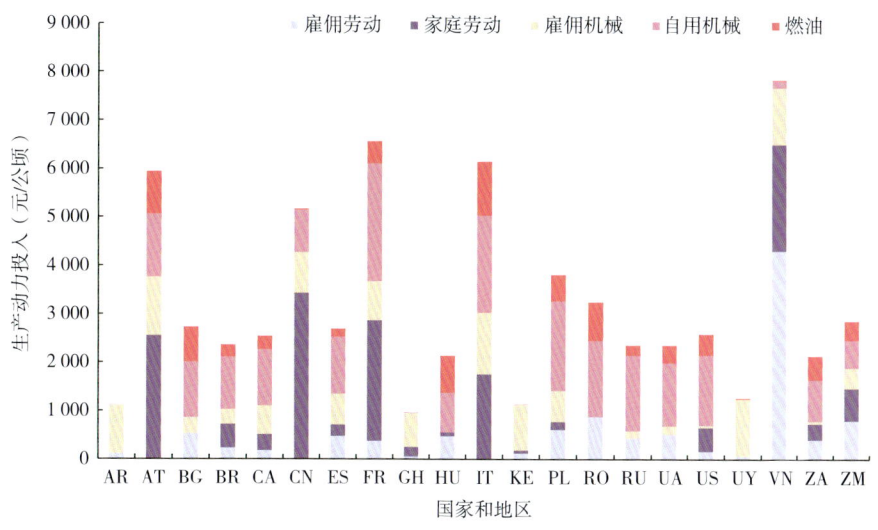

图7.3 玉米生产动力投入结构

数据来源：根据Agri-benchmark调查数据整理，相关国家代码见表7.1。

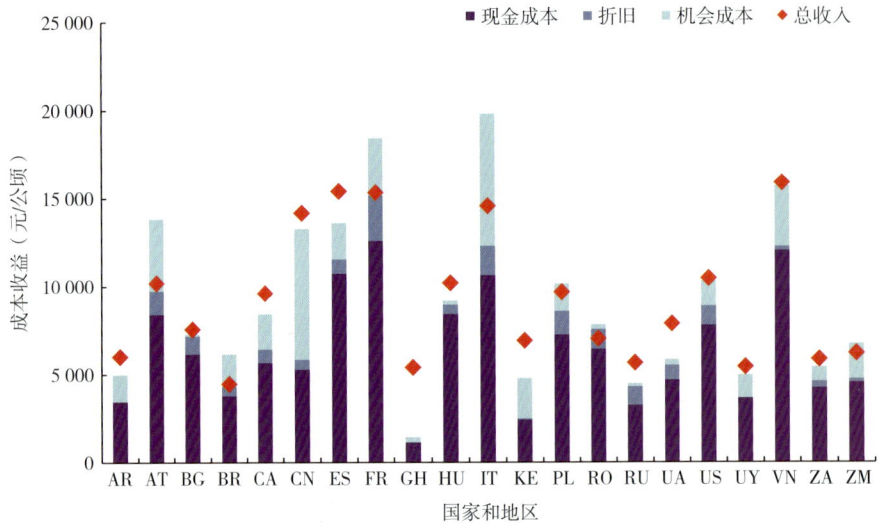

图7.4 典型农户玉米成本收益结构

数据来源：根据Agri-benchmark调查数据整理，相关国家代码见表7.1。

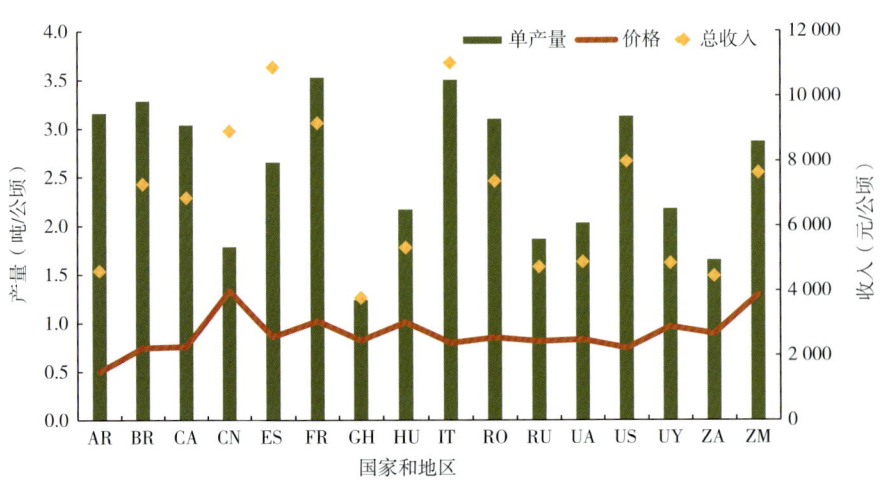

图7.5 大豆产量水平和收入

数据来源：根据Agri-benchmark调查数据整理，相关国家代码见表7.1。

彩　图

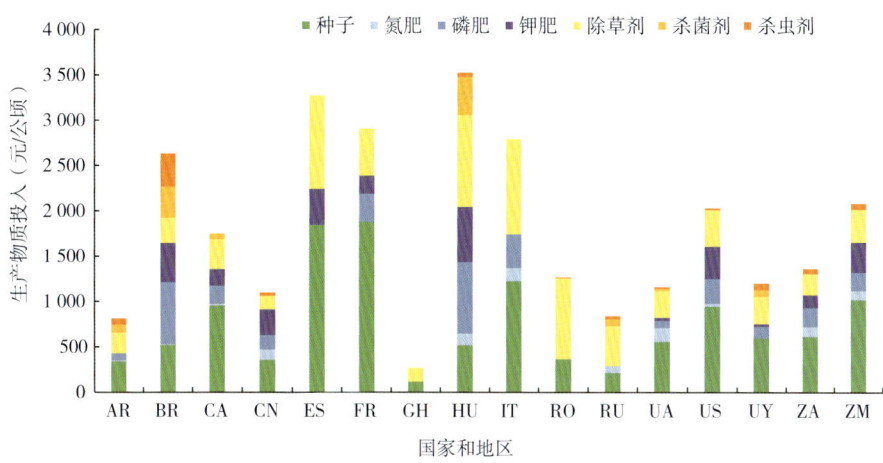

图7.6　大豆生产物质投入

数据来源：根据Agri-benchmark调查数据整理，相关国家代码见表7.1。

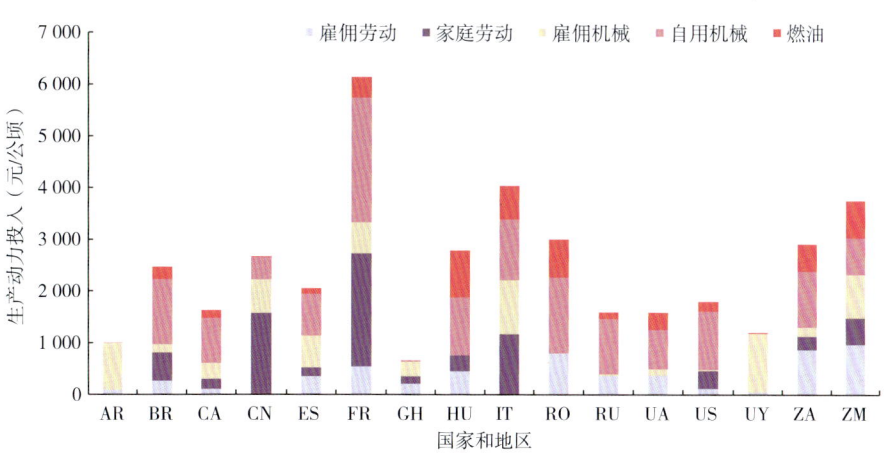

图7.7　大豆生产动力投入结构

数据来源：根据Agri-benchmark调查数据整理，相关国家代码见表7.1。

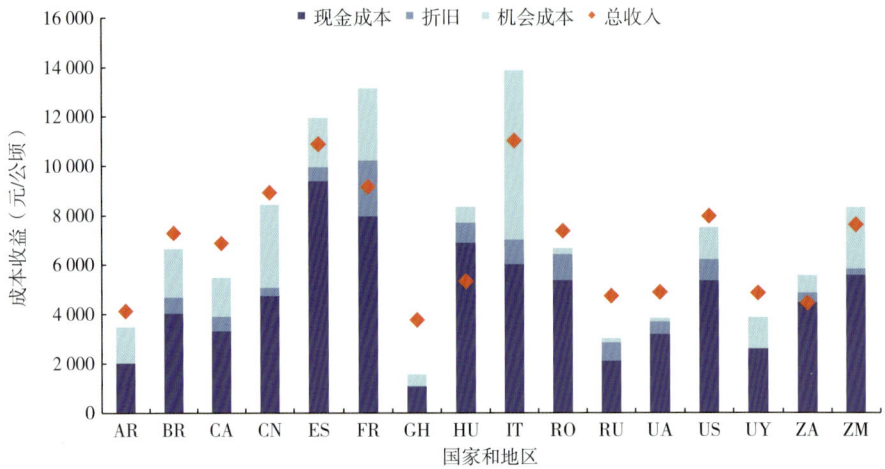

图7.8 典型农户大豆成本收益结构

数据来源：根据Agri-benchmark调查数据整理，相关国家代码见表7.1。

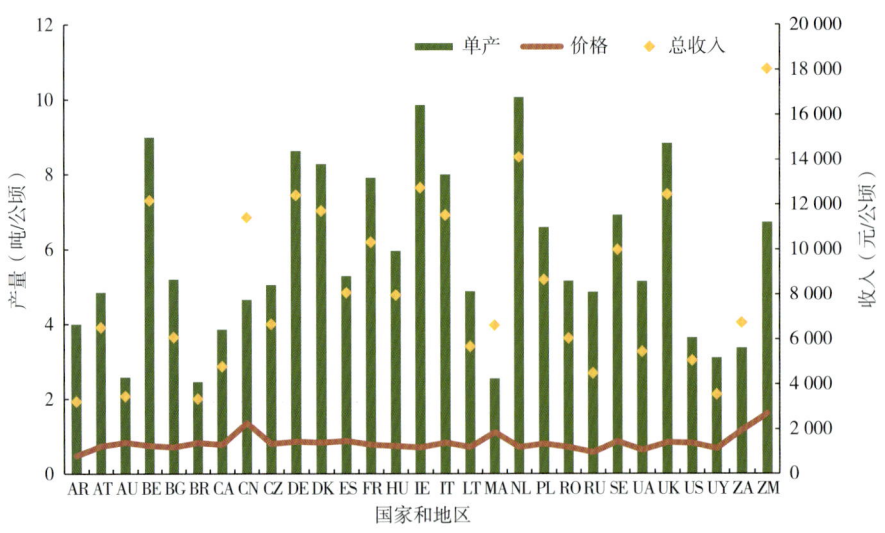

图7.9 小麦单产水平和收入

数据来源：根据Agri-benchmark调查数据整理，相关国家代码见表7.1。

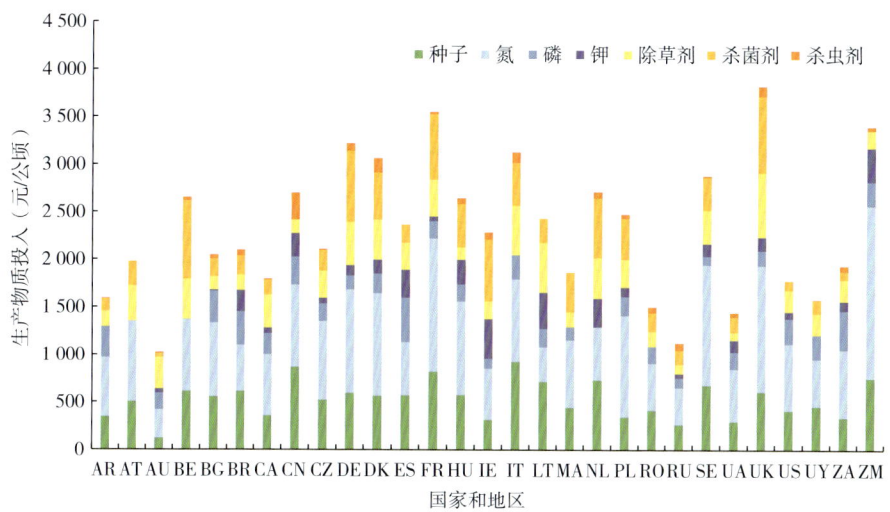

图7.10 小麦生产物质投入

数据来源：根据Agri-benchmark调查数据整理，相关国家代码见表7.1。

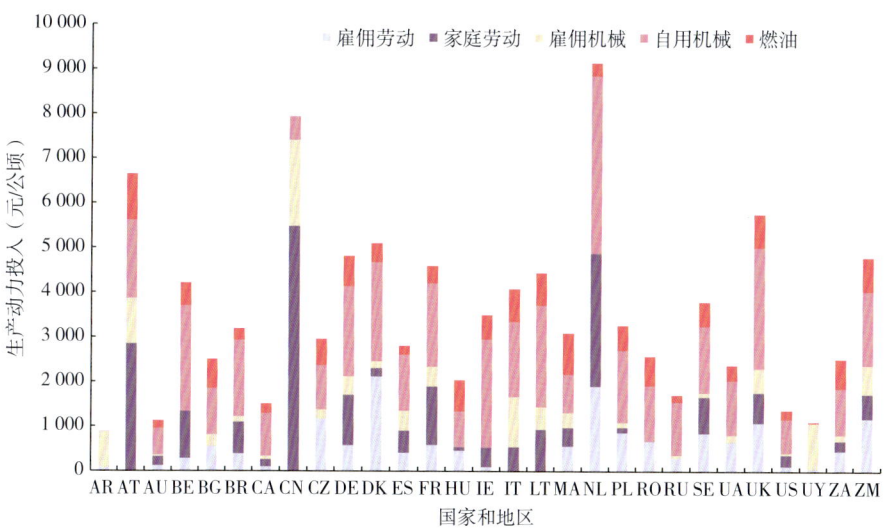

图7.11 小麦生产动力投入结构

数据来源：根据Agri-benchmark调查数据整理，相关国家代码见表7.1。

◆ "粮改饲"种植结构调整对中国饲料粮供需结构冲击研究

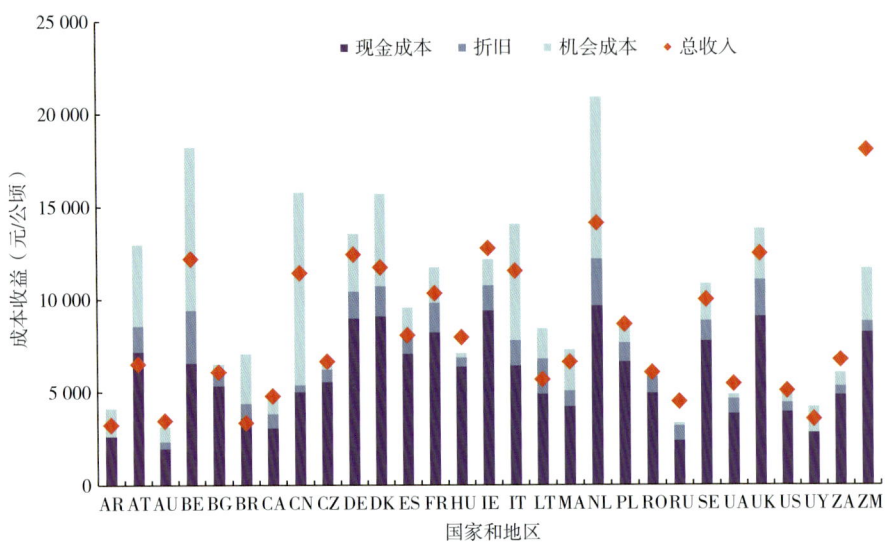

图7.12 典型农户小麦成本收益结构

数据来源：根据Agri-benchmark调查数据整理，相关国家代码见表7.1。

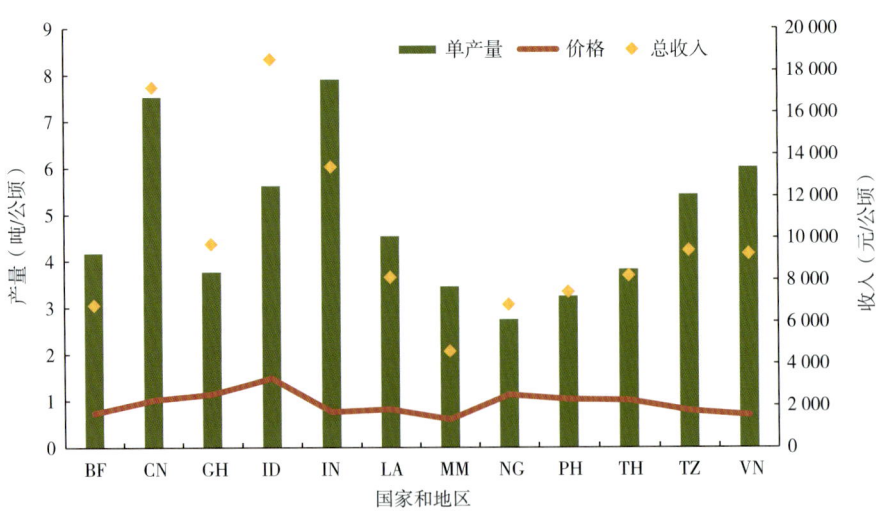

图7.13 水稻单产量及收入

数据来源：根据Agri-benchmark调查数据整理，相关国家代码见表7.1。

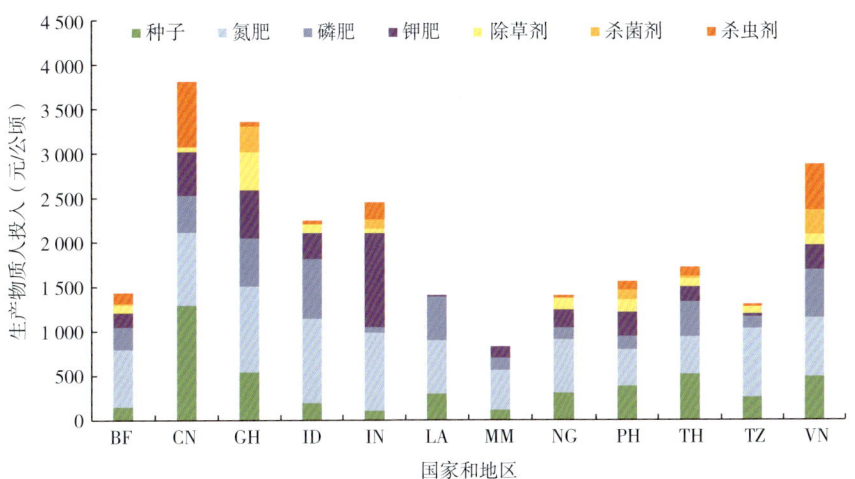

图7.14 水稻生产物质投入

数据来源：根据Agri-benchmark调查数据整理，相关国家代码见表7.1。

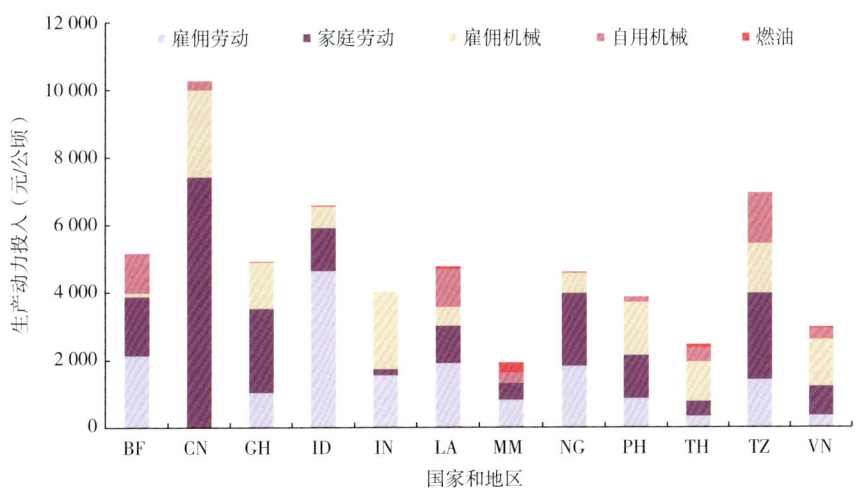

图7.15 水稻生产动力投入结构

数据来源：根据Agri-benchmark调查数据整理，相关国家代码见表7.1。

◆ "粮改饲"种植结构调整对中国饲料粮供需结构冲击研究

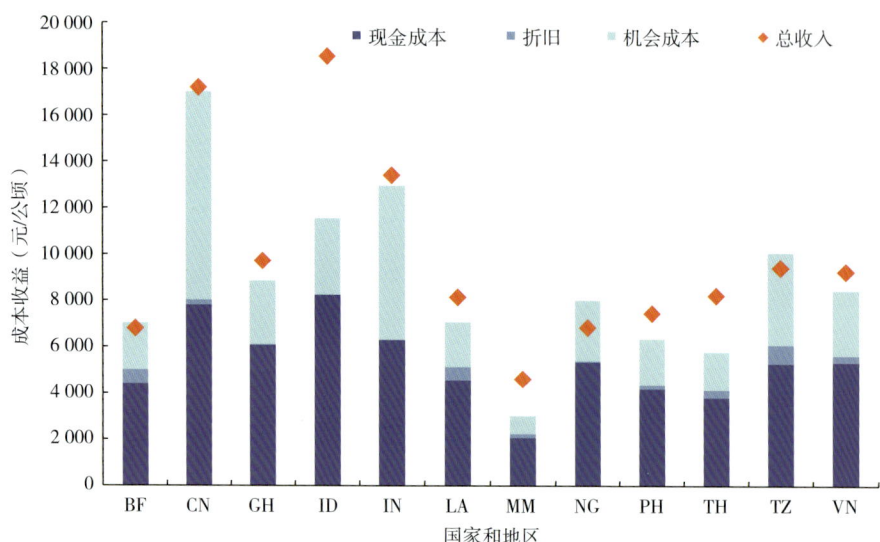

图7.16 典型农户水稻成本收益结构

数据来源：根据Agri-benchmark调查数据整理，相关国家代码见表7.1。

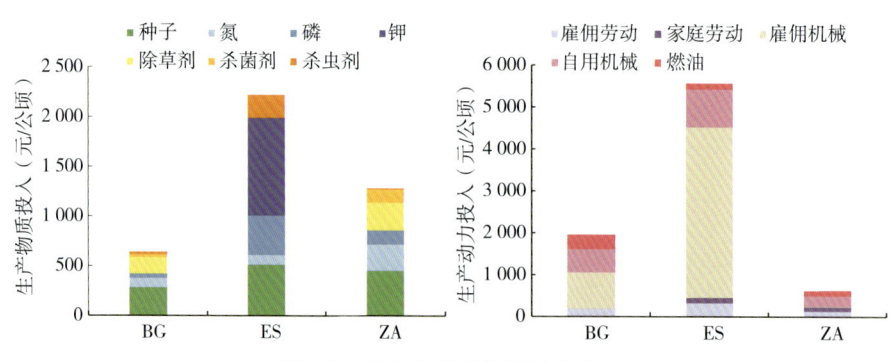

图7.18 苜蓿生产物质和动力投入

数据来源：根据Agri-benchmark调查数据整理，相关国家代码见表7.1。

彩 图

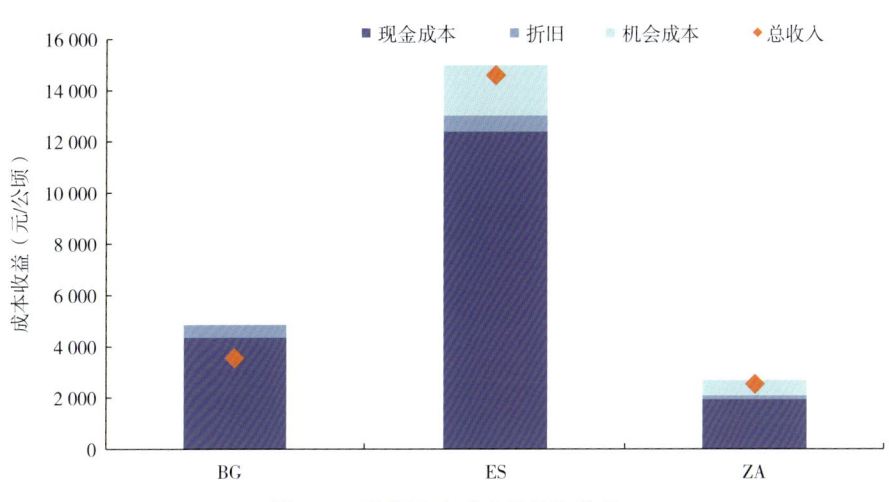

图7.19 苜蓿生产成本结构和收益

数据来源：根据Agri-benchmark调查数据整理，相关国家代码见表7.1。

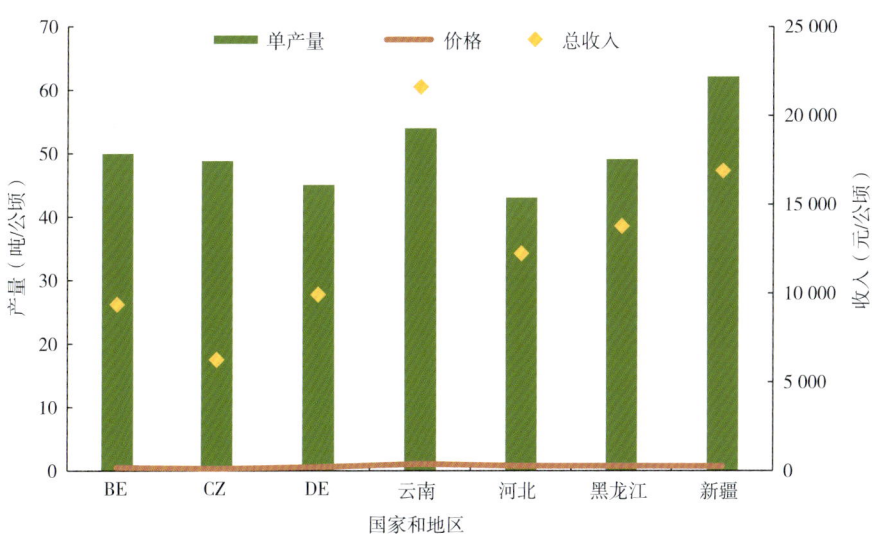

图7.20 青贮玉米产量及收入

数据来源：根据Agri-benchmark调查数据和实际调研数据整理，相关国家代码见表7.1。

◆ "粮改饲"种植结构调整对中国饲料粮供需结构冲击研究

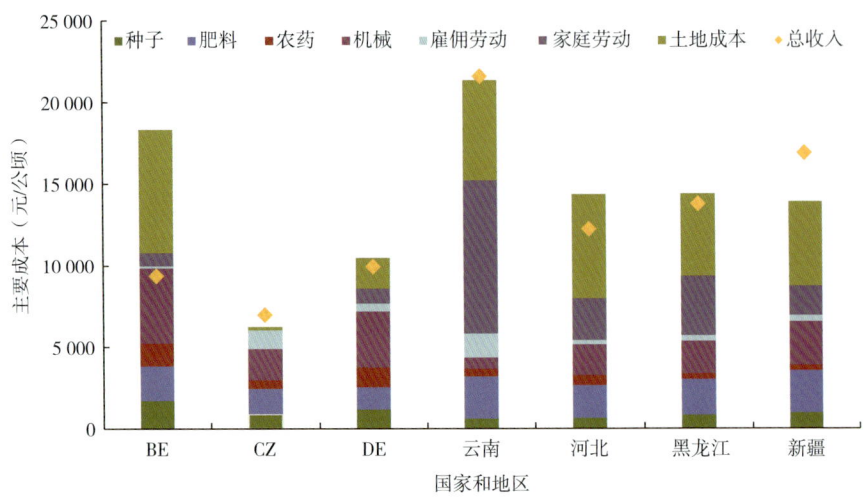

图7.21 青贮玉米生产主要成本结构

数据来源：根据Agri-benchmark调查数据和实际调研数据整理，相关国家代码见表7.1。

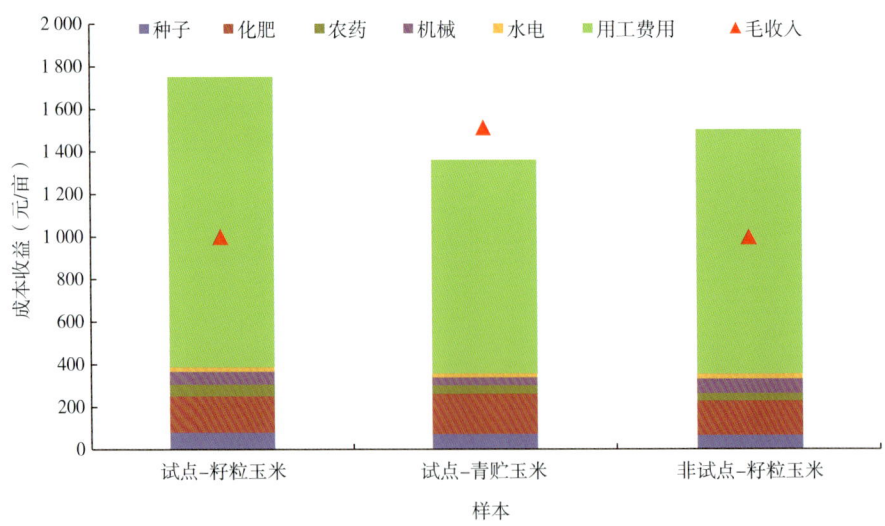

附图3 调研农户玉米种植亩均成本和收益

注：用工费用包括家庭用工和雇工费用。

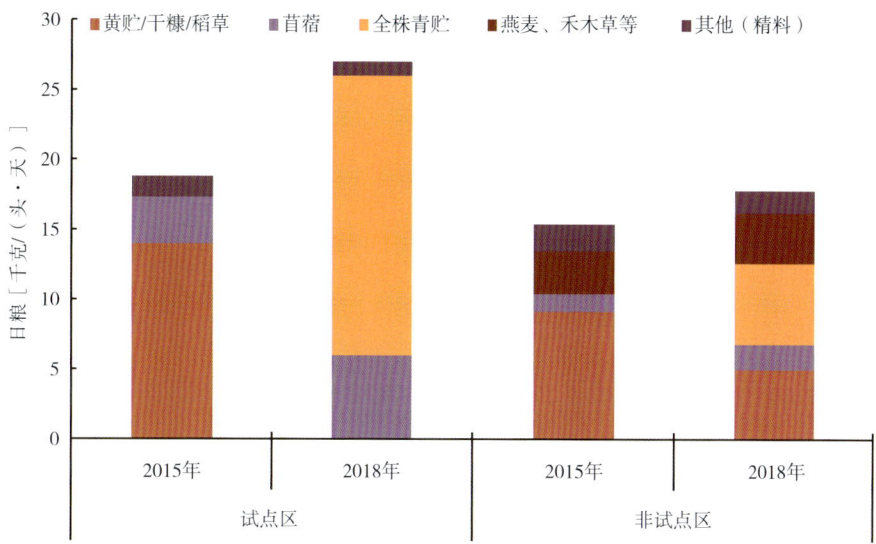

附图5 肉牛养殖场成年牛日粮结构